나카이 에츠지 지음

이기흥 옮김

프로그래머를 위한 위한 기초 해석학

BASIC ANALYSIS FOR PROGRAMMERS

길벗

技術者のための基礎解析学

(Gijutusha no Tameno KisoKaisekiGaku : 5535-7)

Copyright © 2018 ETSUJI NAKAI.

Original Japanese edition published by SHOEISHA Co.,Ltd.

Korean translation rights arranged with SHOEISHA Co.,Ltd. through Botong Agency.

Korean translation copyright © 2018 by Gilbut Publishing co.

프로그래머를 위한 기초 해석학

Basic Analysis For Programmers

초판 발행 · 2018년 12월 22일

초판 4쇄 발행 · 2024년 6월 5일

지은이 · 나카이 에츠지

옮긴이 · 이기홍

발행인 · 이종원

발행처 · (주)도서출판 길벗

출판사 등록일 · 1990년 12월 24일

주소 · 서울시 마포구 월드컵로 10길 56(서교동)

대표전화 · 02)332-0931 | **팩스** · 02)323-0586

홈페이지 · www.gilbut.co.kr | **이메일** · gilbut@gilbut.co.kr

기획 및 책임편집 · 이원휘(wh@gilbut.co.kr) | **디자인** · 장기춘 | **제작** · 이준호, 손일순, 이진혁

마케팅 · 임태호, 전선하, 차명환, 박민영, 지운집, 박성용 | **유통혁신** · 한준희 | **영업관리** · 김명자 | **독자지원** · 윤정아

교정교열 · 전도영 | **전산편집** · 박진희 | **출력 · 인쇄 · 제본** · 정민

ISBN 979-11-6050-662-4 93000

(길벗 도서번호 007020)

정가 25,000원

. . . .

독자의 1초를 아껴주는 정성 길벗출판사

(주)도서출판 길벗 | IT교육서, IT단행본, 경제경영서, 어학&실용서, 인문교양서, 자녀교육서 www.gilbut.co.kr

길벗스쿨 | 국어학습, 수학학습, 어린이교양, 주니어 어학학습, 학습단행본 www.gilbutschool.co.kr

페이스북 · www.facebook.com/gbitbook

요즘 머신 러닝 붐이 일면서 IT 업계를 중심으로 "머신 러닝에 필요한 수학을 한층 더 확실하게 공부하고 싶다"는 엔지니어들이 늘어나고 있습니다. 이 책은 이와 같은 독자를 염두에 두고, 이공 계 대학 1, 2학년이 공부해야 하는 수준의 해석학(미적분)을 기초부터 해설한 책입니다. 대학생을 대상으로 하는 교과서라면 이미 많은 책이 나와 있지만, 이 책의 특징은 '정의와 정리를 중심으로 엄밀하게 전개된 논의를 어떻게든 친절하게 설명한다'는 것입니다. 수식의 변환도 그 과정을 계산 할 수 있을 만큼 생략하지 않고 작성해서 논의 전개를 놓치지 않도록 배려했습니다. 대학생 시절 에 공부했던 '엄밀한 수학'의 세계를 한층 더 제대로 만족시켜주는 것입니다.

'머신 러닝에 필요한 수학'이라고 하면 수학은 단지 도구이므로 공식을 사용하는 방법이나 수식이 표현되는 의미만 직감적으로 이해할 수 있으면 충분하다고 생각할지도 모르겠습니다. 분명히 머 신 러닝을 도구로 사용하는 것뿐이라면, 심오한 수학적 지식은 필요 없을지도 모릅니다. 그러나 머신 러닝에 수학이 필요하다는 생각의 대부분은 수식을 포함하는 높은 수준의 책과 논문을 읽고 내용을 충분히 이해하고 싶기 때문 아닐까요? 그러려면 역시 정리와 공식의 내용, 또는 수식의 변 환을 근본적으로 이해해야 합니다. 그리고 그것을 위한 가장 빠른 길은 '증명의 내용을 이해하는' 것입니다. 어떤 정리, 공식이 왜 성립하고 그것이 어떻게 증명되는지 등을 파악함으로써 수식의 배후에 숨어 있는 본질을 이해할 수 있습니다. 그 결과 어떤 상황에서 도움이 되는지, 왜 여기서 이 수식이 필요한지 같은 내용을 자연스럽게 이해하게 됩니다.

머신 러닝에 연관된 수학은 크게 세 가지 분야로 나눠서 생각해볼 수 있으며, 그 각각은 해석학, 선형대수학, 확률·통계학입니다. 이 책에서는 그중 가장 기초가 되는 해석학, 특히 미적분 이론 을 중심으로 설명합니다. 이 책 한 권으로 머신 러닝에 필요한 수학이 모두 커버되지는 않지만, 한 층 더 본격적인 수학의 세계를 접해 자신을 갖고 "머신 러닝의 본질을 이해할 수 있었다"라고 말하 기 위한 첫 발걸음을 뗄 수는 있습니다. 이 책을 통해 시험 공부에서 해방되어 동경했던 대학의 수 학 교과서를 처음 펼쳤던 때의 흥분을 조금이라도 떠올릴 수 있다면 저자로서 더할 나위 없는 기 쁨일 것입니다.

감사의 글

이 책의 집필과 출간 과정에 도움을 주신 많은 분께 감사드립니다.

사실 이 책의 구상은 쇼에이 사의 카타오카 마사시 씨가 던진 "수학책 하나 써보지 않으시겠습니까?"라는 가벼운 한마디에서 시작되었습니다. 당시 집필했던 『IT 엔지니어를 위한 머신 러닝 이론 입문』(기술평론사)의 독자에게서 "이 책에 있는 수식을 이해하고 싶어 새롭게 수학 공부를 시작했습니다!"라는 말을 듣고 난 후 '무엇인가 도움을 줄 수 없을까'라고 생각하고 있던 터라 그 요청을 승낙했던 것입니다. 초심자를 대상으로 한다고는 말하기 어려운 본격적인 수학책을 기획하는 데 찬성하고 출간을 지원해주신 것에 다시 한 번 감사드립니다. 또한, 이 책의 원고를 구석구석 읽어주고 매우 친절하게 교정해준 국립정보학연구소 '톱 에세이'의 전문가 여러분에게 감사드립니다.

마지막으로 갑자기 수학책을 사들이고 늦은 밤까지 계산에 몰두한 저를 따뜻하게 지켜보면서 물심양면으로 언제나 건강하게 생활할 수 있도록 지원해준 아내 마리와 사랑하는 딸 아유미에게도 고맙다는 말을 전하고 싶습니다. "언젠가 아빠의 책으로 공부한다면 기쁘지 않을까?"

나카이 에츠지

고등학교에서 대학교로 넘어가는 수준에 알맞은 좋은 수학책이 없을까 항상 생각해왔는데 이 책이 마침내 그 갈증을 해소시켜줬다고 생각합니다. 물론 '지은이의 말'에 나온 대로 대학 시절을 회상하면서 호기심에 가득차 수학의 개념들을 차근차근 재정리하고 싶은 대학원생이나 일반 직장인에게도 최고의 책인 것 같습니다.

이 책이 더 깊은 순수 수학뿐만 아니라 응용수학 분야, 특히 머신 러닝과 딥러닝 분야를 연구하는데 필요한 수학적 기초를 다지는 좋은 계기가 되리라 믿습니다. 너무 생략하면 수학의 참맛을 못보고, 너무 깊이 들어가면 시간을 허비하는 느낌이 드는데 그 경계선을 절묘하게 파악한 책이라 판단됩니다. 향후 더 깊은 해석학, 확률이론, 최적화이론, 선형대수 등의 수학 분야로 나아가는 데 많은 도움이 될 것이라 확신합니다.

이러한 수학책을 번역하는 데 많은 도움을 주신 길벗의 여러분들, 특히 훨씬 읽기 쉬운 버전으로 만들어주신 이원휘 과장님께 감사드립니다.

이기홍

대상 독자

- 대학 1, 2학년 때 배웠던 수학을 다시 한 번 기초부터 공부하고 싶은 엔지니어 여러분

  ※ 이 책은 이공계 고등학교 수준의 수학 지식을 전제하며, 이공계 대학 1, 2학년생이 새롭게 공부하는 교과서로도 이용할 만합니다.

이 책을 읽는 방법

이 책은 1장부터 순서대로 읽어나가며 해석학의 기초를 공부해가는 구성입니다. 수학 교과서에서는 '정의', '보조 정리', '정리', '따름 정리(계)'라는 형태로 체계를 세워서 주장을 정리하는 구성도 볼 수 있지만, 이 책은 굳이 그렇게 구성하지 않았습니다. 하나의 스토리처럼 본문을 읽어나가면 자연스러운 흐름 가운데 여러 가지 주장이 설명되거나 증명되어 갑니다. 우선은 마음에 드는 노트와 필기도구를 준비해 본문의 설명대로 신중하게 식의 변환을 따라가보세요. 본문 중에 증명한 각종 정리는 각 장의 마지막에 '주요 정리 요약' 절을 마련해 요약했습니다. 본문 중에서는 장의 마지막에 정리한 것에 대응해 정리 1 과 같이 표현합니다.

또한, 각 장의 마지막에는 연습 문제를 몇 개 준비했습니다. 그 장에서 배운 지식으로 푸는 문제이므로, 각 장을 얼마나 이해했는지 확인하는 의미에서 우선은 혼자 풀어보세요. 혼자 풀지 못하더라도 여러 가지를 시도해보고 노력한 후에 맨 뒤에 실린 해답을 본다면 본질적인 내용을 더 깊이 이해하게 될 것입니다. 이 책에서는 구체적인 수치를 이용한 계산 문제는 최소한으로 다루고 있으므로, 구체적인 계산 문제를 통해 더 깊이 이해하고 싶은 독자는 연습 문제를 모은 책을 별도로 활용하는 것도 좋습니다.

또한, 머신 러닝 등의 응용 이론을 이해하는 데는 구체적인 계산 방법보다 "왜 이것이 성립할까?"라는 이론적인 이해가 더욱 중요합니다. 머신 러닝의 교과서와 논문에서는 구체적인 숫자를 사용한 계산이 그다지 많지 않습니다. 머신 러닝 관련 내용을 읽고 이해하기 위해 필요한 것은 어디까지나 이 책에서 발전시킨 논의와 같은 논리적인 이해입니다. 따라서 이 책에서 설명하는 '증명'의 내용을 종이와 연필을 사용해 확실하게 자신의 머리로 따라가는 것이 최고의 연습 문제입니다.

마지막으로 이 책의 구성을 검토할 때 『미분적분학』(가사하라 호사 지음, 사이언스 사)과 『수의 개념』(다카기 데이지 지음, 이와나미 서점)을 참고했다는 점을 밝혀둡니다.

각 장의 개요

1장 수학의 기초 개념

수학 전반의 기초가 되는 집합과 사상을 살펴보고 실수의 기본적인 특성을 설명합니다. 특히 함수의 연속성을 고려할 때 기초가 되고 미적분을 시작하는 해석학의 중요한 전제 지식인 실수의 완비성을 상세히 설명합니다.

2장 함수의 기본 특성

함수의 평행이동, 확대, 축소 연산과 합성함수나 역함수 같은 함수의 기본적인 취급 방법을 설명합니다. 함수의 미적분을 논의하는 전제가 되는 함수의 극한과 연속성에 대해서도 설명합니다.

3장 함수의 미적분

함수의 미분과 적분에 대해 엄밀한 정의를 내린 후에 합성함수 미분 등의 기본적인 미분 계산 방법, 원시함수를 이용한 정적분의 계산 방법을 설명합니다.

4장 초등함수

머신 러닝을 시작하는 응용수학에서 반드시 필요한 지수함수, 로그함수, 삼각함수에 대해 엄밀한 정의를 내립니다. 또한, 3장에서 살펴본 미분의 정의에 기초해 각각의 도함수를 도출합니다.

5장 테일러 공식과 해석함수

함수 미분의 응용으로 함수를 적절한 급수로 근사하는 테일러 공식을 도출합니다. 도출하기 위해 필요한 고차도함수와 무한소 해석에 대해서도 설명합니다. 또한, 테일러 공식의 극한이 원 함수와 일치하는 특별한 함수인 해석함수의 개념을 소개합니다.

6장 다변수함수

여러 개의 변수를 가진 함수의 미분과 적분을 다뤄봅니다. 사상의 미분을 아핀 변환으로 간주하는 사고방식과 극값 문제를 푸는 방식 등 경사하강법(그래디언트 하강법)을 시작하는 최적화 기법의 기초 개념을 설명합니다.

현재 일반적으로 활용되는 머신 러닝은 '통계적 머신 러닝'이라고도 하는데, 학습용 데이터를 통해 현실 세계의 데이터가 지닌 확률분포를 추정하는 접근법이 기초가 되기 때문입니다. 그래서 머신 러닝의 논리적인 측면을 이해하려면 확률분포와 조건부 확률 등 확률·통계에 관한 기본적인 계산 기법에 정통해야 합니다. 또한, 머신 러닝의 학습은 학습 데이터를 이용해 모델에 포함되는 파라미터를 업데이트하는 방식으로 처리됩니다. 이는 앞서 말한 확률분포에 관한 추정을 업데이트하는 것으로 파악할 수도 있지만, 베이즈 통계학에서 사용하는 사전 분포, 사후 분포 같은 개념을 이용할 수도 있습니다. 따라서 베이즈 정리를 중심으로 하는 베이즈 통계학의 접근법을 이해해두는 것도 중요합니다.

머신 러닝의 모델을 수학적으로 기술할 때는 선형 연산이 중심이 되는 경우가 많으므로 행렬을 이용해 표현합니다. 이와 관련해 학습 데이터가 지닌 특성량을 고차원 벡터 공간의 원소로 표현하는 것도 많이 사용합니다. 그러므로 선형대수에서 배우는 행렬 연산의 규제 또는 기저벡터의 선형결합이라고 일컫는 공간상의 연산 방법에도 정통해야 합니다.

마지막으로 머신 러닝의 학습 처리, 즉 모델의 최적화에는 경사하강법을 비롯한 최적화 계산 관련 이해가 필요합니다. 이 부분의 중요한 기초 지식은 이 책의 주제인 해석학(미적분)입니다. 컴퓨터로 실제로 하는 최적화 처리의 경우 경사하강법이 중심이 되지만, "무엇을 어떻게 최적화해야만 할까?"라는 이론적인 도출 과정에서는 여러 가지 확률분포를 포함한 오차함수를 해석적으로 분석해야 합니다. 따라서 확률·통계, 선형대수, 해석학을 조합한 종합적인 이해가 머신 러닝을 지지하는 수학의 기초가 됩니다. 이외에 선형계획법, 2차계획법 등의 수리계획 관련 지식, 정보 엔트로피 등의 정보이론 관련 지식이 있으면 머신 러닝의 수학적인 측면을 좀 더 깊이 이해하는 데 도움이 될 것입니다.

대문자	소문자	읽는 방법
A	α	알파
B	β	베타
Γ	γ	감마
Δ	δ	델타
E	ϵ	엡실론
Z	ζ	제타
H	η	에타
Θ	θ	세타
I	ι	요타
K	κ	카파
Λ	λ	람다
M	μ	뮤
N	ν	뉴
Ξ	ξ	크시
O	o	오미크론
π	π	파이
P	ρ	로
Σ	σ	시그마
T	τ	타우
Υ	υ	입실론
Φ	ϕ	피
X	χ	카이
Ψ	ψ	프사이
Ω	ω	오메가

베타리딩 후기

고등학교 과정에서 대학교 과정으로 자연스럽게 이어지는 정도의 수준으로, 내용이 어렵지 않아 재미있게 읽었습니다. 지수, 로그, 미분, 다변수함수까지 기초를 쌓는 데 필요한 부분만 콕 집어 복잡함을 최소화하고 쉽게 설명했다는 것이 이 책의 가장 큰 장점인 것 같습니다. 수학을 다시 공부해야 하는데 기존의 책이 어려웠던 분들에게는 기초를 다지고 갈 수 있는 좋은 기회라고 생각합니다.

또한, 각 장마다 연습 문제가 제공되고 본문에서 다룬 내용을 다시 정리하는 부분이 있으므로 반복해서 더 깊이 공부할 수 있었습니다. 개인적으로 잊어버렸거나 자세히 알지 못했던 부분들을 다시 한 번 짚고 넘어가는 계기가 되어 의미 있는 시간이었습니다.

이다빈 | 회사원

편집자 후기

이 책의 주제는 고등학교 때 배웠던 집합, 함수, 미적분 등입니다. 이후 선형대수나 미적분학, 확률통계 등을 배울 때 기초가 되는 내용입니다. 기초가 가물가물하거나 다시 한 번 확실히 정리한 뒤 다음 단계로 넘어가고 싶을 때 활용하시기를 권합니다.

저자는 수식을 증명해나가는 것이 수학을 익히는 가장 바른 길이자 가장 빠른 길이라고 믿으며 이 책을 썼습니다. 이 책을 읽고 난 뒤에는 저도 그렇게 생각하게 되었습니다. 공식을 외워 계산하는 방법도 필요하겠지만, 정리와 정의를 통해 수식을 증명하며 수학을 학습하는 방법 또한 좋은 경험이 되었습니다.

1^장

수학의
기초 개념

이 장에서는 수학 전반의 기초가 되는 집합과 사상, 실수의 기본적인 성질을 설명합니다. 특히 실수의 완비성은 함수의 연속성을 고려할 때 기초가 되는 성질이므로, 미적분을 비롯한 해석학의 전제가 되는 중요한 지식입니다.

1.1 집합과 사상

1.1.1 집합이란?

수학에서는 '사물의 모임'을 고려하는 것이 모든 것의 출발점입니다. 예를 들면 모든 사람들이 잘 아는 자연수는 다음과 같이 양(+)의 정수를 모아 놓은 것입니다.

$$\mathbf{N} = \{1, 2, 3, \cdots\}$$

이와 같이 사물을 모아 놓은 것을 **집합**이라고 부릅니다. 집합에 포함되는 각각의 사물을 **원소**라고 합니다. 집합을 나타낼 때는 일반적으로 각각의 원소를 { }로 묶어서 나열합니다. 위에 나온 $\mathbf{N}$은 자연수의 집합을 나타낼 때 사용하는 기호입니다. 물론 숫자를 모아 놓은 것만 집합이라고 부르는 것은 아닙니다. '사과 열 개를 모아 놓은 집합'도 수학에서 다룰 수 있는 훌륭한 집합입니다. 수학적으로 표현하면 다음과 같습니다. A는 이 집합에 붙여진 이름입니다.

$$A = \{\ \text{🍎}, \text{🍎}, \text{🍎}, \text{🍎}, \text{🍎}, \text{🍎}, \text{🍎}, \text{🍎}, \text{🍎}, \text{🍎}\ \}$$

그러면 자연수의 집합 $\mathbf{N}$과 사과의 집합 A에는 어떤 차이가 있을까요? 집합에 포함되는 원소의 개수도 물론 다르지만, 그것보다 더 큰 차이는 자연수는 대소 관계에 의해 각각의 원소의 순서가 매겨져 있다는 점입니다. 이와 같이 대소 관계로 일렬로 배열할 수 있는 집합을 **순서집합**이라고 부릅니다. 물론 사과에도 무언가 대소 관계를 정의해 일렬로 늘어놓을 수 있지만, 크기로 판단할지 무게로 판단할지 대소 관계의 판단 기준에 임의성이 있습니다.

일반적으로 수학에서 집합이라고 하면 대소 관계와 순서 매기기가 특별히 정해지지 않았다고 생각하면 됩니다. 자연수와 같이 순서 관계가 잘 알려져 있는 것은 당연히 순서집합으로 다루지만, 순수한 사물을 모아 놓은 집합을 다루는 경우에는 순서집합과 같이 추가 구조를 포함해 고려하는 경우와 명확하게 구별하는 것이 중요합니다.

일반적으로 집합을 표현할 때는 알파벳 대문자 A, B, C 등을 사용합니다. 또한, 자연수와 정수 등 대표적인 숫자의 집합은 다음 기호들을 사용합니다.

- 자연수: $\mathbf{N} = \{1, 2, 3, \cdots\}$
- 정수: $\mathbf{Z} = \{0, \pm1, \pm2, \cdots\}$
- 유리수: $\mathbf{Q}$
- 실수: $\mathbf{R}$

이 기호들은 위에서부터 순서대로 Natural Number, Zahlen(독일어로 '수'를 의미합니다), Quotient(영어로 나눗셈의 몫을 의미합니다), Real Number의 첫머리에 오는 문자를 취한 것입니다. 이때 자연수 $\mathbf{N}$은 정수 $\mathbf{Z}$에 포함되며, 더 나아가 정수 $\mathbf{Z}$는 유리수 $\mathbf{Q}$에 포함되는 등 포함 관계가 성립되는 것을 알 수 있습니다. 이와 같은 포함 관계는 다음 기호로 표시합니다.

$$\mathbf{N} \subset \mathbf{Z} \subset \mathbf{Q} \subset \mathbf{R}$$

또 어떤 원소 x가 집합 A에 포함되는 것을 다음과 같이 표시합니다.

$$x \in A$$

$\in$은 Element(원소)의 'E'에서 만들어진 기호입니다. 이와 반대로 원소 x가 집합 A에 포함되지 않는 경우는 다음과 같이 표시합니다.

$$x \notin A$$

또한, 집합을 표시할 때 단순히 집합의 원소를 늘어놓지 않고도 원소가 만족하는 모든 조건을 표시할 수 있습니다('내포 표현을 읽는 방법' Note 참조). 예를 들어 다음은 자연수 $\mathbf{N}$의 원소 중에서 2로 나눈 나머지가 0인 수를 모아 놓은 집합, 즉 짝수의 집합을 표시합니다.

$$\mathbf{N}_0 = \{n \mid n \in \mathbf{N},\, n \% 2 = 0\} \tag{1-1}$$

여기서 $n \% 2$는 자연수 n을 2로 나눈 나머지를 표현하는 기호입니다. 마찬가지로 홀수의 집합은 다음과 같이 표현할 수 있습니다.

$$\mathbf{N}_1 = \{n \mid n \in \mathbf{N}, n \% 2 = 1\}$$

또는 짝수, 홀수의 집합을 다음과 같이 표현할 수도 있습니다.

$$\mathbf{N}_0 = \{2n \mid n \in \mathbf{N}\}$$
$$\mathbf{N}_1 = \{2n - 1 \mid n \in \mathbf{N}\}$$

(1–2)

이와 같이 집합 요소가 만족시켜야 하는 성질을 표시하는 것으로 집합을 정의하는 방법을 **내포적 정의**라고 하며, 처음에 나온 사과의 예와 같이 집합에 포함된 원소를 그냥 나열해 정의하는 방법을 **외연적 정의**라고 합니다. 여기서 나중에 사용할 0 이상인 실수의 집합 $\mathbf{R}_+$를 다음과 같이 정의하겠습니다. 이것도 내포적 정의의 예입니다.

$$\mathbf{R}_+ = \{x \mid x \in \mathbf{R}, x \geq 0\}$$

Note ≣ **내포 표현을 읽는 방법**

집합의 내포적 정의에 이용하는 표기법을 내포 표현이라고 합니다. 집합의 내포 표현에서 수직선 좌측에는 변수를 이용한 수식을 표시하고, 수직선 우측에는 수식에 포함된 변수가 만족하는 조건을 표시합니다. 본문 (1–1)의 예에서 수직선 우측에는 'n은 자연수, 또한 2로 나눈 나머지가 0'이라는 조건이 있습니다. 그리고 수직선 좌측에는 n 그 자체가 놓여 있어서 '이 조건을 만족하는 n을 모두 모아 놓은 집합'(즉, 짝수 전체의 집합)이 됩니다. 한편 (1–2)의 경우, 수직선 우측에는 'n은 자연수'라는 조건이 있지만, 수직선 좌측에는 '$2n$'이라는 수식이 있습니다. 이러한 표현(즉, 조건과 수식을 모두 합해 표현한 것)은 'n을 자연수로 할 때 $2n$으로 계산되는 값을 모두 모아 놓은 집합'(즉, 짝수 전체의 집합)을 만듭니다. 이와 같이 같은 집합이라도 여러 가지 표현을 선택할 수 있는 것이 내포 표현의 특징 중 하나입니다.

프로그래밍 언어를 알고 있다면, (1–2)의 표현을 봤을 때 변수 n에 대한 루프를 떠올릴지도 모르겠습니다. 즉, n 값을 하나씩 늘리면서 $2n$ 값을 배열에 추가해나가는 조작입니다. 단, 지금 예라면 n 값에 끝이 없으므로 이 조작은 무한 루프에 빠집니다. 수학의 여러 가지 조작 중에는 절차형 프로그래밍 언어로 간단히 표현할 수 없는 것이 있으므로 주의하세요.

1.1.2 사상이란?

계속해서 집합에서 집합으로의 사상을 생각해봅시다. 느닷없지만 앞서 살펴본 사과의 집합에 포함된 원소 수, 즉 사과의 수는 어떻게 셀 수 있을까요? "끝에서부터 순서대로 세면 되지 않을까요?"라고 생각했다면, 정답입니다! 단, '끝에서부터 순서대로 센다'는 작업을 정확하게 표현하기 위해 다음과 같은 그림을 그려봅시다(그림 1-1).

▼ 그림 1-1 사과 집합에서 자연수 집합으로 향하는 사상의 예

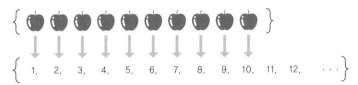

마치 사과 집합의 각 원소를 자연수 집합의 원소에 하나씩 연결한 형태입니다. 자연수는 대소 관계가 있으므로 작은 것부터 차례대로 목적지를 선택합니다. 이와 같이 두 집합의 원소끼리 연결하는 것이 '사상'입니다. 더 정확하게는 연결하는 방법을 정하는 룰이라고 말할 수 있습니다. '수를 센다'는 작업을 수학적으로는 '수를 세는 대상의 집합에서 순서집합인 자연수로의 사상을 정의한다'는 것으로 인식할 수 있습니다.

여기서 수학의 사상에서는 어떤 집합의 원소에서 어떤 집합의 원소로 향할지를 나타내는 방향이 결정되어 있다는 점에 주의해야 합니다. 더 나아가 원소끼리 연결시키는 방법에는 자유도가 있습니다. 그림 1-2(a)는 자연수를 하나씩 건너뛰어서 연결하는 예입니다. 또는 그림 1-2(b)와 같이 사과 여러 개를 똑같은 자연수에 연결할 수도 있습니다. 모두 양의 사상 예입니다.

▼ 그림 1-2 사과 집합에서 자연수 집합으로의 사상 중 그림 1-1 이외의 예

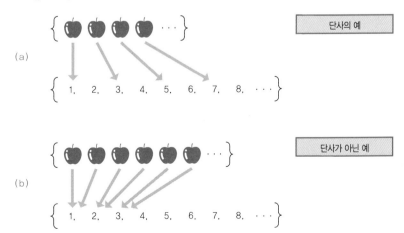

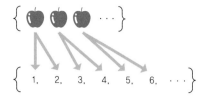

한편 그림 1-3과 같이 사과 하나가 자연수 여러 개에 연결되는 것은 허용되지 않습니다. 수학의 사상에서 원소 하나의 목적지는 반드시 하나로 결정되어야 합니다. 예를 들어 $f(x) = x^2$이라는 함수라면 $x = \pm 1$에 대해 같은 값 $f(x) = 1$을 반환합니다. 그림 1-2(b)에 해당하는 상황입니다. 이와 반대로 x 값 하나에 값을 여러 개 내는 것은 안 된다고 생각하면 됩니다.

또한, 이 예에서 알 수 있듯이 $f(x) = x^2$이라는 함수도 사상의 한 종류입니다. 이 예는 실숫값을 집어넣으면 실숫값이 반환되므로 '실수의 집합'에서 '실수의 집합'으로의 사상이라고 생각할 수 있습니다.

계속해서 사상에 관한 용어로 **단사**와 **전사**를 알아봅시다. 우선 그림 1-1이나 그림 1-2(a)와 같이 각 원소의 목적지가 모두 다른 원소인 경우, 이러한 사상을 단사라고 합니다. 그림 1-2(b)는 단사가 아닌 예입니다. 다음으로 목적지의 집합에서 볼 때 모든 원소에 찾아오는 원소가 있는 경우, 이러한 사상을 전사라고 합니다. 그림 1-4는 자연수에서 사과로 가는 사상으로, 자연수는 무한하지만 사과는 열 개밖에 없습니다. 그래서 열 개까지 할당이 끝나면 다시 앞부분으로 돌아가 할당하는 작업을 수행합니다. 자연수의 첫 번째 위치에 있는 숫자에 의해 목적지의 사과가 결정된다고도 할 수 있습니다. 이 경우 자연수 여러 개가 같은 사과를 목적지로 하므로 단사는 아니지만, 모든 사과에 연결된 자연수가 있으므로 전사입니다. 단사이면서 동시에 전사인 사상을 **전단사**라고 합니다.

▼ 그림 1-4 자연수 집합으로부터 사과 집합으로의 사상

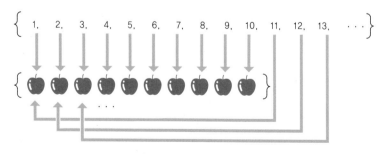

그림 1-5는 두 '가족 집합'의 관계로 전사, 단사, 전단사를 표현한 것입니다. 그림 1-5(a)는 전단사의 경우로 여러 가지 집합의 원소가 모두 일대일로 대응될 수 있습니다. 이 예에서 보면 두 가족은 가족 구성이 동일하다는 것을 알 수 있습니다. 단, 가족 구성이 다른 경우에도 가족의 인원수가 동일하다면 전단사가 가능하므로, '전단사라고 해서 가족 구성이 동일한' 관계가 항상 성립되어야 하는 것은 아닙니다. 일반적으로 원소의 수가 유한한 집합에서 전단사의 사상이 구성되기 위한 필요충분조건은 여러 가지 원소의 수가 동일한 것입니다.

▼ 그림 1-5 가족 A와 가족 B 간의 사상

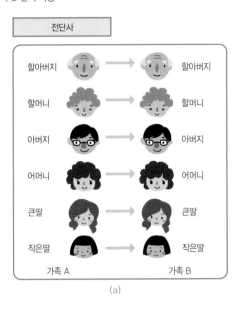

(a)

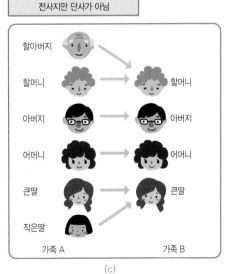

(b)   (c)

그러면 그림 1-5(b)의 '단사지만 전사가 아닌' 예는 어떤 것일까요? 이 경우, 가족 A(자식이 하나인 핵가족)와 동일한 구성이 가족 B(할아버지, 할머니가 살아계신 대가족) 가운데 삽입되어 있다는 사실을 확인할 수 있습니다. 이 **삽입**이라는 개념은 집합 간의 관계를 연구할 때 자주 등장한다고 기억해두면 좋습니다. 또한, 그림 1-5(c)도 재미있는 패턴입니다. '전사지만 단사가 아닌' 예지만, 적어도 각각의 가족에 3세대의 부모와 자식이 있다는 관계성을 보존하고 있습니다. 이와 같이 사상을 통해 집합 간의 관계를 생각할 수 있습니다.

마지막으로 하나 더, 사상에 관한 용어로 **정의역**과 **치역**이 있습니다. 정의역은 사상에 의해 이동하는 원래 원소의 집합이고, 치역은 사상에 의해 이동되어 간 곳의 원소의 집합입니다. 그림 1-1의 예에서 보면 정의역은 사과 집합 A고, 치역은 1~10의 자연수 집합 {1, 2, 3, 4, 5, 6, 7, 8, 9, 10}입니다. 11 이상의 숫자는 치역에 포함되지 않는다는 점을 주의하세요. 함수 $f(x) = x^2$의 경우라면 임의의 실수를 0 이상의 실수로 이동하는 함수이므로 정의역은 실수 전체 $\mathbf{R}$이고, 치역은 0 이상의 실수 전체 $\mathbf{R}_+$가 됩니다.

여기서 사상을 표시하는 기호를 사용해봅시다. 우선 사상 f의 정의역과 치역이 각각 A와 B인 것을 다음과 같이 표시합니다.

$$f : A \longrightarrow B \tag{1-3}$$

또한, 정의역과 치역의 각각의 원소에 주목해 A의 원소 a를 B의 원소 b로 이동한 경우 다음과 같이 표시합니다.

$$f : a \longmapsto b$$

이것을 하나로 정리하면 다음과 같이 표기할 수 있습니다.

$$f : A \longrightarrow B$$
$$a \longmapsto b$$

함수 $f(x) = x^2$의 경우라면 실수 전체 $\mathbf{R}$을 0 이상의 실수 전체 $\mathbf{R}_+$로 이동하므로 다음과 같이 표시할 수 있습니다.

$$f : \mathbf{R} \longrightarrow \mathbf{R}_+$$
$$x \longmapsto x^2$$

그림 1-1의 예에서는 모든 사과에 그 목적지인 자연수가 할당되어 있지만, "목적지를 갖지 못한 사과가 있는 경우에는 어떻게 될까?"라고 생각한 사람도 있을 것입니다. 그러한 사상을 생각해볼 수도 있지만, 그 경우 '사과의 집합 A를 정의역으로 하는 사상'이라고 부르지 못합니다. (1-3)과 같이 사상을 표기하는 경우에는 기본적으로 A의 모든 원소에 그 목적지가 정해져 있다는 전제가 필요합니다.

1.1.3 집합의 연산

이 절에서는 집합끼리의 연산에 대해 설명합니다. 우선 집합 A가 집합 B에 포함되면 A는 B의 **부분집합**이라 하고, $A \subset B$ 혹은 $B \supset A$라는 기호로 표기합니다. 이것을 집합의 **포함 관계**라고 합니다. 이는 다시 "A에 속하는 모든 원소는 B에도 속한다"라고 바꿔 말할 수 있습니다. 이 내용을 논리식으로 표시하면 다음과 같습니다.

$$x \in A \Rightarrow x \in B$$

이를 보고 당연하다고 생각했을 수도 있지만, 이 표현은 집합의 표현 관계를 증명할 때 도움이 됩니다. 어떤 집합 A와 B에 대해 $A \subset B$인 것을 증명하고 싶은 경우, A에 포함되어 있는 임의의 원소 x가 반드시 B의 원소라는 것을 보여주면 되는 것입니다. 또 '원소를 하나도 포함하지 않는 집합'도 집합의 한 종류로 보는데, 이를 **공집합**이라 하고 ϕ라는 기호로 표시합니다.[1] 공집합은 모든 집합의 부분집합으로 여겨집니다.

여러 개의 집합 A, B, C, …에 포함되는 원소를 모두 모아 놓은 집합을 **합집합**, 혹은 **합병집합**이라 하며, 다음 기호로 표기합니다.

$$A \cup B \cup C \cup \cdots$$

마찬가지로 여러 개의 집합 A, B, C, …에 모두 포함되는 원소만을 모아 놓은 집합을 **교집합** 또는 **공통집합**이라 하며, 다음 기호로 표기합니다.

$$A \cap B \cap C \cap \cdots$$

---

1 ϕ(파이)는 그리스 문자의 소문자 중 하나입니다.

집합이 두 개인 경우를 **벤다이어그램**으로 표현해보면 그림 1-6과 같습니다. 또한, 집합이 세 개인 경우를 벤다이어그램으로 그려보면 합집합과 교집합의 연산은 다음의 분배법칙을 만족하는 것을 알 수 있습니다(그림 1-7).

▼ 그림 1-6 합집합과 교집합

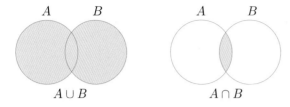

▼ 그림 1-7 집합 연산의 분배법칙

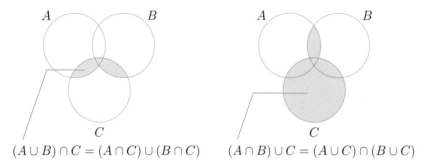

$$(A \cup B) \cap C = (A \cap C) \cup (B \cap C)$$

$$(A \cap B) \cup C = (A \cup C) \cap (B \cup C)$$

$$(A \cup B) \cap C = (A \cap C) \cup (B \cap C) \tag{1-4}$$

$$(A \cap B) \cup C = (A \cup C) \cap (B \cup C) \tag{1-5}$$

다음으로 합집합과 교집합은 무한개의 집합에 대해서도 계산할 수 있다는 사실에 주목해봅시다. 예를 들어 $n = 1, 2, \cdots$에 대해 집합 A_n을 다음과 같이 정의합니다.

$$A_n = \left\{ x \mid x \in \mathbf{R},\ |x| \leq 1 + \frac{1}{n} \right\}$$

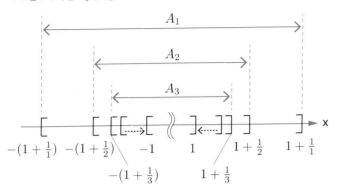

▼ 그림 1-8 구간 A_n의 모양

A_n은 수직선 위의 구간 $\left[-\left(1+\dfrac{1}{n}\right),\ 1+\dfrac{1}{n}\right]$에 대응되고, 그림 1-8과 같이 n이 커질수록 구간의 폭이 작아지면서 양쪽 모두 구간 $[-1,\ 1]$에 가까워집니다. 이때 이 모두의 교집합 A는 다음과 같이 표시합니다.

$$A = A_1 \cap A_2 \cap \cdots = \bigcap_{n=1}^{\infty} A_n \tag{1-6}$$

그러면 이 교집합 A는 구체적으로 어떠한 집합일까요? 직관적으로 구간 $[-1,\ 1]$과 일치할 것 같지만, 이를 정확하게 표시하려면 어떻게 하는 것이 좋을까요? 명확하게 하려면 교집합을 논리식으로 표현하면 됩니다. A에 속하는 원소는 모든 $n = 1,\ 2,\ \cdots$에 대해 A_n에 속해야 하므로, 다음과 같은 등치 관계를 표시하는 논리식이 성립합니다.

$$x \in A \Leftrightarrow \forall n \in \mathbf{N};\ x \in A_n \tag{1-7}$$

여기서 $\forall n \in \mathbf{N};\ \cdots$은 임의의 자연수 n에 대해 $\cdots$의 내용이 성립한다는 것을 표시합니다. $\forall$는 All(모든)의 'A'에서 만들어진 기호로 'for all'이라고 읽습니다. 이때 구간 $[-1,\ 1]$에 포함되는 x, 즉 $-1 \leq x \leq 1$을 만족하는 x에 대해서는 확실하게 다음이 성립한다는 것을 확인할 수 있습니다.

$$\forall n \in \mathbf{N};\ x \in A_n \tag{1-8}$$

구간 $[-1,\ 1]$에 포함되지 않는 x, 즉 $x < -1$ 또는 $x > 1$을 만족하는 x의 경우를 고려했을 때 충분히 큰 n을 가지면 반드시 다음과 같으며

$$|x| > 1 + \frac{1}{n} \qquad (1\text{-}9)$$

$x \notin A_n$이 되므로 (1-8)은 성립하지 않습니다. 예를 들어 $x = 1.1 > 1$에 대해 $n = 100$이라면 $1 + \frac{1}{n} = 1.01$이 되므로, 확실하게 (1-9)가 성립합니다. 따라서 A는 구간 [-1, 1]에 일치하므로 다음이 증명됩니다.

$$A = \{x \mid x \in \mathbf{R}, -1 \le x \le 1\}$$

일반적으로 직선에서 경계를 포함하는 구간은 [a, b]라는 기호로 표시하고, 경계를 포함하지 않는 구간은 (a, b)라는 기호로 표시합니다. 좌우 경계 각각에서 조합을 고려할 때는 다음과 같은 네 가지 패턴을 생각할 수 있습니다.

$$[a, b] = \{x \mid x \in \mathbf{R}, a \le x \le b\}$$
$$(a, b) = \{x \mid x \in \mathbf{R}, a < x < b\}$$
$$[a, b) = \{x \mid x \in \mathbf{R}, a \le x < b\}$$
$$(a, b] = \{x \mid x \in \mathbf{R}, a < x \le b\}$$

처음 두 개는 각각 **폐구간**, **개구간**이라고 부릅니다. 나중 두 개는 폐구간도 아니고 개구간도 아닙니다. 이외에도 한쪽을 제한하지 않는 구간을 다음과 같이 표시합니다.

$$[a, \infty) = \{x \mid x \in \mathbf{R}, x \ge a\}$$
$$(a, \infty) = \{x \mid x \in \mathbf{R}, x > a\}$$
$$(-\infty, b] = \{x \mid x \in \mathbf{R}, x \le b\}$$
$$(-\infty, b) = \{x \mid x \in \mathbf{R}, x < b\}$$

여기서 ∞(무한대)라는 값은 실제로 존재하지 않으며 값의 범위가 제한되어 있지 않다(얼마든지 큰 값을 취할 수 있다)는 것을 표시한다고 생각하면 됩니다. 이 기호를 사용하면 0 이상의 실수 전체 $\mathbf{R}_+$는 $[0, \infty)$라고도 표시할 수 있습니다.

즉, 조금 전의 예에서 집합 A_n의 정의를 다음과 같이 폐구간 $\left(-\left(1 + \dfrac{1}{n}\right), 1 + \dfrac{1}{n} \right)$로 바꿨다고 합시다.

$$A_n = \left\{ x \;\middle|\; x \in \mathbf{R}, |x| < 1 + \frac{1}{n} \right\}$$

이 경우 이들의 교집합 $A = \displaystyle\bigcap_{n=1}^{\infty} A_n$은 어떻게 될까요? 조금 전과 똑같이 생각하면 A는 폐구간 $[-1, 1]$과 일치하는 것이 증명됩니다. 즉, 원래의 A_n이 개구간이든 폐구간이든 이들의 교집합은 모두 폐구간이 되는 것입니다. 이는 무한개의 집합이므로 성립되는 특성입니다. 유한개의 개구간의 교집합으로 폐구간을 만드는 것은 불가능하다는 점에 주의하세요.

무한개의 집합의 합집합에서도 같은 특성이 성립합니다. 우선 일반적으로 무한개의 집합 $A_n(n = 1, 2, \cdots)$에 대한 합집합 A는 다음과 같이 표현할 수 있습니다.

$$A = A_1 \cup A_2 \cup \cdots = \bigcup_{n=1}^{\infty} A_n$$

A에 속한 원소는 적어도 어떤 하나의 A_n에 속해야 하므로, 다음과 같은 등치 관계를 표시하는 논리식이 성립합니다.

$$x \in A \Leftrightarrow \exists n \in \mathbf{N}; \, x \in A_n \tag{1-10}$$

여기서 $\exists n \in \mathbf{N}; \cdots$은 $\cdots$의 내용이 성립하는 자연수 n이 존재한다는 것을 표시합니다. $\exists$는 Exist(존재)의 'E'에서 만들어진 기호로 'exists'라고 읽습니다. 이것을 근거로 $n = 1, 2, \cdots$에 대해 집합 A_n을 다음과 같이 정의합시다.

$$A_n = \left\{ x \;\middle|\; \frac{1}{n+1} \le x < \frac{1}{n} \right\}$$

A_n은 구간 $\left[\dfrac{1}{n+1},\ \dfrac{1}{n}\right)$을 나타내고 있으므로 A_1, A_2, …을 수직선에 늘어놓으면 그림 1-9처럼 구간의 폭을 줄여가면서 $x = 0$을 향해 간격을 메꿔갑니다. 0보다 조금이라도 큰 $x(0 < x \le 1)$에 대해서는 반드시 이 x를 포함하는 A_n이 존재합니다. 그렇지만 $x = 0$을 포함하는 A_n은 존재하지 않습니다. 따라서 이들의 합집합은 다음과 같은 개구간이 됩니다.

$$A = A_1 \cup A_2 \cup \cdots = \bigcup_{n=1}^{\infty} A_n = (0,\ 1)$$

▼ 그림 1-9 구간 A_n의 모양

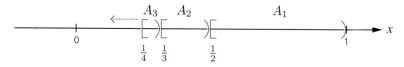

이제 앞서 설명했던 집합 연산의 분배법칙 (1-4), (1-5)는 다음과 같이 무한개의 집합에 대해 확장할 수 있습니다.

$$\left(\bigcup_{n=1}^{\infty} A_n\right) \cap B = \bigcup_{n=1}^{\infty} (A_n \cap B)$$

$$\left(\bigcap_{n=1}^{\infty} A_n\right) \cup B = \bigcap_{n=1}^{\infty} (A_n \cup B)$$

마지막으로 전체집합과 여집합에 대해 설명하겠습니다. 우선 어떤 집합 X를 준비하고, 이것을 **전체집합**이라 부르기로 합니다. 그리고 X의 부분집합을 몇 개 모아 놓은 그룹 $\{A,\ B,\ C,\ \cdots\}$를 생각해봅니다. 일반적으로 이와 같은 집합을 모아 놓은 것을 **집합족**이라고 부릅니다. 집합족에 포함된 부분집합의 수는 유한개든 무한개든 상관없습니다. 이때 어떤 부분집합 A에 대해 X의 원소 중에서 A에 포함되지 않는 모든 원소 전체를 A^C라 표시하고, A의 **여집합**이라 부릅니다. 내포적 정의의 표기법으로 표기하면 다음과 같습니다.

$$A^c = \{x \mid x \in X,\ x \notin A\}$$

합집합과 교집합의 여집합에 대해서는 다음과 같은 **드모르간(De Morgan)의 법칙**이 성립합니다.

$$(A \cap B)^c = A^c \cup B^c \tag{1-11}$$

$$(A \cup B)^c = A^c \cap B^c \tag{1-12}$$

이것도 무한개의 집합으로 확장할 수 있습니다.

$$\left(\bigcap_{n=1}^{\infty} A_n \right)^c = \bigcup_{n=1}^{\infty} A_n^c$$

$$\left(\bigcup_{n=1}^{\infty} A_n \right)^c = \bigcap_{n=1}^{\infty} A_n^c$$

이외에 집합 A부터 집합 B에 속하는 원소를 제하는 것을 **차집합**이라 부르고, $A \setminus B$라는 기호로 표시합니다. 이것은 내포적 정의를 이용해 다음과 같이 표현할 수 있습니다.

$$A \setminus B = \{x \mid x \in A, \, x \notin B\}$$

A와 B가 모두 전체집합 X의 부분집합인 경우 여집합을 이용해 다음과 같이 표현할 수도 있습니다.

$$A \setminus B = A \cap B^c$$

예를 들어 차집합의 기호를 이용하면 0 이외의 실수 전체는 다음과 같이 표시됩니다. {0}은 0만을 원소로 하는 집합을 표시한다는 점에 주의하세요.

$$\mathbf{R} \setminus \{0\}$$

1.1.4 보충설명: 논리식을 이용하는 증명 방법

이 절에서는 조금 본론에서 벗어나 논리식을 이용한 증명 방법을 설명합니다. "조금 전에 소개한 드모르간의 법칙((1-11), (1-12))을 증명해보세요"라고 한다면 여러분은 어떻게 하겠습니까? 그림 1-6과 같은 벤다이어그램을 그려서 이해할 수도 있지만, 그림에 의존하지 않고 좀 더 논리적으로 증명할 수는 없을까요? 그러려면 논리식을 다루는 방법을 알아둬야 합니다.

논리식에서는 어떤 수학적인 주장을 **명제**라고 부르며 p, q, …라는 기호로 표기합니다. 예를 들면 p: $x \in A$(x는 집합 A의 원소입니다)처럼 말입니다. 다음으로 그 주장의 부정 논제를 $\neg p$라는 기호로 표기합니다. 조금 전의 예라면 $\neg p : x \notin A$가 됩니다. 그리고 명제 p와 명제 q의 양방향이 성립된다는 주장을 $p \wedge q$로 표기합니다. $\wedge$는 'AND'를 표시하는 기호입니다. 한편 명제 p와 명제 q 중 어느 한쪽이라도 성립하는 주장을 $p \vee q$로 표기합니다. $\vee$는 'OR'을 표시하는 기호입니다.

이때 부정 $\neg$와 AND $\wedge$, OR $\vee$의 조합에 대해 다음과 같은 관계가 성립합니다.

$$\neg(p \wedge q) \Leftrightarrow (\neg p \vee \neg q) \tag{1-13}$$

$$\neg(p \vee q) \Leftrightarrow (\neg p \wedge \neg q) \tag{1-14}$$

$\Leftrightarrow$는 **등치 기호**로 왼쪽의 내용과 오른쪽의 내용이 같다는 의미며, 한쪽이 성립되면 반드시 다른 쪽도 성립된다는 것을 의미합니다. 위의 두 관계는 '논리식에서의 드모르간의 법칙'이라고도 불리며, 이 관계가 옳다는 것은 몇 가지 구체적인 예를 생각하면 납득할 수 있습니다. 단, '모든 경우에서 왜 이것이 성립되는가?'라는 철학적인 문제는 여기서는 생각하지 않겠습니다. 우선 수학의 기본적인 룰로 받아들여주세요.

여기까지 준비되었으면 조금 전에 살펴본 드모르간의 법칙은 순수하게 논리식만을 이용해 증명할 수 있습니다. 구체적인 설명은 잠시 후에 시작하니 우선은 다음 논리식의 내용을 하나씩 음미해봅시다.

$$
\begin{aligned}
x \in (A \cap B)^c &\Leftrightarrow x \notin A \cap B \\
&\Leftrightarrow \neg(x \in A \cap B) \\
&\Leftrightarrow \neg(x \in A \wedge x \in B) \\
&\Leftrightarrow \neg(x \in A) \vee \neg(x \in B) \\
&\Leftrightarrow x \notin A \vee x \notin B \\
&\Leftrightarrow x \in A^c \vee x \in B^c \\
&\Leftrightarrow x \in A^c \cup B^c
\end{aligned}
$$

각각의 등치 변환 내용을 이해할 수 있습니까? 확실히 이해하기 위해 각 변환의 내용을 상세히 설명해보겠습니다. 우선 1행은 바로 여집합의 정의입니다. 1행부터 2행까지는 x가 집합 $A \cap B$의 원소가 아니라는 사실을 부정하는 $\neg$을 사용해 고쳐 쓴 것입니다. 3행은 머리에 있는 $\neg$은 염두에 두지 않고, 괄호 내의 관계만 주목해 고쳐 쓴 것입니다. x가 $A \cap B$에 속한다는 것은 A와 B 모두에 속한다는 뜻이므로 이는 교집합 $A \cap B$의 정의입니다. 4행은 $x \in A$를 p, $x \in B$를 q로 하고, (1-13)의 관계를 적용시킨 것입니다. 이후에는 이제까지와 반대 방향으로 고쳐 씁니다. 즉, 5행에서는 부정 ¬을 ∉로 고쳐 쓰고, 6행에서는 A, B의 원소가 아닌 사실을 여집합 A^c, B^c로 고쳐 씁니다. 마지막으로 7행에서는 x가 A^c 또는 B^c의 원소인 것과 x는 합집합 $A^c \cup B^c$의 원소인 것이 등치라는 사실을 이용합니다. 이것은 합집합 $A^c \cup B^c$의 정의입니다.

지금까지의 변환에 의해 결국 다음과 같은 등치 관계가 표현됩니다.

$$x \in (A \cap B)^c \Leftrightarrow x \in A^c \cup B^c$$

이는 임의의 x에 대해 성립하는 것이므로 (1-11)의 관계가 증명됩니다. (1-12)에 대해서도 (1-14)를 이용해 같은 논리식을 써 내려갈 수 있습니다. 모든 증명에 이와 같은 논리식을 이용할 수 있는 것은 아니지만, 이론적으로 수학의 모든 증명은 이와 같은 논리식을 이용해 표현할 수 있습니다. 논리식을 이용한 증명 방법은 증명하고자 하는 사실의 내용으로부터 한 걸음 떨어져서 먼저 기계적인 논리 기호의 변환으로 진행할 수 있다는 강점을 가집니다. 무엇인가를 증명해야 하는데 막막한 경우 이와 같은 방법도 있다는 것을 떠올려보면 좋습니다.

1.2 실수의 특성

1.2.1 유리수의 특성

실수의 성질을 알아보기 전에 우선 유리수의 성질을 알아봅시다. 모든 사람이 알고 있듯이, 유리수는 두 개의 정수 a, $b(b \neq 0)$을 이용해 $\frac{a}{b}$의 형태로 표현될 수 있는 수입니다. 유리수는 사칙연산에 대해 닫혀 있어서 두 유리수를 더하거나, 빼거나, 곱하거나, 나눌 때 그 결과는 다시 유리수가 됩니다. 예를 들어 정수의 경우 두 정수를 나누면 정수가 되지 않기 때문에 사칙연산에 닫혀 있다는 것은 정수와는 다른 유리수의 특성이라고 말할 수 있습니다. 그리고 정수와 다른 유리수의 또한 가지 특징으로 **조밀성**이 있습니다. 조밀성이란 임의의 두 유리수를 취할 경우 두 수 사이에 무한한 수의 유리수가 존재한다는 성질입니다 정리 1 . 실제로 a, b가 유리수로 $a < b$라고 하면 다음은 $a < c < b$를 만족하는 유리수입니다.

$$c = \frac{a+b}{2}$$

더 나아가서 a와 c에 대해서도 동일하게 생각하면 다음은 $a < d < c < b$를 만족하는 유리수입니다.

$$d = \frac{a+c}{2}$$

이와 같은 논리를 계속 펼치면 a와 b 사이에는 무한한 유리수가 있다는 것을 확인할 수 있습니다 (그림 1-10). 이는 정수와는 매우 다른 성질입니다.

▼ 그림 1-10 a와 b 사이에 무한개의 유리수를 선택하는 모습

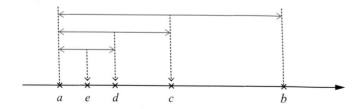

이 결과를 보면 정수 전체의 집합 $\mathbf{Z}$와 유리수 전체의 집합 $\mathbf{Q}$를 비교할 때, 후자가 더 많은 원소를 포함한다고 생각할 수 있습니다. 그러나 $\mathbf{Z}$와 $\mathbf{Q}$의 원소는 모두 무한하므로, 단순히 어느 쪽이 더 많을까를 논의하는 것은 어렵습니다. 이와 같이 원소가 무한개인 집합을 비교할 때는 집합에서 집합으로의 사상을 구성하는 방법을 사용할 수 있습니다.

예를 들어 원소 수가 유한한 집합 A와 B가 있다고 하고, 둘 사이에 전단사의 사상을 구성할 수 있다고 합시다. 이 경우 A와 B의 원소 수는 일치한다는 것을 알 수 있습니다. 원소 수가 다른 집합 사이에 전단사의 사상을 구성하는 것은 불가능하기 때문입니다. 이러한 논리를 더 확장해 원소 수가 무한한 집합 A와 B에 대해서도 둘 사이에 전단사의 사상을 구성할 수 있는 경우에는 둘의 원소 수가 동일한 정도로 무한대라고 생각할 수 있습니다. 이것을 **집합의 농도**라고 합니다.

여기서 처음으로 자연수의 집합 $\mathbf{N}$의 농도를 $\aleph_0$(알레프 제로)으로 정의합니다.[2] 그리고 자연수의 집합을 전단사로 일대일로 묶을 수 있는 집합이 있는 경우 이 집합의 농도도 동일하게 $\aleph_0$으로 합니다. 1.1.2절에서는 자연수의 집합에 대한 사상을 이용해 사과의 수를 세었습니다. 이와 마찬가지로 $\aleph_0$의 농도를 가진 집합은 모든 원소를 셀 수 있습니다. 실제로 세는 경우 어디까지 셀 것인가라는 문제가 있지만, 적어도 모든 원소에 대응하는 번호는 준비할 수 있습니다. 이와 같은 의미에서 $\aleph_0$의 농도를 가진 집합은 **가산무한집합**이라고 합니다 정의 2 .

어떤 집합이 가산무한집합일 때, 집합의 원소를 세는 순서를 잘 고려해야 합니다. 예를 들어 정수 전체의 집합 $\mathbf{Z}$는 가산무한집합이지만, 이것을 나타내려면 그림 1-11과 같이 양의 수와 음의 수를 교대로 세어나가야 합니다. 이런 식으로 자연수 전체의 집합에서 정수 전체의 집합으로의 전단사 사상을 구성할 수 있습니다. 이러한 테크닉을 사용하면 가산무한집합이 두 개 있는 경우 둘을 합한 집합도 다시 가산무한집합이 되는 것을 증명할 수 있습니다. 각 집합의 원소를 교대로 세어나가는 것으로 자연수 전체의 집합으로부터의 전단사 사상을 구성할 수 있기 때문입니다.

▼ 그림 1-11 정수 전체의 집합 $\mathbf{Z}$를 세는 방법

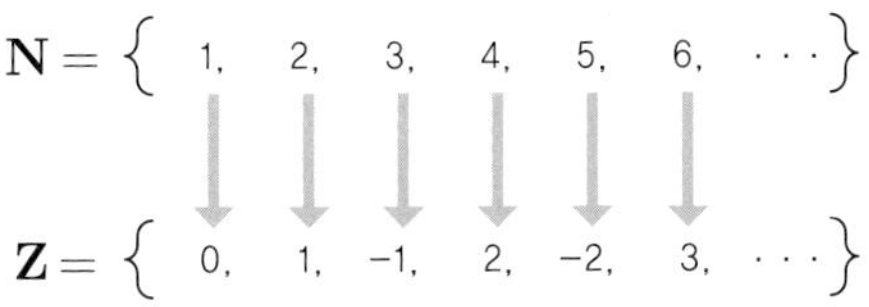

$$\mathbf{N} = \{ \quad 1, \quad 2, \quad 3, \quad 4, \quad 5, \quad 6, \quad \cdots \}$$

$$\mathbf{Z} = \{ \quad 0, \quad 1, \quad -1, \quad 2, \quad -2, \quad 3, \quad \cdots \}$$

그러면 유리수 전체의 집합 $\mathbf{Q}$는 어떨까요? 그림 1-12의 방법을 이용하면 자연수 전체의 집합으로부터 유리수 전체의 집합에 대해 전단사 사상을 구성할 수 있습니다. 이 절 앞부분에서 설명한

---

2 $\aleph$(알레프)는 히브리어 알파벳의 첫 번째 문자입니다.

바와 같이, 모든 유리수는 정수 두 개의 비율로 표현할 수 있습니다. 그림 1-12에서는 양의 정수를 이용해 양의 유리수만을 가로세로로 정렬하고 이것을 경사 방향으로 세어갑니다. $\frac{2}{4}$와 같이 약분이 되는 분수는 건너뛰어서 셉니다. 이것으로 양의 유리수 전체가 가산무한집합인 것을 알 수 있습니다. 마찬가지로 음의 유리수 전체도 가산무한집합이기 때문에 둘을 합친 유리수 전체도 가산무한집합입니다. 즉, 유리수 전체의 농도는 정수 전체와 동일한 $\aleph_0$입니다 정리 4 .

▼ 그림 1-12 유리수 전체의 집합 **Q**를 세는 방법

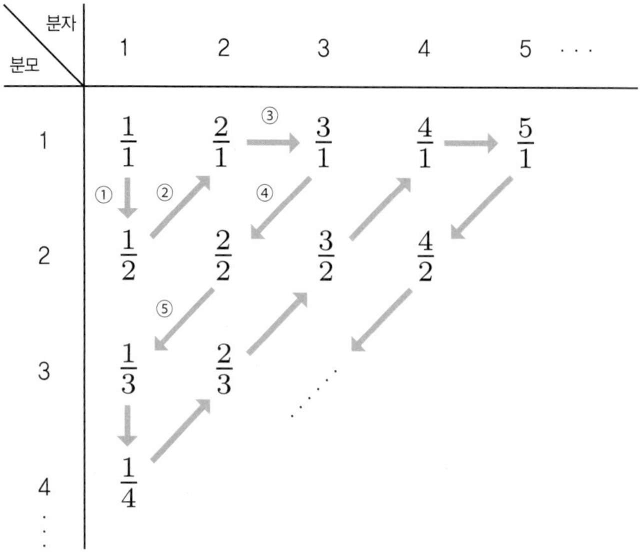

결국 자연수 **N**, 정수 **Z**, 유리수 **Q**는 모두 가산무한집합임을 알 수 있습니다. 이렇게 되면 도대체 가산무한집합이 아닌 것이 있을지 의문이 생길 텐데, 물론 원소가 무한개인 집합 중에 자연수 집합과 일대일로 연결할 수 없는 것도 있습니다. 이후에 설명하는 바와 같이 실수 전체의 집합 **R**이 바로 그런 집합입니다. 즉, 실수 전체의 원소 수는 자연수 전체의 원소 수보다 큰 무한대인 것입니다. 실수 전체의 농도를 $\aleph$라 하고 이 사실을 $\aleph > \aleph_0$으로 표현합니다.

1.2.2 실수의 완비성

우선 유리수의 정밀성에 대해 설명하겠습니다. 정밀성이란 수직선의 임의의 극소 구간 가운데 무한개의 유리수가 존재한다는 것을 의미합니다. 단, 무한개가 있음에도 불구하고 수직선을 완전하게 메꿀 수는 없습니다. 유리수와 무리수 사이에는 반드시 빈틈이 존재합니다. 이 사실은 **데데킨**

트 절단(Dedekind cut)이라는 방법으로 표현할 수 있습니다. 수직선에 있는 유리수 전체를 어떤 점을 경계로 두 집합 A와 B로 나눴다고 합시다. 이를테면 다음과 같다고 생각합니다.

$$A = \{x \mid x \in \mathbf{Q}, \, x < 2\}$$
$$B = \{x \mid x \in \mathbf{Q}, \, x \geq 2\}$$

이 경우 작은 쪽 그룹 A에는 최댓값이 되는 원소가 없습니다. 임의의 $a \in A$에 대해 a와 2의 중간점이 되는 $a' = \dfrac{a+2}{2}$는 $a < a' < 2$를 만족하는 A의 원소가 되기 때문입니다. 한편 큰 쪽 그룹 B에는 최솟값이 되는 원소가 존재합니다. 바로 $x = 2$입니다. 수직선에 존재하는 유리수 전체를 2라는 값을 경계로 해서 바로 왼쪽으로 절단한 것이라고 생각할 수 있습니다.

그렇다면 다음 예는 어떻게 될까요?

$$A = \{x \mid x \in \mathbf{Q}, \, x \leq 0 \quad \text{또는} \quad x^2 < 2\}$$
$$B = \{x \mid x \in \mathbf{Q}, \, x > 0 \text{인 동시에} \, x^2 \geq 2\}$$

다소 억지로 만든 예인 것 같지만, 그림 1-13과 같이 $\sqrt{2}$를 경계로 나눈 것입니다. 이 그림을 볼 때 A에 최댓값이 존재하거나 B에 최솟값이 존재할 것 같지만, 사실 A에 최댓값이 되는 원소는 없고 동시에 B에도 최솟값이 되는 원소는 없습니다. 이 사실은 다음과 같이 귀류법[3]으로 표현할 수 있습니다. 만약 A에 최댓값 a가 존재한다면 이것은 다음을 만족합니다.

$$a > 0, \; a^2 < 2 \tag{1-15}$$

여기서 또 작위적이기는 합니다만,

$$a' = \frac{2a+2}{a+2}$$

위와 같은 새로운 유리수 a'를 생각해봅시다. 이때 $a' > a$인 동시에 $a' \in A$라는 것을 계산으로 확인할 수 있습니다. 구체적인 계산은 다음과 같습니다.

$$a' - a = \frac{2a+2}{a+2} - a = \frac{2a+2-a(a+2)}{a+2} = \frac{2-a^2}{a+2} > 0$$

---

3 **역주** 명제가 거짓이라고 가정했을 때 모순임을 밝힘으로써 명제가 참이라는 것을 증명하는 방법

즉, 위와 같으므로 $a' > a$라고 말할 수 있습니다.

마지막의 부등호는 (1-15)에 의해 성립합니다.

$$2 - a'^2 = 2 - \frac{(2a+2)^2}{(a+2)^2} = 2 - \frac{4a^2 + 8a + 4}{a^2 + 4a + 4}$$

$$= \frac{2(a^2 + 4a + 4) - (4a^2 + 8a + 4)}{a^2 + 4a + 4}$$

$$= \frac{-2a^2 + 4}{a^2 + 4a + 4} = \frac{2(2 - a^2)}{a^2 + 4a + 4} > 0$$

이어서 위와 같으므로 $a'^2 < 2$고, $a' \in A$가 됩니다. 마지막 부등호는 역시 (1-15)에 의해 성립합니다. 이것은 a'가 a보다 큰 A의 원소임을 나타내므로 a가 A의 최댓값이라는 가정과 모순됩니다. 따라서 귀류법에 의해 A에는 최댓값이 없다는 것을 증명할 수 있습니다. B에 최솟값이 존재하지 않는 것도 동일하게 계산해 증명할 수 있습니다.

▼ 그림 1-13 유리수를 분할하는 예

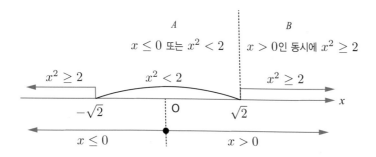

이 결과는 $\sqrt{2}$가 유리수가 아니기 때문이지만, 위 계산에 $\sqrt{2}$라는 값은 어디에도 나타나지 않는 다는 점에 주의해야 합니다. 만약 $\sqrt{2}$의 존재를 몰랐다고 해도 위의 계산을 통해 A와 B 사이에는 '유리수가 아닌 무엇인가'가 존재한다는 것을 알 수 있을 것입니다.

한편 유리수에 대해, 더 나아가 무리수를 더한 실수 전체에 대해서는 이와 같은 것[4]이 성립하지 않습니다. 임의의 $a \in A$, $b \in B$에 대해 $a < b$를 만족하도록 실수 전체를 두 집합, A와 B로 나누는 경우에는 다음 중 하나가 성립합니다.

---

4 역주 즉, A와 B 사이에 무엇인가가 존재하는 것. 그래서 실수는 완비성을 갖습니다. 즉 빈틈이 존재하지 않습니다.

- A에 최댓값이 존재하고, B에 최솟값이 존재하지 않는다.
- B에 최솟값이 존재하고, A에 최댓값이 존재하지 않는다.

이와 같은 실수의 성질을 **완비성**이라고 합니다 정리 2. 이제 실수 전체가 확실하게 완비성을 가진다는 것을 증명해봅시다. 그러려면 실수의 정의를 되돌아봐야 하지만, 여기서는 거기까지 깊게 들어가지는 않고 위의 사실을 받아들이기로 합니다. 흥미가 있는 사람을 위해 힌트를 주면, 유리수 전체의 집합에 대해 위의 둘 중 하나가 성립하지 않고(즉, A에 최댓값이 없고, B에 최솟값이 없는 경우) 절단된 곳이 발견되면 그곳에 무리수를 추가해 위의 둘 중 하나가 성립되도록 유리수의 집합을 확장해갑니다. 최종적으로 모든 간격이 메꿔진 것을 실수로 정의하면 실수 전체가 완비성을 가진다는 것을 알 수 있습니다. 역사적으로는 1872년에 수학자 리하르트 데데킨트가 이러한 방법으로 실수를 정의할 수 있다는 것을 보여줬기 때문에 이 방법에 데데킨트 절단이라는 이름이 붙었습니다 정의 1.

실수의 완비성은 그 자체로도 재미있는 성질이지만, 이 성질을 이용하면 실수의 부분집합에 대해 '상방에 유계가 있으면 상한을, 하방에 유계가 있으면 하한을 반드시 가진다'는 것이 보장됩니다 정리 3. 유계, 상한, 하한 같은 단어의 의미는 잠시 후에 설명하겠지만, 상한과 하한은 최댓값과 최솟값을 확장한 개념이며 이와 관련된 성질은 실수에 관한 여러 가지 정의를 증명할 때 강력한 수단으로 사용됩니다. 다소 장황하지만 우선은 상한과 하한의 정의를 정확하게 설명하겠습니다.

우선 실수 집합 A에 대해 'A보다 큰 실수' 집합 U_A를 A의 상계라고 부릅니다. 정확하게 정의하면 다음과 같습니다.

$$U_A = \{x \mid \forall a \in A; \ a \leq x\}$$

여기서 위의 정의식에 있는 $a \leq x$에 등호가 포함되어 있는 점을 주의해야 합니다. 예를 들어 $A = [0, 1]$이면 A의 상계는 '1 이상의 실수 전체'가 됩니다. U_A가 공집합이 되지 않는 (즉, U_A에 속하는 실수가 하나라도 존재하는) 경우 A는 **상방에 유계**가 있다고 합니다. 그래서 A 위에 유계가 있는 경우, U_A에 포함되는 요소 중 최소의 요소를 A의 **상한**이라고 부릅니다.

마찬가지로 다음 L_A를 A의 하한이라고 부릅니다.

$$L_A = \{x \mid \forall a \in A; \ x \leq a\}$$

그리고 L_A가 공집합이 아닌 경우 A는 **하방에 유계**가 있다고 합니다. A 아래에 유계가 있는 경우 L_A에 포함된 요소 중 가장 큰 요소를 A의 **하한**이라고 부릅니다.

분명히 장황한 정의지만, 구체적인 예를 생각하면 무엇을 말하려고 하는지 곧 알 수 있을 것입니다. 예를 들어 폐구간 $A = [0, 1]$을 생각해보면 상계 U_A는 1 이상의 모든 실수지만 상계의 최솟값, 즉 상한은 하나입니다. 이것은 A의 최댓값과 일치합니다. 그렇다면 개구간 $A = (0, 1)$의 경우는 어떻게 될까요? 이 경우 A의 최댓값은 존재하지 않지만, 상계 U_A는 이전의 경우와 마찬가지로 1 이상의 모든 실수이므로 상한은 1입니다. 이와 같이 A에 최댓값이 존재하지 않는 경우에도 상한은 반드시 존재합니다. 하한에 대해서도 똑같이 적용됩니다.

그러면 실수의 완비성을 이용해 상한 또는 하한이 반드시 존재하는 것을 증명해봅시다. 여기서는 예로 상한에 대해 생각합니다. A의 상계 U_A가 공집합이 아니라고 할 때 U_A와 그 여집합 U_A^c라는 두 집합을 고려할 수 있습니다. $x \in U_A^c$라고 하면 $x \notin U_A$에 의해 $x < a$가 되는 $a \in A$가 존재합니다. 이러한 $a \in A$가 존재하지 않는 것이 $x \in U_A$의 정의인 점을 유념해주세요. 한편 $y \in U_A$라고 하면 y는 A의 상계에 포함되므로 $a \le y$가 됩니다. 이에 의해 $x < y$가 성립되고, U_A^c와 U_A는 실수 $\mathbf{R}$의 절단을 만드는 것을 알 수 있습니다. 따라서 실수의 완비성에 의해

- U_A^c에 최댓값이 존재하고, U_A에 최솟값이 존재하지 않는다.
- U_A에 최솟값이 존재하고, U_A^c에 최댓값이 존재하지 않는다.

둘 중 하나가 성립되어야 합니다. 하지만 U_A^c에는 최댓값이 존재하지 않습니다. 그 이유는 다음과 같습니다. x가 U_A^c의 최댓값이라고 하면 $x \notin U_A$에 의해 $x < a$가 되는 $a \in A$가 존재합니다. 이때 $a' = \dfrac{x + a}{2}$는 U_A에 속하지 않습니다($a' < a \in A$이므로, U_A의 조건을 만족하지 못합니다). 즉 $x < a' \in U_A^c$가 되며, 이것은 x가 U_A^c의 최댓값인 것에 모순됩니다. 따라서 U_A^c에는 최댓값이 존재하지 않고 U_A에는 반드시 최솟값이 존재합니다.

일반적으로 A의 상한을 다음과 같이 표현합니다.

$$\sup_{a \in A} a \ \text{또는} \ \sup A$$

A의 하한은 다음과 같이 표현합니다.

$$\inf_{a \in A} a \ \text{또는} \ \inf A$$

sup와 inf는 각각 superior(상위)와 inferior(하위)에서 만들어진 기호입니다.

1.2.3 실수의 농도

이 절에서는 실수가 가산무한집합이 아니라는 것, 즉 자연수에서 실수로의 전단사 사상을 구성하는 것은 불가능함을 증명할 것입니다 정리 5 . 모든 실수는 무한소수로 전개할 수 있다는 사실을 이용합니다. 실제로 이와 같은 전개가 가능한 것은 나중에 다시 설명하겠습니다.

개구간 $(0, 1)$에 포함되는 실수 전체의 집합을 고려하며, 이것이 가산무한집합이라고 가정하면 모순된다는 것을 증명합니다. 이것을 증명하면 구간 $(0, 1)$의 실수는 가산무한집합이 아니고, 이에 따라 이것을 포함하는 실수 전체 $\mathbf{R}$도 가산무한집합이 될 수 없다는 것이 증명됩니다. 개구간 $(0, 1)$에 포함된 실수 전체가 가산무한집합이라고 하면 이 구간의 실수 전체를 $\{a_1, a_2, \cdots\}$와 같이 일렬로 배열할 수 있습니다. 이때 n번째 실수 a_n을 무한소수로 전개하는 것을 다음과 같이 표현할 수 있습니다.

$$a_n = 0.c_1^{(n)} c_2^{(n)} \cdots$$

0.1과 같이 유한소수로 표현할 수 있는 것은 $0.100\cdots$과 같이 0이 계속된다고 봅니다. 이 무한소수들을 다음과 같이 일렬종대로 나열합니다.

$$a_1 = 0.c_1^{(1)} c_2^{(1)} c_3^{(1)} \cdots$$
$$a_2 = 0.c_1^{(2)} c_2^{(2)} c_3^{(2)} \cdots$$
$$a_3 = 0.c_1^{(3)} c_2^{(3)} c_3^{(3)} \cdots$$
$$\vdots$$

그리고 대각선상의 숫자를 취해서 새로운 실수 a를 만듭니다.

$$a = 0.c_1'^{(1)} c_2'^{(2)} c_3'^{(3)} \cdots$$

이때 각각의 숫자 $c_n'^{(n)}$은 '$c_n^{(n)}$이 짝수면 $c_n'^{(n)}$을 1로 하고, $c_n^{(n)}$이 홀수면 $c_n'^{(n)}$을 2로 한다'는 규칙으로 숫자를 치환합니다.

$$a_1 = 0.153\cdots$$
$$a_2 = 0.485\cdots$$
$$a_3 = 0.753\cdots$$
$$\vdots$$

예를 들어 위의 경우는 다음과 같이 됩니다.

$$a = 0.212\cdots$$

이때 a는 (0, 1)에 포함되는 실수지만 a_1, a_2, $\cdots$의 어느 것과도 일치하지 않습니다. 임의의 a_n에 대해 적어도 n번째의 숫자 $c_n^{(n)}$은 a의 n번째의 숫자 $c_n^{\prime(n)}$과 일치하지 않기 때문입니다. 이것은 $\{a_1, a_2, \cdots\}$이 구간 (0, 1)의 실수를 모두 나열한다는 가정에 모순됩니다.

이것으로 구간 (0, 1)의 실수는 가산무한집합이 아니라는 것이 증명됩니다. 따라서 이 구간을 포함하는 실수 전체 $\mathbf{R}$도 가산무한집합이 아닙니다. 앞서 설명한 바와 같이 실수 전체의 농도를 $\aleph$로 표시하면 $\aleph > \aleph_0$으로 나타낼 수 있습니다. 또한, 일반적으로 실수와 동일한 농도의 집합을 **비가산무한집합**이라고 부릅니다. 대각선상의 숫자를 사용한 설명은 1891년에 수학자 게오르크 칸토어가 사용한 것으로 **칸토어의 대각선논법**이라고 알려져 있습니다.

그럼 임의의 실수를 무한소수로 전개할 수 있다는 사실을 증명하겠습니다. 엄밀하게 증명하기 전에 우선 무한소수로 전개되는 절차를 확인해봅시다. 어떤 실수 x가 주어졌을 때 정수 부분에서 시작해 소수 첫 번째 자리, 소수 두 번째 자리, $\cdots$을 순서대로 꺼내 나갑니다. x가 음수인 경우 $|x|$를 무한소수로 전개한 후에 음의 부호를 붙이면 되므로 여기서는 $x > 0$으로 가정합니다. 우선 다음 조건을 만족하는 정수 k_0을 취합니다.

$$k_0 \leq x < k_0 + 1$$

이것은 x의 소수점 이하를 버린 정수 부분입니다.

$$k_1 \leq 10x < k_1 + 1$$

이어서 위의 조건을 만족하는 k_1을 취하고 다음과 같이 같이 놓으면

$$c_1 = k_1 - 10k_0$$

c_1은 소수 첫 번째 자리의 숫자가 될 것입니다. 그래서 일반적으로

$$k_n \leq 10^n x < k_n + 1 \tag{1-16}$$

위의 조건을 만족시키는 정수 $k_n (n = 1, 2, \cdots)$을 취하고

$$c_n = k_n - 10k_{n-1} \tag{1-17}$$

위와 같이 정의하면 다음과 같은 무한소수로의 전개가 가능합니다.

$$x = k_0.c_1c_2c_3\cdots \tag{1-18}$$

단, 이 설명만으로는 수학적인 관점에서의 엄밀성이 결여되어 있습니다. 도대체 (1-18)의 표현식에 있는 마지막의 '…'은 무엇을 표현하는 것일까요? 직감적으로 뒷부분에 붙는 c_n을 점점 증가시켜나가면 그 값이 x에 점점 근접하는 것으로 생각할 수 있습니다. 이러한 상황을 정확하게 표현하려면 **극한**의 개념을 사용해야 합니다.

우선 일반적으로 실수 수열 $\{a_n\}_{n=1}^{\infty} = \{a_1, a_2, \cdots\}$이 주어졌을 때 임의의 양의 실수 $\epsilon > 0$에 대해 충분히 큰 자연수 N을 선택하면 다음이 성립하고

$$n > N \Rightarrow |a_n - a| < \epsilon$$

이 경우 무한수열 $\{a_n\}_{n=1}^{\infty}$은 a에 수렴합니다. 또는 극한값 a를 가진다고 말하며 다음과 같이 표현합니다.

$$\lim_{n \to \infty} a_n = a$$

ϵ(엡실론)은 임의의 실수라고 말했지만, 매우 작은 값을 고려하는 느낌이라고 생각하면 됩니다. a_n과 a가 정확하게 일치하지 않더라도 충분히 큰 n을 취하면 그 차이가 얼마든지 작아지게 만들 수 있음을 나타냅니다. 위에서 이야기한 조건은 다음과 같은 기호로 표현할 수 있습니다 정의 3.

$$\forall \epsilon > 0; \ \exists N \in \mathbf{N} \text{ s.t. } \forall n \in \mathbf{N}; \ n > N \Rightarrow |a_n - a| < \epsilon$$

$\forall \epsilon > 0$, $\exists N \in \mathbf{N}$, $\forall n \in \mathbf{N}$이라는 기호는 1.1.3절의 (1-7)과 (1-10)에 나온 것과 같습니다. 전반의 '$\forall \epsilon > 0; \ \exists N \in \mathbf{N}$ s.t. $\cdots$'는 '임의의 $\epsilon > 0$에 대해 …을 만족하는 자연수 N이 존재한다'는 의미입니다. s.t.는 영어의 'such that'을 생략한 것입니다. 그 뒤는 임의의 자연수 n에 대해 n이 N보다 크다면 $|a_n - a| < \epsilon$이 성립한다는 의미입니다.

이와 같은 극한의 개념을 이용하면 (1-18)은 다음과 같이 해석할 수 있습니다. 우선 다음과 같이 소수 n번째 자리까지 더한 값을 a_n으로 해서 수열 $\{a_n\}$을 정의합니다.[5]

$$a_1 = k_0 + \frac{c_1}{10}$$
$$a_2 = k_0 + \frac{c_1}{10} + \frac{c_2}{10^2}$$
$$a_3 = k_0 + \frac{c_1}{10} + \frac{c_2}{10^2} + \frac{c_3}{10^3}$$
$$\vdots$$

일반적으로는 다음과 같이 재귀적으로 정의했다고 생각해도 좋습니다.

$$a_0 = k_0$$
$$a_n = a_{n-1} + \frac{c_n}{10^n} \quad (n = 1, 2, \cdots)$$

(1-19)

이때 다음이 성립한다고 하면

$$\lim_{n \to \infty} a_n = x$$

(1-20)

수열 $\{a_n\}$의 극한으로 실수 x를 얻을 수 있습니다 정리 6 .

덧붙여서 (1-20)을 보고, "a_n과 x가 정확하게 일치하지 않으므로 수열 $\{a_n\}$이 x에 일치한다고 보는 것은 틀렸다"라고 생각하진 않았나요? (1-20)은 '$\{a_n\}$이 x에 일치한다'고 말하는 것이 아닙니다. 어디까지나 a_n의 값이 점점 근접해가고, 그 행선지가 x라는 것을 말할 뿐입니다. 하지만 극한값 x는 수열 a_n에 대해 일의적으로 결정되므로, x 값을 표현하기 위해 수열 $\{a_n\}$을 이용한다고 생각해도 좋습니다. 또한, 앞에서 설명한 바와 같이 ϵ과 N을 사용해 극한을 정하는 방법을 ϵ-δ 논법이라고 부릅니다.[6]

---

5 무한수열 $\{a_n\}_{n=1}^{\infty}$에 대해서는 첨자의 범위를 생략하고 $\{a_n\}$으로 표기합니다.

6 δ(델타)라는 기호는 아직 어디에도 나타나지 않았지만, 이후 2.2.1절(함수의 극한)에서 δ를 사용하는 유사한 정의가 나옵니다.

Note ≡ 　수열 극한의 일의성

본문에서 '극한값 x는 수열 $\{a_n\}$에 대해 일의적으로 결정된다'고 서술했는데, "극한값이 과연 일의적일까(극한값을 여러 개 가지는 것은 아닐까?)"라는 의문을 가진 사람도 있을 것입니다. 극한값이 일의적이라는 것을 증명하려면 2.2.1절에서 소개하는 삼각부등식을 이용해야 합니다. 여기서는 미리 앞당겨서 설명합니다.

우선 임의의 실수 p, q에 대해 다음의 관계가 성립합니다.

$$|p + q| \leq |p| + |q|$$

이 관계는 p와 q 각각에 대해 양의 경우와 음의 경우를 주의 깊게 나누면 금방 증명할 수 있습니다. 이것이 삼각부등식입니다. p와 q를 $a - c$와 $c - b$로 치환하면 다음과 같은 관계를 얻습니다.

$$|a - b| \leq |a - c| + |b - c|$$

ϵ-δ 논법을 이용해 증명합니다. 이러한 형태의 삼각부등식은 자주 사용됩니다. 수열의 극한이 일의적이라는 것도 이것을 이용해 다음과 같이 증명합니다.

이제 수열 $\{a_n\}$이 x와 y라는 두 종류의 극한을 갖는다고 가정합니다. ϵ-δ 논법을 이용해 임의의 $\epsilon > 0$에 대해 충분히 큰 n을 취하면 다음이 성립합니다.

$$|a_n - x| < \epsilon, \; |a_n - y| < \epsilon$$

이때 조금 전의 삼각부등식을 이용하면 다음과 같은 관계를 얻을 수 있습니다.

$$|x - y| \leq |x - a_n| + |y - a_n| < 2\epsilon$$

이는 임의의 $\epsilon > 0$에 대해 성립해야 하는 관계지만, $x \neq y$라면 성립하지 않습니다. $2\epsilon < |x - y|$를 만족하는 $\epsilon > 0$에 대해서는 위의 관계가 성립하지 않기 때문입니다. 구체적으로는 $\epsilon = \dfrac{1}{3}|x - y| > 0$과 같이 놓으면 됩니다. 따라서 반드시 $x = y$가 되므로, 수열 $\{a_n\}$의 극한은 일의적이라는 것을 증명할 수 있습니다.

(1-18)의 의미를 확실하게 했으므로, 이것을 엄밀하게 증명할 수 있습니다. 증명해야 하는 사항은 (1-19)에서 수열 $\{a_n\}$을 정의할 때, (1-20)이 성립한다는 것입니다. (1-17)을 (1-19)에 대입해 a_n을 구체적으로 계산하면 바로 알 수 있습니다. 시험 삼아 a_1, a_2, a_3을 계산해보면 다음과 같습니다.

$$a_1 = k_0 + \frac{c_1}{10} = k_0 + \frac{1}{10}(k_1 - 10k_0) = \frac{k_1}{10}$$

$$a_2 = a_1 + \frac{c_2}{10^2} = \frac{k_1}{10} + \frac{1}{10^2}(k_2 - 10k_1) = \frac{k_2}{10^2}$$

$$a_3 = a_2 + \frac{c_3}{10^3} = \frac{k_2}{10^2} + \frac{1}{10^3}(k_3 - 10k_2) = \frac{k_3}{10^3}$$

이에 의해 일반적으로 다음과 같이 되는 것을 알 수 있습니다.

$$a_n = \frac{k_n}{10^n}$$

(1-21)

한편 (1-16)에 의해 다음과 같으므로

$$\frac{k_n}{10^n} \le x < \frac{k_n}{10^n} + \frac{1}{10^n}$$

이것에 (1-21)을 대입하면 다음과 같이 변형할 수 있습니다.

$$a_n \le x < a_n + \frac{1}{10^n}$$
$$0 \le x - a_n < \frac{1}{10^n}$$
$$|a_n - x| < \frac{1}{10^n}$$

따라서 임의의 $\epsilon > 0$에 대해 충분히 큰 N을 취하면 다음이 가능하므로

$$n > N \Rightarrow \frac{1}{10^n} < \epsilon$$

(1-22)

다음이 성립합니다.

$$n > N \Rightarrow |a_n - x| < \epsilon$$

이로써 (1-20)이 증명되었습니다.

무한소수 전개를 증명해내서 시원하지만, 마지막으로 하나 더 억지를 쓴 것 같은 부분이 있습니다. 위의 증명에서는 (1-22)의 관계를 이용했는데, 이 관계는 무조건 믿어도 될까요? 다시 말해 "이것이 성립하는 것을 증명해보시오"라고 한다면 어떻게 하는 것이 좋을까요? 이 관계도 엄밀히 증명해봅시다.

증명에는 **아르키메데스 원리**라는 정리가 필요합니다. 아르키메데스 원리란 다음과 같습니다

정리 7 .

- 임의의 양의 실수 $a > 0$, $b > 0$에 대해 $na > b$가 되는 자연수 n이 존재한다.

이 정리는 1.2.2절에 나온 것으로 위의 유계가 있는 집합은 반드시 상한(상계의 최솟값)이 존재한다는 사실을 사용해 증명합니다.

우선 집합 A를 다음과 같이 정의합니다.

$$A = \{na \mid n \in \mathbf{N}\}$$

이때 임의의 자연수 n에 대해 $na \leq b$라고 가정하면 b는 상계 U_A의 하나의 요소가 됩니다. 따라서 A는 위에 유계가 있고, 상계 U_A에는 최솟값 s가 존재합니다. 이때 s보다 작은 $s - a$ 같은 값을 고려하면 이것은 상계에 속하지 않으므로 $s - a$보다 큰 A의 요소 na가 존재합니다. 즉, 다음과 같이 되는 n이 존재합니다.

$$s - a < na$$

그렇지 않으면 $s - a$는 상계 U_A의 요소가 되기 때문입니다. 따라서 이때 다음과 같이 되므로

$$s < (n + 1)a$$

이것은 s가 상계 U_A의 요소라는 사실과 모순됩니다. 따라서 임의의 자연수 n에 대해 $na \leq b$가 되는 것은 아닙니다.

이것으로 아르키메데스 원리가 증명됩니다. 여기서 특히 $a = \epsilon$, $b = 1$의 경우를 고려하면 임의의 ϵ에 대해

$$n\epsilon > 1$$

즉, 다음과 같이 되는 자연수 n이 존재하는 것을 알 수 있습니다.

$$\epsilon > \frac{1}{n} \tag{1-23}$$

그래서 마지막으로 임의의 자연수 n에 대해

$$n < 10^n$$

즉, 다음과 같으므로

$$\frac{1}{n} > \frac{1}{10^n} \qquad (1\text{-}24)$$

수학적 귀납법으로 증명됩니다. $n = 1$인 경우는 분명하고, $n = k$가 성립하는 경우 $n = k + 1$에 대해 다음과 같이 되기 때문입니다.

$$k + 1 < 10^k + 1 < 10^k + 10 < 10^{k+1}$$

(1-23)과 (1-24)로부터 무난히 (1-22)가 증명되었습니다.

마지막에 적용한 아르키메데스 원리를 다시 한 번 생각해보면 실수의 완비성에서 출발해 상한의 존재를 통해 어떤 의미로 당연한 사실이 엄밀하게 증명되는지 알 수 있었습니다. 수학의 세계에서는 직감적으로 당연해서 증명할 것이라고 이야기하기도 곤란한 사실이라도 그 대부분이 근본 원리로부터 출발하면 제대로 증명할 수 있습니다. 계산 도구로 수학을 이용하기 위해 구체적으로 증명 방법까지 신경 쓸 필요는 없지만, 그 배후에 이와 같은 엄밀한 논리 체계가 숨어 있다는 것은 반드시 인지해둬야 합니다.

참고로 1.2.1절에서는 두 유리수 사이에 반드시 다른 유리수가 존재한다는 것을 이야기했습니다. 그러면 두 무리수 사이에는 어떨까요? 사실 아르키메데스 원리를 이용하면 두 무리수 사이에도 반드시 유리수가 존재한다는 것을 증명할 수 있습니다. 예를 들면 $a, b \, (0 < a < b)$를(무리수를 포함합니다) 임의의 두 개의 실수라고 할 때 아르키메데스 원리로부터 $n(b - a) > 1$을 만족하는 자연수 n이 존재합니다. $nb > na + 1$이므로 nb와 na의 사이에는 1 이상의 폭이 있어서 nb 이하의 최대 자연수를 m이라고 하면 $nb > m > na$가 성립합니다. 반면 $na \geq m$이라고 하면 $nb > na + 1 \geq m + 1$이 되므로 $m + 1$도 nb 이하의 자연수이므로 모순됩니다.

$$b > \frac{m}{n} > a$$

따라서 위와 같이 되고, a와 b 사이에 유리수 $\dfrac{m}{n}$이 존재하는 것을 알 수 있습니다. a, b가 음의 값을 갖는 경우도 같은 논리가 가능합니다. 이렇게 임의의 두 실수 사이에는 반드시 유리수가 존재한다는 것을 증명했습니다 정리 8 .

Note ≡   **수열의 발산**

본문에서 무한수열 $\{a_n\}_{n=1}^{\infty}$이 어떤 값 a에 수렴한다는 것을 $\epsilon\text{-}\delta$ 논법을 이용해 정의했습니다. 이와 마찬가지로 수열의 값이 무한히 커지는 것도 $\epsilon\text{-}\delta$ 논법으로 정의할 수 있습니다. 예를 들면 $a_n = 2n + 1\,(n = 1, 2, \cdots)$은 명확하게 무한히 커집니다. 이것은

'임의의 상수 $c > 0$에 대해 어떤 자연수 N이 존재해 $n > N$이면 $a_n > c$가 성립한다.'

또는

$$\forall c > 0;\ \exists N \in \mathbf{N}\ \text{s.t.}\ \forall n \in \mathbf{N};\ n > N \Rightarrow a_n > c$$

위와 같은 형태로 표현할 수 있습니다. '임의의 상수 c'라고 하지만, 실제로는 아무리 큰 c를 취해도 a_n은 그것보다 크다는 것을 표현하고 있습니다. 이러한 조건이 성립하는 경우 수열 $\{a_n\}$은 발산한다고 하며, 이 사실은 다음과 같이 표기합니다.

$$\lim_{n \to \infty} a_n = +\infty$$

∞라는 값이 존재하는 것은 아니고 어디까지나 무한하게 큰 값을 취할 수 있다는 사실을 표현한다고 생각하면 됩니다. 이와 마찬가지로 $a_n = -2n + 1\,(n = 1, 2, \cdots)$과 같이 음의 값으로 무한하게 작아지는 경우는 다음과 같이 표기합니다.

$$\lim_{n \to \infty} a_n = -\infty$$

논리식으로 표기하면 다음과 같습니다.

$$\forall c < 0;\ \exists N \in \mathbf{N}\ \text{s.t.}\ \forall n \in \mathbf{N};\ n > N \Rightarrow a_n < c$$

1.3 주요 정리 요약

여기서는 이 장에서 살펴본 주요 사실을 정리 또는 정의[7]로 요약합니다.

정리 1 유리수의 조밀성

임의의 다른 두 유리수 $a > b$에 대해 $a > c > b$를 만족하는 유리수 c가 무수히 존재합니다.

정의 1 데데킨트 절단

실수 전체 $\mathbf{R}$을 다음을 만족하는 두 집합 A, B로 분할합니다.

$$A \cup B = \mathbf{R}, \ A \cap B = \phi$$
$$a \in A, b \in B \Rightarrow a < b$$

이때 집합 조합 (A, B)를 실수의 하나의 절단이라고 부릅니다.

정리 2 실수의 완비성

실수의 임의의 절단 (A, B)에 대해 다음 중 하나가 성립합니다.

- A에 최댓값이 존재하면 B에 최솟값이 존재하지 않습니다.
- B에 최솟값이 존재하면 A에 최댓값이 존재하지 않습니다.

정리 3 상한 하한의 존재

실수의 부분집합 A에 대해 상계 U_A와 하계 L_A를 다음 식으로 정의합니다.

$$U_A = \{x \mid \forall a \in A; \ x \geq a\}$$
$$L_A = \{x \mid \forall a \in A; \ x \leq a\}$$

---

7 **역주** 정의는 용어의 뜻을 정한 것이며 증명할 필요가 없습니다. 정리는 원래는 가정이었는데 증명된 것입니다. 따라서 정의와 달리 정리는 증명을 통해 참이라는 것을 밝혀야 합니다.

U_A가 공집합이 아닐 때 A는 상방으로 유계라 말하고, 상방에 유계인 집합 A에는 상한 sup A(상계 U_A의 최솟값)가 존재합니다.

L_A가 공집합이 아닐 때 A는 하방으로 유계라 말하고, 하방에 유계인 집합 A에는 하한 inf A(하계 L_A의 최댓값)가 존재합니다.

정의 2 가산무한집합

자연수 전체의 집합 $\mathbf{N}$에서 집합 A에 대한 전단사인 사상이 존재할 때 A는 가산무한집합이라 말하고, 가산무한집합의 농도는 $\aleph_0$이라 합니다.

정리 4 자연수, 정수, 유리수의 농도

자연수 $\mathbf{N}$, 정수 $\mathbf{Z}$, 유리수 $\mathbf{Q}$는 가산무한집합입니다.

정리 5 실수의 농도

실수 $\mathbf{R}$은 가산무한집합이 아닙니다. 즉, 실수의 농도를 $\aleph$로 하면, $\aleph > \aleph_0$이 성립합니다. 이러한 의미에서 실수는 비가산무한집합이라고 합니다.

정의 3 수열의 극한

실숫값으로부터의 무한수열 $\{a_n\}_{n=1}^{\infty}$에 대해 어떤 실수 a가 존재해 다음이 성립합니다.

$$\forall \epsilon > 0;\ \exists N \in \mathbf{N} \text{ s.t. } \forall n > N \Rightarrow |a_n - a| < \epsilon$$

이때 무한수열 $\{a_n\}_{n=1}^{\infty}$은 a에 수렴합니다. 또는 극한값 a를 가진다고 말합니다. 무한수열 $\{a_n\}_{n=1}^{\infty}$이 극한값을 가질 때 그 값을 다음 기호로 표현합니다.

$$\lim_{n \to \infty} a_n$$

정리 6 실수의 무한소수 전개

양의 실수 x에 대해 다음 절차로 무한수열 $\{a_n\}_{n=0}^{\infty}$을 구성합니다.

$$k_n \leq 10^n x < k_n + 1$$

우선 위 조건을 만족하는 정수 $k_n (n = 0, 1, \cdots)$을 취하고 다음과 같이 정의합니다.

$$c_n = k_n - 10k_{n-1} \ (n = 1, 2, \cdots)$$

그 후 수열 $\{a_n\}_{n=0}^{\infty}$을 다음 식에서 재귀적으로 정의합니다.

$$a_0 = k_0$$
$$a_n = a_{n-1} + \frac{c_n}{10^n} \ \ (n = 1, 2, \cdots)$$

이때 이 수열은 x에 수렴합니다. 즉, 다음이 성립합니다.

$$\lim_{n \to \infty} a_n = x$$

정리 7 아르키메데스 원리

임의의 양의 실수 $a > 0$, $b > 0$에 대해 $na > b$가 되는 n이 존재합니다.

정리 8 두 개의 실수 간에 존재하는 유리수

임의의 양의 실수 a, $b \, (a < b)$에 대해 $a < r < b$인 유리수 r이 존재합니다.

1.4 연습 문제

문제 1 전체 집합 X의 부분집합 A, B에 대해 다음이 성립하는 것을 집합 연산의 분배법칙 ((1-5))을 이용해 증명하세요.

$$A \cup B = A \cup (B \cap A^C) \tag{1-25}$$

문제 2 논리식에 의한 표현을 이용해 (1-25)를 증명하세요. 이때 다음 사실을 이용해도 좋습니다.

- 임의의 명제 p에 대해 $p \vee \neg p$는 항상 성립하는 자명한 관계고, 임의의 논리식 p, q에 대해 다음이 성립합니다.

$$q \wedge (p \vee \neg p) \Leftrightarrow q$$

- 논리식의 AND $\wedge$와 OR $\vee$에 대해 다음 분배법칙이 성립합니다.

$$(p \vee q) \wedge r \Leftrightarrow (p \wedge r) \vee (q \wedge r)$$
$$(p \wedge q) \vee r \Leftrightarrow (p \vee r) \wedge (q \vee r)$$

문제 3 가산무한집합 A_i가 가산무한개($i = 1, 2, \cdots$) 있다고 합니다. 이것을 모두 합친 집합 $\bigcup\limits_{i=1}^{\infty} A_i$는 역시 가산무한집합이라는 것을 증명하세요.

문제 4 실수 $\mathbf{R}$의 부분집합 $A \subset \mathbf{R}$은 어떤 $c \in \mathbf{R}$에 대해 모든 요소 $x \in A$가 $x < c$를 만족합니다. 이때 $\sup A \leq c$라는 것을 증명하세요.

문제 5 $\lim\limits_{n \to \infty} \dfrac{1}{n} = 0$을 ϵ-δ 논법을 이용해 증명하세요.

문제 6 $0 < a < 1$에 대해 $\lim\limits_{n \to \infty} a^n = 0$을 증명하세요.

> **힌트** $a = \dfrac{1}{1+h}$로 놓고 계산합니다.

문제 7 임의의 $a \in \mathbf{R}$에 대해 $\displaystyle\lim_{n\to\infty} \frac{a^n}{n!} = 0$을 증명하세요.

> **힌트** m을 $m > a$를 만족하는 자연수로서 $n > m$인 경우에 한정하면 $n! = n(n-1)\cdots$ $(m+1) \times m!$로 변형됩니다. 또한, **문제 6**의 결과를 이용합니다.

문제 8 무한수열 $\{a_n\}_{n=1}^{\infty}$에 대해 짝수 번째 항만을 취한 $\{a_{2n}\}_{n=1}^{\infty}$과 홀수 번째 항만을 취한 수열 $\{a_{2n-1}\}_{n=1}^{\infty}$이 있습니다. 이때 $\{a_{2n}\}$과 $\{a_{2n-1}\}$이 같은 값 a에 수렴하면 원래의 수열 $\{a_n\}$도 a에 수렴하는 것을 증명하세요.

문제 9 두 무한수열 $\{a_n\}_{n=1}^{\infty}$과 $\{b_n\}_{n=1}^{\infty}$은 $a_n \le b_n \ (n = 1, 2, \cdots)$을 만족한다고 합니다. 이 때 각각의 극한이 존재하면 $\displaystyle\lim_{n\to\infty} a_n \le \lim_{n\to\infty} b_n$이 성립하는 것을 증명하세요.

2^장

함수의
기본 특성

이 장에서는 함수의 평행이동, 확대 및 축소와 함께 함수의 미적분을 설명할 때 전제가 되는 함수의 극한과 연속성을 설명합니다.

2.1 함수의 기본 연산

2.1.1 함수의 평행이동과 확대 및 축소

여기서는 실수에 있는 구간 I에서 실수 $\mathbf{R}$로의 사상인 다음을 실숫값 함수라고 부르기로 합니다.

$$f : I \longrightarrow \mathbf{R}$$
$$x \longmapsto y$$

(2-1)

아무 말이 없는 함수의 경우 실숫값 함수를 말합니다. 구간 I는 실수 전체 $\mathbf{R}$ 외에도 양의 실수 전체 $\mathbf{R}_+$와 0을 제외한 실수 전체 $\mathbf{R} \setminus \{0\}$ 등을 포함할 수 있습니다.[1] 실숫값 함수는 흔히 다음과 같이 표현됩니다.

$$y = f(x)$$

(2-2)

1.1.2절 (1-3)에서의 $f : A \longrightarrow B$라는 표기에서 B는 사상의 치역, 즉 f에 의해 이동된 값을 모은 집합입니다. 그렇지만 (2-1)의 사상 f의 치역은 실수 전체에 국한되지 않습니다. 기호의 사용 방법을 조금 완화해 실수 전체의 부분집합을 치역으로 하는 함수를 (2-1)과 같이 표기하기로 합니다.

(2-2) 형식의 실숫값 함수는 가로축을 x, 세로축을 y로 하는 그래프에 표현할 수 있습니다. 이때 그래프에서 임의의 실숫값 함수 $y = f(x)$에 대해 (a, b)만큼 평행이동한 함수는 다음과 같이 주어집니다.

$$y = f(x - a) + b$$

(2-3)

---

1 기호 $\mathbf{R} \setminus \{0\}$의 의미는 1.1.3절의 끝부분을 참조하세요.

이것은 새로운 좌표축 (X, Y)를 다음 식과 같이 놓는다고 생각하면 이해하기 쉽습니다.

$$X = x - a \qquad (2\text{-}4)$$
$$Y = y - b \qquad (2\text{-}5)$$

(x, y) 좌표에 있는 점 (a, b)가 (X, Y) 좌표의 원점 $(0, 0)$이 되므로

$$Y = f(X) \qquad (2\text{-}6)$$

(X, Y) 좌표의 함수인 위의 그래프를 그려보면 (x, y) 좌표에서 (a, b)만큼 평행이동된 위치에 그래프가 나타나는 것입니다(그림 2-1). (2-4), (2-5)의 관계를 (2-6)에 대입하면, (2-3)을 얻을 수 있습니다. (2-4), (2-5)의 우변이 뺄셈이 되는 것이 이상하다고 생각할 수도 있겠지만

$$x = X + a$$
$$y = Y + b$$

(X, Y) 평면에 그려진 그래프 $Y = f(X)$를 위의 변환으로 (x, y) 평면에 그리는 것으로 생각하면 이해하기 쉬울 것입니다.

▼ 그림 2-1 그래프의 평행이동

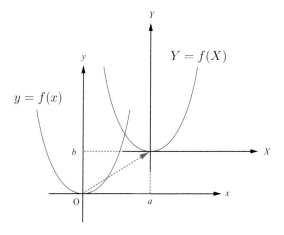

이와 마찬가지로 $y = f(x)$의 그래프를 x축 방향으로 w배, y축 방향으로 h배 확대한 함수는 다음과 같이 주어집니다.

$$y = hf\left(\frac{x}{w}\right)$$

여기서는 다음 좌표축 (X, Y)를 설정해 $Y = f(X)$의 그래프를 그린다고 생각할 수 있습니다.

$$X = \frac{x}{w}$$
$$Y = \frac{y}{h}$$

(X, Y) 평면에 그린 그래프를 다음의 변환으로

$$x = wX$$
$$y = hY$$

(x, y) 평면에 다시 그리면 확실하게 w배와 h배로 확대되는 것을 알 수 있습니다.

2.1.2 합성함수

실수 x를 함수 f로 전환한 값 $f(x)$를 한 번 더 다른 함수 g로 변환하면 $g(f(x))$라는 값을 얻을 수 있습니다. 이와 같이 함수 두 개를 순서대로 적용하는 것을 **합성함수**라고 하며 다음과 같이 표기합니다.

$$g \circ f(x) = g(f(x))$$

합성함수 $g \circ f$를 정의할 때는 함수 f의 치역이 함수 g의 정의역에 포함되어야 합니다. 예를 들면 $f(x) = x^2$과 $g(x) = \sqrt{x}$를 합성하면 다음과 같은 합성함수를 얻습니다.

$$g \circ f(x) = \sqrt{x^2}$$

이 경우 임의의 실수 x에 대해 $g \circ f(x)$를 계산합니다. 한편 $f(x) = 1 - x^2$과 $g(x) = \sqrt{x}$를 합성하면 다음과 같은 함수가 얻어집니다.

$$g \circ f(x) = \sqrt{1 - x^2}$$

이 경우에는 x에 임의의 실수를 대입할 수 없습니다. f의 치역이 구간 $(-\infty, 1]$에 있는 것과 달리 g의 정의역은 0 이상의 실수 $\mathbf{R}_+$에 제한되어 있기 때문입니다. 따라서 합성함수 $g \circ f$를 고려할 때는 정의역을 폐구간 [-1, 1]에 제한해 생각해야 합니다. 그림 2-2와 같이 함수 $f(x)$의 정의역을 [-1, 1]에 제한하면 이 영역은 [0, 1]이 되고, $\mathbf{R}_+$에 포함되게 됩니다.

▼ 그림 2-2 $f(x)$의 치역이 $g(x)$의 정의역에 포함되는 범위

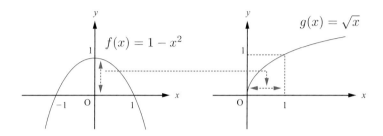

2.1.3 역함수

함수 f가 단사인 경우 치역에 포함되는 임의의 값 y에 대해 $y = f(x)$라는 값 x가 하나로 결정됩니다. 따라서 y를 x에 사상하는 역방향 함수를 만들 수 있습니다. 이것을 함수 f의 **역함수**라고 하며 f^{-1}로 표기합니다. 이때 f와 f^{-1}의 정의역과 치역이 바뀐다는 점에 주의하세요. 예를 들면 지수함수 e^x와 그 역함수인 로그함수 $\log_e x$를 생각해보면 각각의 정의역과 치역은 다음과 같습니다(그림 2-3).[2]

$$e^x : \mathbf{R} \longrightarrow (0, \infty)$$
$$\log_e x : (0, \infty) \longrightarrow \mathbf{R}$$

함수 f와 그 역함수 f^{-1}에 대해 일반적으로 $f^{-1} \circ f(x) = x$ 또는 $f \circ f^{-1}(x) = x$라는 관계가 성립합니다. 즉, $f^{-1} \circ f$와 $f \circ f^{-1}$은 x를 x에 사상하는 **항등함수**입니다. 단, $f^{-1} \circ f$와 $f \circ f^{-1}$에서는 정의역이 다릅니다. 지수함수 e^x와 로그함수 $\log_e x$의 짝을 지어보면 다음과 같습니다.

$$\log_e(e^x) : \mathbf{R} \longrightarrow \mathbf{R}$$
$$e^{\log_e x} : (0, \infty) \longrightarrow (0, \infty)$$

또 그림 2-3에서도 알 수 있듯이 함수 $y = f(x)$와 역함수 $y = f^{-1}(x)$의 그래프는 직선 $y = x$로 뒤집어 접은 형태가 됩니다. f가 단사가 아닌 경우, 예를 들면 $f(x) = x^2$인 경우 직선 $y = x$로 그래프

---

2 지수함수와 로그함수에 대해서는 4.1절을 참조하세요.

를 뒤집어 접으면 그림 2-4와 같이 됩니다. 이 그림에서 $f(x)$의 값 하나에 대응하는 x 값이 두 개 있다는 것을 알 수 있습니다. 예를 들면 $x = 1$에 대해 $f(1) = 1$이 얻어지지만, 역으로 $f(x) = 1$이 되는 x 값으로는 $x = \pm 1$이라는 두 개의 값을 얻게 됩니다. 이러한 이유로 함수 f에 대응하는 역함수 f^{-1}을 일의적으로 결정할 수 없습니다. 단, $f(x) = x^2$의 정의역을 $[0, \infty)$로 제한하면 이 역함수는 $f^{-1}(x) = \sqrt{x}$로 일의적으로 결정됩니다. 또는 $f(x) = x^2$의 정의역을 $(-\infty, 0]$으로 제한하면 $f^{-1}(x) = -\sqrt{x}$가 됩니다. 이 예에서 알 수 있듯이 함수를 고려할 때는 그 정의역을 명확하게 해 두는 것이 중요합니다.

▼ 그림 2-3 지수함수 e^x와 로그함수 $\log_e x$의 그래프

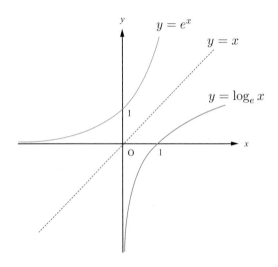

▼ 그림 2-4 함수 $f = x^2$의 역함수는?

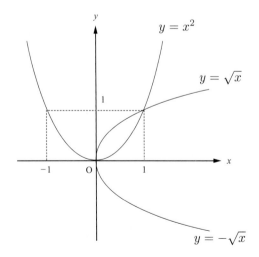

2.2 함수의 극한과 연속성

2.2.1 함수의 극한

함수의 미분을 설명하기에 앞서 사전 준비로 함수의 극한에 관해 설명합니다.

$$\lim_{n \to \infty} a_n = a$$

우선 1.2.3절에서는 위와 같은 수열의 극한을 다음과 같이 정의했습니다.

$$\forall \epsilon > 0; \ \exists N \in \mathbf{N} \ \text{s.t.} \ \forall n \in \mathbf{N}; \ n > N \Rightarrow |a_n - a| < \epsilon \tag{2-7}$$

이 식은 n을 충분히 크게 하면 a_n과 a의 차이를 얼마든지 줄일 수 있다는 것을 나타내고 있습니다.

한편 함수 $f(x)$에 관해서는 x가 특정 값 x_0에 가까워질 때 $f(x)$의 값이 a에 가까워지는 것을 다음과 같이 표시합니다.

$$\lim_{x \to x_0} f(x) = a$$

이는 (2-7)과 동일한 논리를 적용한 것으로 다음과 같이 정의됩니다 **정의 4** .

$$\forall \epsilon > 0; \ \exists \delta > 0 \ \text{s.t.} \ \forall x \in \mathbf{R}; \ 0 < |x - x_0| < \delta \Rightarrow |f(x) - a| < \epsilon \tag{2-8}$$

ϵ이 아무리 작은 값이라 해도 x축에서 x와 x_0의 거리가 충분히 가까워지면(어떤 값 δ 미만이 되면) $f(x)$는 얼마든지 a에 가까워진다는 것을 의미한다고 생각하면 됩니다. 이른바 ϵ-δ 논법으로 부르는 정의 방법입니다. (2-8)의 우측에 있는 부등식은 $f(x)$와 a의 거리가 ϵ 미만이라는 것을 나타내며 다음과 같이 표기해도 무방합니다.

$$a - \epsilon < f(x) < a + \epsilon$$

$f(x) - a \geq 0$의 경우와 $f(x) - a < 0$의 경우로 나눠보면 $|f(x) - a| < \epsilon$으로 표현하는 것과 같아지는 것을 알 수 있습니다. 나중에 극한에 관한 정리를 증명할 때는 이렇게 표기하는 것이 편할 수도 있습니다.

그리고 함수의 극한을 고려할 때는 $\lim\limits_{x \to x_0} f(x)$와 $f(x_0)$의 차이점에 주의해야 합니다. 예를 들면 $f(x) = x$의 경우, 분명히 다음 관계가 성립합니다.

$$\lim_{x \to 0} f(x) = 0 = f(0)$$

그러나 다음 함수에서는 어떻게 될까요(그림 2-5)?

$$f(x) = \begin{cases} x & (x \neq 0) \\ 1 & (x = 0) \end{cases}$$

다소 인위적인 예지만, 임의의 실수 x에 대해 대응하는 $f(x)$의 값이 결정되므로 이것은 훌륭한 함수입니다. 이 경우 다음이 성립합니다.

$$\lim_{x \to 0} f(x) = 0 \tag{2-9}$$

이것과 $f(0) = 1$은 값이 다릅니다.

▼ 그림 2-5 $x = 0$에서 불연속인 함수

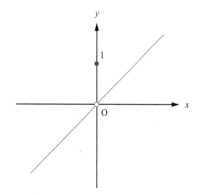

또한, 그림 2-5의 함수에 대해 (2-9)가 성립하는 것은 자명해 보이지만, 이것을 엄밀하게 증명하려면 어떻게 해야 할까요? (2-8)의 정의에 따라 주어진 $\epsilon > 0$에 대해 $\delta = \epsilon$을 취하면 되는 것을 알 수 있습니다.

$$0 < |x - 0| < \delta \tag{2-10}$$

위의 경우 다음과 같이 되므로

$$|f(x) - 0| = |x - 0| < \delta = \epsilon$$

$a = 0$으로서 확실하게 (2-8)이 성립하는 것을 알 수 있습니다. 이때 (2-10)의 좌변에 있는 $0 < |x - 0|$이라는 조건이 중요한 역할을 하고 있다는 것에 주의하세요. 만약 이 조건이 없다면 $x = 0$에 대해서는 $|x - 0| < \delta$임에도 불구하고, $|f(x) - 0| = |1 - 0| = 1$이 되므로 (2-8)의 조건을 만족하지 못하게 됩니다. 즉, (2-8)에 있는 $0 < |x - x_0| < \delta$라는 조건의 경우 $x = x_0$ 그 자체는 성립하지 않고, $x \neq x_0$이므로 x가 x_0에 무한히 가까워지는 상황을 의미합니다.

여기서 또 다른 경우로 다음과 같은 인위적인 예를 생각해봅시다.

$$f(x) = \begin{cases} 0 & (x \leq 0) \\ 1 & (x > 0) \end{cases}$$

이것은 그림 2-6과 같이 $x = 0$에서 값이 0에서 1로 불연속하게 변화하는 함수며 **헤비사이드함수**라고 합니다. 이 경우 x가 0에 가까워지더라도 오른쪽에서 가까워지는 경우와 왼쪽에서 가까워지는 경우의 종착지가 다릅니다. 이와 같은 상황을 표현할 때는 **우극한**과 **좌극한**을 이용합니다.

$$\lim_{x \to x_0 + 0} f(x) = a$$

위의 우극한은 다음과 같이 정의됩니다.

$$\forall \epsilon > 0; \; \exists \delta > 0 \text{ s.t. } \forall x \in \mathbf{R}; \; 0 < x - x_0 < \delta \Rightarrow |f(x) - a| < \epsilon$$

(2-8)과 비교하면 $0 < |x - x_0| < \delta$가 되는 조건에서 절댓값만 없앤 것이지만, 이로써 $x > x_0$이라는 조건을 추가한 것이 됩니다. 즉, $x > x_0$이라는 조건을 만족시키면서 x의 값을 x_0에 무한히 가깝게 할 때의 $f(x)$의 값이 우극한이 됩니다.

$$\lim_{x \to x_0 - 0} f(x) = a$$

마찬가지로 위의 좌극한은 다음과 같이 정의됩니다.

$$\forall \epsilon > 0; \ \exists \delta > 0 \text{ s.t. } \forall x \in \mathbf{R}; \ 0 < x_0 - x < \delta \Rightarrow |f(x) - a| < \epsilon$$

이 경우는 $x < x_0$이라는 조건을 만족하면서 x의 값을 x_0에 무한히 가깝게 할 때 $f(x)$의 값입니다. 특히 $x_0 = 0$에 대해 우극한과 좌극한은 $x \to +0$ 또는 $x \to -0$이라는 기호로 표시합니다. 이 정의를 이용하면 조금 전에 언급한 헤비사이드함수에 대해서는 다음이 성립합니다.

$$\lim_{x \to +0} f(x) = 1 \neq f(0)$$
$$\lim_{x \to -0} f(x) = 0 = f(0)$$

이제 다음 수식, 즉 우극한과 좌극한이 같은 값 a가 되는 것과

$$\lim_{x \to x_0 + 0} f(x) = \lim_{x \to x_0 - 0} f(x) = a$$

다음 수식, 즉 (좌우를 한정하지 않는) 극한이 a가 되는 것은 같습니다.

$$\lim_{x \to x_0} f(x) = a$$

역으로 우극한과 좌극한이 일치하지 않는 경우에는 (좌우를 한정하지 않고) 극한이 존재하지 않습니다.

▼ 그림 2-6 헤비사이드함수

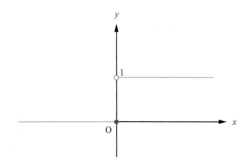

두 함수 $f(x)$와 $g(x)$가 각각 $x \to x_0$의 극한을 가집니다.

$$\lim_{x \to x_0} f(x) = a \tag{2-11}$$

$$\lim_{x \to x_0} g(x) = b \tag{2-12}$$

이때 두 함수의 합과 곱의 극한에 관해 다음 관계가 성립합니다.

$$\lim_{x \to x_0} (f(x) + g(x)) = a + b \tag{2-13}$$

$$\lim_{x \to x_0} (f(x)g(x)) = ab \tag{2-14}$$

또 $b \neq 0$이면 다음 관계도 성립합니다.

$$\lim_{x \to x_0} \frac{f(x)}{g(x)} = \frac{a}{b} \tag{2-15}$$

모두 자명하다고 생각되지만, 극한의 정의를 따라 엄밀하게 증명할 수 있습니다 정리 9 . 우선 (2-11), (2-12)의 전제에 따라 임의의 $\epsilon' > 0$에 대해 다음을 만족하는 $\delta > 0$을 취할 수 있습니다.[3]

$$0 < |x - x_0| < \delta \Rightarrow |f(x) - a| < \epsilon' \tag{2-16}$$
$$0 < |x - x_0| < \delta \Rightarrow |g(x) - b| < \epsilon' \tag{2-17}$$

$|p + q| \leq |p| + |q|$라는 관계를 이용해 $p = f(x) - a$, $q = g(x) - b$로 놓으면 다음 식으로 변형할 수 있습니다.[4]

$$|f(x) + g(x) - (a + b)| \leq |f(x) - a| + |g(x) - b| < 2\epsilon'$$

따라서 임의의 $\epsilon > 0$에 대해 $\epsilon' = \frac{\epsilon}{2}$으로 하면 다음과 같이 되는 $\delta > 0$을 얻을 수 있습니다.

$$0 < |x - x_0| < \delta \Rightarrow |f(x) + g(x) - (a + b)| < \epsilon$$

---

3 일반적으로 (2-16)과 (2-17)의 δ는 각각 다른 값이 되지만, 여기서는 그중 작은 것을 선택해 공통의 δ로 사용합니다.

4 이후에 설명하는 바와 같이, $|p + q| \leq |p| + |q|$는 삼각부등식이라고 부릅니다. p와 q 각각에 대해 양의 경우와 음의 경우를 나눠보면 임의의 실수 p, q에 대해 성립함을 알 수 있습니다.

이것으로 (2-13)이 증명됩니다. (2-14)에 대해서는 다음과 같은 식으로 변형해봅니다.

$$
\begin{aligned}
|f(x)g(x) - ab| &= |f(x)(g(x) - b) + (f(x) - a)b| \\
&\leq |f(x)||g(x) - b| + |f(x) - a||b| \\
&= |(f(x) - a) + a||g(x) - b| + |f(x) - a||b| \\
&\leq (|f(x) - a| + |a|)|g(x) - b| + |f(x) - a||b| \\
&\leq (\epsilon' + |a|)\epsilon' + \epsilon'|b| \\
&= \epsilon'(\epsilon' + |a| + |b|)
\end{aligned}
$$

결과적으로 임의의 $\epsilon > 0$에 대해 $\epsilon'(\epsilon' + |a| + |b|) < \epsilon$이 되는 ϵ'를 취하면 같은 논리가 성립합니다. 이 조건을 만족하는 ϵ'는 곧바로 계산하면 다음과 같이 구할 수 있습니다.

$$
\epsilon' = \min\left(\frac{\epsilon}{1 + |a| + |b|}, \frac{1}{2}\right)
$$

여기서 $\min(p, q)$는 p와 q 중 어느 쪽이 작은지 선택한다는 의미를 가진 식입니다.

$$
\epsilon' = \frac{\epsilon}{1 + |a| + |b|} < \frac{1}{2}
$$

실제로 위의 경우 다음과 같이 됩니다.

$$
\epsilon = \epsilon'(1 + |a| + |b|) > \epsilon'(\epsilon' + |a| + |b|)
$$

따라서

$$
\epsilon' = \frac{1}{2} \leq \frac{\epsilon}{1 + |a| + |b|}
$$

위와 같다면 다음이 성립합니다.

$$
\epsilon \geq \epsilon'(1 + |a| + |b|) > \epsilon'(\epsilon' + |a| + |b|)
$$

마지막으로 (2-15)에 대해서는 다음이 증명되면 충분합니다.

$$
\lim_{x \to x_0} \frac{1}{g(x)} = \frac{1}{b} \tag{2-18}
$$

이것이 성립하면 (2-14)를 이용해 다음과 같이 계산할 수 있기 때문입니다.

$$\lim_{x \to x_0} \frac{f(x)}{g(x)} = \lim_{x \to x_0} \left\{ f(x) \times \frac{1}{g(x)} \right\} = \lim_{x \to x_0} f(x) \times \lim_{x \to x_0} \frac{1}{g(x)} = \frac{a}{b}$$

(2-18)을 증명하려면 몇 개의 단계로 나눠서 생각할 필요가 있습니다. 최종 목표는 다음이 충분히 작게 되는 것을 보여주면 충분한데

$$\left| \frac{1}{g(x)} - \frac{1}{b} \right| = \frac{|b - g(x)|}{|b||g(x)|} \tag{2-19}$$

우변의 분자는 다음과 같이 되는 것을 이미 알고 있습니다.

$$|b - g(x)| < \epsilon' \tag{2-20}$$

한편 (2-19)의 우변 전체를 작게 하려면 분모는 가능한 한 크게 하는 것이 유리합니다. 바꿔 말하면 $|g(x)|$가 어떤 값보다도 크게 되는 것을 보여줄 필요가 있습니다. 실제로 (2-17) 우변의 부등식을 이용하면

$$\epsilon' < |b| \tag{2-21}$$

위의 부등식을 만족하는 $\epsilon' > 0$에 대해 다음과 같이 된다고 할 수 있습니다.

$$|g(x)| > |b| - \epsilon' \tag{2-22}$$

구체적으로는 다음과 같이 계산합니다. 우선 (2-17) 우변의 부등식을 다음 형태로 바꿔봅니다.

$$b - \epsilon' < g(x) < b + \epsilon' \tag{2-23}$$

다음으로 $b > 0$과 $b < 0$으로 경우를 나눠 진행합니다. $b > 0$의 경우는 $\epsilon' < |b| = b$, 즉 $b - \epsilon' > 0$이 되어서 (2-23)의 좌측 부등식에 의해 아래와 같이 되고

$$0 < b - \epsilon' < g(x)$$

다음이 성립합니다.

$$|g(x)| > b - \epsilon' = |b| - \epsilon'$$

$b < 0$인 경우 $\epsilon' < |b| = -b$, 즉 $b + \epsilon' < 0$이 되므로 (2-23)의 우측 부등식에 의해 다음과 같이 되고

$$g(x) < b + \epsilon' < 0$$

이에 의해 다음과 같이 됩니다.

$$|g(x)| = -g(x) > -b - \epsilon' = |b| - \epsilon'$$

따라서 (2-19)에 (2-20)과 (2-22)를 대입해 다음 관계를 얻을 수 있습니다.

$$\left| \frac{1}{g(x)} - \frac{1}{b} \right| < \frac{\epsilon'}{|b|(|b| - \epsilon')}$$

이것에 의해 (2-21)을 만족하는 $\epsilon' > 0$ 중에서도 특히 다음을 만족하는 것을 선택하면 (2-18)이 증명됩니다.

$$\frac{\epsilon'}{|b|(|b| - \epsilon')} < \epsilon$$

위 식을 ϵ'에 대해 풀어보면 다음과 같이 되므로

$$\epsilon' < \frac{\epsilon|b|^2}{1 + \epsilon|b|}$$

결국 위 식의 우변과 $|b|$의 양쪽보다 작은 ϵ'를 선택하면 되는데, 예를 들어 다음을 취하면 됩니다.

$$\epsilon' = \min\left(\frac{\epsilon|b|^2}{2(1 + \epsilon|b|)}, \frac{|b|}{2} \right)$$

식이 상당히 번잡하게 계속 변형되는데, 본질적으로는 증명하고 싶은 관계를 $\epsilon\text{-}\delta$ 논법의 부등식으로 표현해 그 부등식이 성립되는 사실을 도출하는 것뿐입니다. 한번 증명할 수 있으면 상세한 계산은 잊어도 상관없다고 생각합니다. 앞서 살펴본 증명에서 이용한 $|p + q| \leq |p| + |q|$라는 관계는 **삼각부등식**이라고 하는데, $\epsilon\text{-}\delta$ 논법을 이용하는 증명에서 많이 나오는 관계식입니다. 특히 $p = a - c$, $q = c - b$로 바꿔보면 다음과 같은 관계를 얻을 수 있습니다.

$$|a - b| \leq |a - c| + |c - b|$$

이 관계는 a와 b의 차이가 작게 되는 것을 증명하고 싶을 때, 제삼의 값 c를 중간에 넣고 a와 c, b와 c의 차이가 각각 작게 되는 것을 이용해 증명하는 기법으로 이용할 수 있습니다.

이 책에서 빈번하게 이용하지는 않지만, 수열의 극한과 마찬가지로 함수의 극한이 발산하는 경우도 $\epsilon\text{-}\delta$ 논법으로 정의할 수 있습니다. 예를 들어 $f(x) = \dfrac{1}{x - 1}$인 함수를 고려하면 오른쪽에서 $x = 1$로 가까워지는 경우, 즉 우극한 $x \to 1 + 0$에서 무한대로 발산하고, 왼쪽에서 가까워지는 경우, 즉 좌극한 $x \to 1 - 0$에서 음의 무한대로 발산하는 것을 직감적으로 알 수 있습니다. 이런 사실은 다음과 같은 논리식으로 표현할 수 있습니다.

$$\forall c > 0;\ \exists \delta > 0 \text{ s.t. } \forall x \in \mathbf{R};\ 0 < x - 1 < \delta \Rightarrow f(x) > c$$
$$\forall c < 0;\ \exists \delta > 0 \text{ s.t. } \forall x \in \mathbf{R};\ 0 < 1 - x < \delta \Rightarrow f(x) < c$$

또한, 성립한다는 것을 다음과 같이 표기합니다.

$$\lim_{x \to 1+0} f(x) = +\infty$$

$$\lim_{x \to 1-0} f(x) = -\infty$$

2.2.2 함수의 연속성

일반적으로 극한 $\lim\limits_{x \to x_0} f(x)$가 $f(x_0)$에 일치하면, 즉 다음이 성립하는 경우에는 함수 $f(x)$는 점 x_0에서 연속이라고 합니다.

$$\lim_{x \to x_0} f(x) = f(x_0) \tag{2-24}$$

또한, 우극한 또는 좌극한의 한쪽만 일치하면, 즉 다음 중 어느 한쪽만 일치하는 경우에는 각각 점 x_0에서 **우연속** 또는 **좌연속**이라고 합니다.

$$\lim_{x \to x_0+0} f(x) = f(x_0)$$

또는

$$\lim_{x \to x_0-0} f(x) = f(x_0)$$

함수의 연속성은 직감적으로 함수의 그래프가 연속으로 연결되어 있는지를 보여주는 것입니다. 예를 들면 앞서 본 헤비사이드함수(그림 2-6)는 $x = 0$ 이외의 모든 점에서 연속이고, 점 $x = 0$에서는 우연속입니다.

또한, 함수 $f(x)$가 x_0에서 연속인 것은 다음과 같이 표현할 수 있습니다 정의 5.

$$\forall \epsilon > 0; \ \exists \delta > 0 \text{ s.t. } \forall x \in \mathbf{R}; \ |x - x_0| < \delta \Rightarrow |f(x) - f(x_0)| < \epsilon$$

극한의 정의에서는 $0 < |x - x_0| < \delta$라는 조건, 즉 $x = x_0$인 경우를 제외하고 생각해야 했지만, 이 경우에는 $x = x_0$의 경우를 포함해도 문제없습니다. $x = x_0$이면 $|f(x) - f(x_0)| = 0 < \epsilon$은 명확하게 성립하기 때문입니다.

그래서 함수 $f(x)$가 집합 A의 모든 점 x에서 연속이 되는 경우, 이 함수는 A에서 연속이라고 합니다. 특히 폐구간 $I = [a,\ b]$에서 연속인 함수 $f(x)$에 대해서는 유명한 **중간값의 정리**가 성립합니다. $f(a)$와 $f(b)$의 중간에 있는 임의의 값 u에 대해 $u = f(c)$가 되는 $c \in I$가 존재한다는 것입니다 정리 10. $y = f(x)$가 연속으로 연결되어 있는 그래프를 그려보면 명확하게 성립함을 알 수 있지만, 그래프를 사용하지 않고 수식만으로 엄밀하게 증명하려면 좀 더 깊이 생각해야 합니다.

참고로 그래프를 그리면 자명하다고 말했지만, 이는 '연속인 함수의 그래프 선은 연속적으로 연결되어 있다'는 직감에 기반을 두고 있습니다. '그래프 선이 연결되어 있다'는 직감에 의존하는 것은 결국 실수의 완비성에 의존하는 것입니다. 그러므로 실수의 완비성을 이용해 중간값의 정리를 엄밀하게 증명해봅시다. 여기서는 특히 $f(a) < f(b)$의 경우를 고려합니다. $f(a) > f(b)$의 경우도 같은 흐름으로 증명할 수 있습니다. 또한, $f(a) = f(b)$의 경우 중간값은 $u = f(a) = f(b)$밖에 존재하지 않습니다. 따라서 $c = a$ 또는 $c = b$이므로 자명하게 성립합니다.

그러면 증명을 시작하겠습니다. 우선 집합 S를 다음과 같이 정의합니다.

$$S = \{x \in I \mid f(x) < u\} \tag{2-25}$$

$S \subset I = [a, b]$에 의해 S는 위로 유계인 집합이며, 1.3절의 [정리 3]에 의해 다음과 같은 상한이 존재합니다.

$$c = \sup S = \min\{x \mid \forall a \in S; \ x \geq a\}$$

그림 2-7에서 알 수 있듯이, $f(x)$가 연속이면 $f(c) = u$가 되는 것을 기대할 수 있습니다. 이제부터 이 사실을 증명하고자 합니다.

▼ 그림 2-7 중간값 u를 취하는 점 c

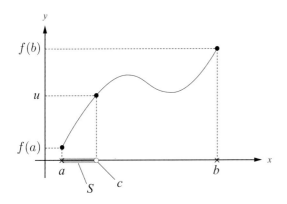

우선, 구간 $I = [a, b]$가 폐구간이므로 $c \in I$가 된다고 할 수 있습니다. 예를 들어 $c > b$라고 가정한 경우 $c' = \dfrac{c + b}{2}$(c와 b의 중간점)로 하면 $c > c' > b$가 되므로 c'는 S의 상계에 속하는($c' > b$) 동시에 c보다 작은 원소($c > c'$)가 됩니다. 따라서 c가 S의 상한(상계의 최솟값)이라는 사실과 모순됩니다. $c < a$로 가정하는 경우도 똑같이 증명됩니다.[5]

다음으로 $f(x)$가 점 $x = c \in I$에 연속이므로, 임의의 $\epsilon > 0$에 대해 어떤 $\delta > 0$이 존재해 다음이 성립합니다.

$$|x - c| < \delta \Rightarrow |f(x) - f(c)| < \epsilon$$

---

5 이 논리로부터 일반적으로 폐구간 I의 임의의 부분집합 S에 대해 상한과 하한이 I에 속한다고 말할 수 있습니다.

우측의 조건은 $f(x)$와 $f(c)$의 거리가 ϵ 이하라는 뜻이며, 다음과 같이 표기할 수도 있습니다.

$$|x - c| < \delta \Rightarrow f(x) - \epsilon < f(c) < f(x) + \epsilon \qquad (2\text{-}26)$$

여기서 S의 상한 c보다 δ만큼 작은 $c - \delta$를 고려하면 이 값은 S의 상계에 속하지 않으므로 $c - \delta < a'$가 되는 $a' \in S$가 존재합니다. 또한, c가 S의 상한이므로 $a' \leq c$도 성립합니다. 즉, $c - \delta < a' \leq c$고, 이 a'는 $|a' - c| < \delta$의 조건을 만족하므로 (2-26)에 의해 다음이 성립합니다.

$$f(c) < f(a') + \epsilon$$

더욱이 $a' \in S$인 사실로부터 S의 정의 (2-25)를 이용하면 $f(a') < u$이므로 결국 다음이 성립합니다.

$$f(c) < u + \epsilon \qquad (2\text{-}27)$$

한편 $c < a' < c + \delta$가 되는 임의의 a'를 고려하면 이 또한 $|a' - c| < \delta$의 조건을 만족하므로 (2-26)에 의해 다음과 같이 됩니다.

$$f(a') - \epsilon < f(c)$$

더욱이 c가 S의 상한이므로, $a' \notin S$고 $f(a') > u$라 할 수 있습니다. 따라서 다음이 성립합니다.

$$u - \epsilon < f(c) \qquad (2\text{-}28)$$

(2-27)과 (2-28)을 합치면 결국

$$u - \epsilon < f(c) < u + \epsilon$$

즉, 다음이 임의의 $\epsilon > 0$에 대해 성립하는 것이 증명되었습니다.

$$|f(c) - u| < \epsilon \qquad (2\text{-}29)$$

그리고 이 조건을 만족하려면 $f(c) = u$여야 합니다. 그렇지 않으면 충분히 작은 ϵ에 대해 (2-29)를 만족하지 않기 때문입니다. 지금까지 $f(c) = u$를 만족하는 $c \in I$가 존재한다는 것을 증명했습니다.

위의 증명을 돌아보면 1.2.3절에서 아르키메데스 원리를 증명했을 때와 마찬가지로, 집합 S의 상한 c가 존재한다는 사실이 중요한 역할을 하는 것을 알 수 있습니다. 이것이야말로 실수의 완비성에서 얻는 사실입니다. 이와 같이 실수의 완비성에 의해 (2-24)에 정의된 수학적 의미에서의 연속성과 그래프 선이 이어져 있다는 직감적인 의미에서의 연속성이 연결됩니다.

마지막으로 함수 여러 개를 조합할 때의 연속성을 생각해봅시다. 예를 들어 함수 $f(x)$가 x_0에서 연속이고 함수 $g(y)$가 $y_0 = f(x_0)$에서 연속이라 하면 합성함수 $g \circ f$는 x_0에서 연속이 됩니다 **정리 11** . 왜냐하면, 우선 $g(y)$의 연속성에 의해 임의의 $\epsilon > 0$에 대해 다음과 같이 되는 $\delta' > 0$을 취하기 때문입니다.

$$|y - y_0| < \delta' \Rightarrow |g(y) - g(y_0)| < \epsilon \qquad (2\text{-}30)$$

(2-30)의 y는 $|y - y_0| < \delta'$의 조건을 만족한다면 무엇이라도 좋다는 점에 주의하세요. 더욱이 이 δ'에 대해서는 $f(x)$의 연속성에 의해 다음과 같이 되는 δ'를 취할 수 있습니다.

$$|x - x_0| < \delta \Rightarrow |f(x) - f(x_0)| < \delta' \qquad (2\text{-}31)$$

따라서 (2-31)을 만족하는 x를 하나 가지고 와서 (2-30)의 y를 $y = f(x)$로 취합니다. 이때 $|y - y_0| = |f(x) - f(x_0)| < \delta'$가 되므로 다음이 성립합니다.

$$|g(y) - g(y_0)| = |g \circ f(x) - g \circ f(x_0)| < \epsilon$$

즉, 임의의 $\epsilon > 0$에 대해 다음과 같이 되는 $\delta > 0$을 취할 수 있음을 증명한 것입니다.

$$|x - x_0| < \delta \Rightarrow |g \circ f(x) - g \circ f(x_0)| < \epsilon$$

이외에 함수 $f(x)$와 $g(x)$ 양쪽 모두가 점 x_0에서 연속이면 $h(x) = f(x) + g(x)$ 또는 $h(x) = f(x)g(x)$ 도 점 x_0에서 연속인 함수가 됩니다. 또는 $g(x_0) \neq 0$이면 $h(x) = \dfrac{f(x)}{g(x)}$도 점 x_0에서 연속인 함수가 됩니다 **정리 12** . 이는 함수의 극한에 관한 정리 (2-13)~(2-15)에 다음 수식, 즉 연속성의 정의를 대입하면 얻을 수 있습니다.

$$\lim_{x \to x_0} f(x) = f(x_0)$$
$$\lim_{x \to x_0} g(x) = g(x_0)$$

2.3 주요 정리 요약

여기서는 이 장에서 살펴본 주요 사실을 정리 또는 정의로 요약합니다.

정의 4 함수의 극한

함수 $f(x)$가 $x \to x_0$의 극한에서 값 a를 취하는 것을 다음 기호로 표현합니다.

$$\lim_{x \to x_0} f(x) = a$$

이는 다음 관계가 성립하는 것을 의미합니다.

$$\forall \epsilon > 0; \ \exists \delta > 0 \text{ s.t. } \forall x \in \mathbf{R}; \ 0 < |x - x_0| < \delta \Rightarrow |f(x) - a| < \epsilon$$

마찬가지로 우극한 $x \to x_0 + 0$이 a고 다음과 같다면

$$\lim_{x \to x_0 + 0} f(x) = a$$

다음이 성립한다는 의미입니다.

$$\forall \epsilon > 0; \ \exists \delta > 0 \text{ s.t. } \forall x \in \mathbf{R}; \ 0 < x - x_0 < \delta \Rightarrow |f(x) - a| < \epsilon$$

좌극한 $x \to x_0 - 0$이 a고 다음과 같다면

$$\lim_{x \to x_0 - 0} f(x) = a$$

다음이 성립한다는 의미입니다.

$$\forall \epsilon > 0; \ \exists \delta > 0 \text{ s.t. } \forall x \in \mathbf{R}; \ 0 < x_0 - x < \delta \Rightarrow |f(x) - a| < \epsilon$$

정리 9 함수의 합, 곱, 나누기의 극한

두 함수 $f(x)$와 $g(x)$가 다음을 만족할 때

$$\lim_{x \to x_0} f(x) = a$$

$$\lim_{x \to x_0} g(x) = b$$

다음 관계가 성립하고

$$\lim_{x \to x_0} (f(x) + g(x)) = a + b$$

$$\lim_{x \to x_0} (f(x)g(x)) = ab$$

더 나아가 $b \neq 0$이면 다음 관계가 성립합니다.

$$\lim_{x \to x_0} \frac{f(x)}{g(x)} = \frac{a}{b}$$

정의 5 **함수의 연속성**

함수 $f(x)$가 다음을 만족할 때

$$\lim_{x \to x_0} f(x) = f(x_0)$$

점 x_0에서 연속이라고 말합니다. 우극한에 대해 다음을 만족하는 경우

$$\lim_{x \to x_0+0} f(x) = f(x_0)$$

또는 좌극한에 대해 다음을 만족하는 경우

$$\lim_{x \to x_0-0} f(x) = f(x_0)$$

각각 우극한 또는 좌극한이라고 합니다. 함수 $f(x)$가 x_0에서 연속이라는 것은 다음과 같이 표현할 수 있습니다.

$$\forall \epsilon > 0; \ \exists \delta > 0 \ \text{s.t.} \ \forall x \in \mathbf{R}; \ |x - x_0| < \delta \Rightarrow |f(x) - f(x_0)| < \epsilon$$

특히 실수 $f(x)$가 집합 A의 모든 점 x에서 연속이 되는 경우 이 함수는 A에서 연속이라고 말합니다.

중간값의 정리

함수 $f(x)$가 폐구간 $I = [a,\ b]$에서 연속인 경우, $f(a)$와 $f(b)$ 중간에 있는 임의의 값 u에 대해 $u = f(c)$가 되는 $c \in I$가 존재합니다.

합성함수의 연속성

함수 $f(x)$가 x_0에서 연속이고 함수 $g(y)$가 $y_0 = f(x_0)$에서 연속이면 합성함수 $g \circ f$는 x_0에서 연속입니다.

함수의 합, 곱, 나누기의 연속성

$f(x)$와 $g(x)$ 양쪽 모두가 점 x_0에서 연속이면 $h(x) = f(x) + g(x)$ 또는 $h(x) = f(x)g(x)$도 점 x_0에서 연속인 함수가 됩니다. 또한, $g(x_0) \neq 0$이면 $h(x) = \dfrac{f(x)}{g(x)}$도 점 x_0에서 연속인 함수가 됩니다.

2.4 연습 문제

문제 1 다음 함수들을 실수 **R**에서 실수 **R**로의 사상으로 볼 때 각 함수가 전사, 단사, 전단사 중 어느 것인지 찾아보세요. $\sin x$는 실수의 연속함수라는 사실을 사용해도 좋습니다.[6]

(1) $f(x) = x$

(2) $f(x) = x^2$

(3) $f(x) = \sin x$

(4) $f(x) = x \sin x$

문제 2 실수에서 정의된 다음 함수는 각각 $x = 0$에서 연속인지 알아보세요.[7]

(1) $f(x) = \lim_{n \to \infty} \dfrac{1}{1 + 2^{nx}}$

(2) $f(x) = \begin{cases} \sin \frac{1}{x} & (x \neq 0) \\ 0 & (x = 0) \end{cases}$

(3) $f(x) = \begin{cases} x \sin \frac{1}{x} & (x \neq 0) \\ 0 & (x = 0) \end{cases}$

문제 3 폐구간 $I = [0, 1]$로 정의된 연속함수 $f(x)$가 $0 \leq f(x) \leq 1$을 만족할 때 $f(x_0) = x_0$이 되는 $x_0 \in I$가 존재하는 것을 증명하세요.

---

6 삼각함수 $\sin x$의 특성에 대해서는 4.2절을 참조하세요.

7 지수함수 2^x의 특성에 대해서는 4.1절을 참조하세요.

3^장

함수의 미적분

3 ^장

함수의 미적분

이 장에서는 함수의 미적분을 설명합니다. 미분과 적분에 대한 엄밀한 정의와 원시함수를 이용해 정적분을 계산하는 방법을 설명합니다.

3.1 함수의 미분

3.1.1 미분계수와 도함수

$x = x_0$에서 연속인 함수 $y = f(x)$의 그래프가 있을 때 점 $(x_0,\ f(x_0))$에서의 접선을 생각해봅시다. 접선의 기울기를 α로 놓고 점 $(x_0,\ f(x_0))$을 지나간다는 조건을 고려하면 다음 형태가 될 것입니다.

$$y = f(x_0) + \alpha(x - x_0) \tag{3-1}$$

그러면 이 직선의 기울기 α는 어떻게 결정될까요? x_0으로부터 조금 떨어진 위치에 x_1을 놓고, 점 $(x_0,\ f(x_0))$과 점 $(x_1,\ f(x_1))$을 연결하는 직선 m을 도출한 후 x_1을 x_0에 가깝게 하면 직선 m은 접선에 근접하게 됩니다(그림 3-1).

$$l = \frac{f(x_1) - f(x_0)}{x_1 - x_0} \tag{3-2}$$

따라서 위와 같은 직선 m의 기울기에서 $x_1 \to x_0$의 극한을 취한 것이 α에 일치한다고 기대할 수 있습니다.

$$\alpha = \lim_{x_1 \to x_0} \frac{f(x_1) - f(x_0)}{x_1 - x_0} \tag{3-3}$$

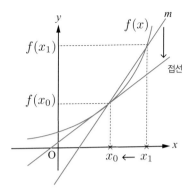

단, 이렇게 기대할 수 있다고 말하는 것이 수학적으로 그다지 엄밀하지는 않습니다. 애초에 접선이란 어떤 것인지 정확하게 정의되어 있지 않으므로 (3-3)이 접선의 기울기에 일치하는지 일치하지 않는지 여부를 논의할 수 없습니다. 그래서 여기서는 (3-3)에서 계산된 극한 α가 존재할 때 (3-1)을 접선의 방정식이라 정의하고 말았습니다. 이 정의는 직감적인 접선의 의미와도 잘 맞습니다. 예를 들어 다음 함수를 고려해봅시다.

$$f(x) = \begin{cases} 0 & (x < 0) \\ x & (x \geq 0) \end{cases}$$

이 함수의 그래프는 그림 3-2와 같이 $x = 0$에 모서리가 있습니다. 이에 따라 기울기 (3-2)에서 $x_1 \to 0$의 극한을 생각하면 우극한과 좌극한 값이 다릅니다.

$$\lim_{x_1 \to +0} \frac{f(x_1) - f(0)}{x_1 - 0} = \lim_{x_1 \to +0} \frac{x_1 - 0}{x_1 - 0} = 1$$

$$\lim_{x_1 \to -0} \frac{f(x_1) - f(0)}{x_1 - 0} = \lim_{x_1 \to -0} \frac{0 - 0}{x_1 - 0} = 0$$

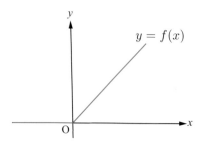

이 경우 (3-3)의 극한이 존재하지 않고, $x = 0$에서 접선이 정의되지 않습니다. 그림 3-1에서 x_1은 오른쪽에서 x_0으로 가까워지게 그려져 있지만, 좌우 어느 쪽에서 가까워지는 경우라도 기울기가 같아야 한다고 생각하세요. 이렇게 정의되는 α를 함수 $f(x)$의 $x = x_0$에서의 **미분계수**라고 합니다.

미분계수, 즉 (3-3)의 극한을 계산할 때는 x_0을 고정하지만, 당연히 x_0을 다르게 하면 이 값은 변합니다. 여기서 함수 $f(x)$에 대해 일반적인 위치 x의 미분계수를 나타내는 함수 $f'(x)$를 생각할 수 있습니다.

$$f'(x) = \lim_{x_1 \to x} \frac{f(x_1) - f(x)}{x_1 - x} \tag{3-4}$$

이것을 함수 $f(x)$의 **도함수**라고 합니다. 즉, x를 고정해 기울기를 계산하는 것은 미분계수 α고, 더 나아가 기울기를 구하는 위치 x를 변수로 간주하는 것이 도함수 $f'(x)$입니다 정의 6 . 도함수는 $\frac{df}{dx}(x)$라는 기호로 표시하기도 합니다. 또한, 도함수 $f'(x)$의 정의역은 함수 $f(x)$의 미분계수가 존재하는 범위에 한정한다는 점에 유의하세요. 일반적으로 $x = x_0$의 미분계수가 존재할 때 함수 $f(x)$는 $x = x_0$에서 **미분가능**하다고 말합니다.

또 (3-1)에서 좌표축 (dx, dy)를 다음과 같이 정의하면

$$dy = y - f(x_0)$$
$$dx = x - x_0$$

접선의 방정식은 다음과 같이 표시할 수 있습니다.

$$dy = \alpha dx$$

이는 그림 3-3과 같이 점 $(x_0, f(x_0))$을 원점으로 하는 새로운 좌표축을 고려하는 것입니다. 그리고 이 식을 변형하면 다음과 같이 되므로

$$\frac{dy}{dx} = \alpha$$

미분계수 α를 표시하는 기호로 $\frac{dy}{dx}$를 사용하기도 합니다. 이 기호는 어디까지나 특정 위치 x_0의 미분계수를 나타내는 것이므로 어느 위치를 생각하고 있는지를 명확하게 해야 합니다. 특히 $x = x_0$의 미분계수인 것을 강조해 $\frac{dy}{dx}(x_0)$ 또는 $\frac{dy}{dx}\Big|_{x=x_0}$ 처럼 표시하기도 합니다.[1]

▼ 그림 3-3 좌표축 (dx, dy)의 정의

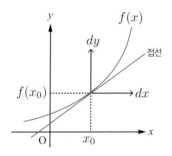

Note ≡ **라이프니츠 표기법**

미분계수를 표시하는 기호 $\frac{dy}{dx}$는 17세기 철학자이자 수학자인 고트프리트 라이프니츠가 제시했습니다. 본문 (3-4)의 정의식에서 우변의 분모를 x의 변화분 Δx, 분자를 $y = f(x)$의 변화분 Δy로 간주해 다음과 같이 나타내는 경우

$$f'(x) = \lim_{x_1 \to x} \frac{\Delta y}{\Delta x}$$

$x_1 \to x$의 극한에서 Δx와 Δy는 모두 0으로 수렴합니다.[1] 그래서 dx와 dy를 '무한으로 작은 변화량'을 표시하는 기호로서 사용해 다음과 같은 표기법을 쓸 수 있습니다.

$$f'(x) = \frac{dy}{dx}$$

단, 라이프니츠가 이 표기법을 제시한 시대에는 수학에서 극한의 개념이 정비되어 있지 않았기 때문에 '무한으로 작은 변화량'이라는 개념은 불완전한 점이 몇 가지 남아 있었습니다. 이 책의 경우 본문에서 설명한 바와 같이 dx, dy는 어디까지나 좌표축을 표시하는 기호이므로 '무한으로 작은 양'이라는 의미를 무리해서 고려할 필요는 없습니다.

---

1 Δ는 그리스 문자 δ(델타)의 대문자

이와 관련해 (3-1)로 결정되는 직선을 함수 $f(x)$의 근사식으로 간주합니다. 즉, x_0으로부터 조금 떨어진 위치 x_1의 값 $f(x_1)$을 점 $(x_0, f(x_0))$을 지나가는 일차함수로 근사한 식이 다음과 같이 계산된다고 할 수 있습니다.

$$y = f(x_0) + \alpha(x_1 - x_0) \tag{3-5}$$

그렇지만 이 또한 어떤 의미에서 제일 좋은 근사식인지를 확실히 할 필요가 있습니다. $\alpha = f'(x_0)$으로 하면 $\alpha \neq f'(x_0)$인 경우보다 무엇이 좋을까요? $x_1 \to x_0$의 극한에서 오차가 0이 되는 속도를 비교하는 것으로써 명확해집니다.[2] 우선 실제 $f(x_1)$ 값과 (3-5)로 근사한 값의 차이를 $g(x_1)$이라고 합니다(그림 3-4).

$$g(x_1) = f(x_1) - \{f(x_0) + \alpha(x_1 - x_0)\} \tag{3-6}$$

❤ 그림 3-4 일차함수에 의한 근사법

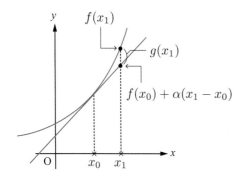

여기서 직선의 기울기 α는 미분계수 $\alpha = f'(x_0)$을 정의하고 있습니다. 한편 이외의 값 $\beta \neq f'(x_0)$을 기울기로 정의하는 경우의 차이를 $h(x_1)$로 합니다.

$$h(x_1) = f(x_1) - \{f(x_0) + \beta(x_1 - x_0)\} \tag{3-7}$$

이 경우 $x_1 \to x_0$의 극한에서 $g(x_1)$의 경우가 $h(x_1)$의 경우보다 더 빠르게 0으로 근사하면 $\alpha = f'(x_0)$을 기울기로 하는 경우가 더 좋은 근사라고 생각할 수 있습니다. 따라서 두 함수 $g(x_1)$과 $h(x_1)$이 0으로 근사하는 속도를 비교해서 둘의 비율의 극한을 계산합니다. 예를 들면 다음 관계가 성립한다고 가정합니다.

2 　**역주** 여기서 오차가 근사식과 f의 참값 간의 차이므로, 근사식이 f로 가는 속도를 의미합니다.

$$\lim_{x_1 \to x_0} \frac{g(x_1)}{h(x_1)} = 0 \tag{3-8}$$

이 경우 극한의 정의에 비춰 다시 생각해보면 다음이 성립합니다.

$$\forall \epsilon > 0; \ \exists \delta > 0 \ \text{s.t.} \ \forall x_1 \in \mathbf{R}; \ 0 < |x_1 - x_0| < \delta \Rightarrow |g(x_1)| < \epsilon |h(x_1)|$$

즉, x_1이 충분히 x_0에 가까워지면 $|g(x_1)|$은 $|h(x_1)|$보다 얼마든지 작아질 수 있습니다. 그래서 (3-8)이 성립하고, $g(x_1)$은 $h(x_1)$보다 빠르게 0에 근사한다고 생각할 수 있습니다. 이러한 의미에서 $a = f'(x_0)$을 기울기로 하는 접선은 가장 좋은 1차 근사라고 주장할 수 있습니다.

그러면 (3-8)이 실제로 성립하는지 계산해봅시다. 우선 (3-6)에 의해 α는 다음과 같이 표현됩니다.

$$\alpha = \frac{f(x_1) - f(x_0)}{x_1 - x_0} - \frac{g(x_1)}{x_1 - x_0}$$

위 식의 우변 첫째 항은 $x_1 \to x_0$의 극한으로 $\alpha = f'(x_0)$에 일치하므로, 양변에 $x_1 \to x_0$의 극한을 취하면 다음을 얻습니다.

$$\lim_{x_1 \to x_0} \frac{g(x_1)}{x_1 - x_0} = 0 \tag{3-9}$$

한편 (3-7)을 이용하면 $g(x_1)$과 $h(x_1)$의 비율은 다음과 같이 계산됩니다.

$$\frac{g(x_1)}{h(x_1)} = \frac{g(x_1)}{f(x_1) - f(x_0) - \beta(x_1 - x_0)} = \frac{\frac{g(x_1)}{x_1 - x_0}}{\frac{f(x_1) - f(x_0)}{x_1 - x_0} - \beta}$$

마지막 표현에서 분자와 분모 각각에 $x_1 \to x_0$의 극한을 고려하면 (3-9)에 의해 분자는 0이 되고, 분모는 $\alpha - \beta \neq 0$이 됩니다. 따라서 2.3절의 정리 9 에 의해 (3-8)이 성립하게 됩니다.

여기서 다시 (3-6)과 (3-9)를 하나로 정리하면 다음이 성립함을 알 수 있습니다.

$$f(x) = f(x_0) + f'(x_0)(x - x_0) + g(x), \quad \lim_{x \to x_0} \frac{g(x)}{x - x_0} = 0 \tag{3-10}$$

여기서는 문자 x_1을 더 일반적인 x로 치환합니다. 이는 5.1.3절(테일러 공식)에서 증명하는 공식의 특별한 경우로, $f(x)$를 $f(x_0) + f'(x_0)(x - x_0)$으로 근사하는 경우 그 오차는 $x \to x_0$의 극한에서 $x - x_0$보다 빠르게 0이 된다고 주장합니다. 더 재미있는 것은 일반적으로 다음을 만족하는 α가 존재하는 경우

$$f(x) = f(x_0) + \alpha(x - x_0) + g(x), \quad \lim_{x \to x_0} \frac{g(x)}{x - x_0} = 0$$

$f(x)$는 $x = x_0$에서 미분가능하고, α는 $x = x_0$의 미분계수 $f'(x_0)$에 일치하는 것이 보증됩니다 정리 13. 이것은 다음 식으로 변형하고, 양변에 $x \to x_0$의 극한을 취하면 곧 알 수 있습니다.

$$\frac{f(x) - f(x_0)}{x - x_0} = \alpha + \frac{g(x)}{x - x_0}$$

그리고 이 사실을 이용하면 여러 함수를 조합할 때의 미분계수를 간단히 도출할 수 있습니다. 예를 들어 $f(x)$와 $g(x)$가 모두 $x = x_0$에서 미분가능하다면 (3-10)에 의해 다음이 성립합니다.

$$f(x) = f(x_0) + f'(x_0)(x - x_0) + \tilde{f}(x), \quad \lim_{x \to x_0} \frac{\tilde{f}(x)}{x - x_0} = 0$$

$$g(x) = g(x_0) + g'(x_0)(x - x_0) + \tilde{g}(x), \quad \lim_{x \to x_0} \frac{\tilde{g}(x)}{x - x_0} = 0$$

이때 이들의 양변을 각각 더해 다음 식으로 변형하면

$$f(x) + g(x) = f(x_0) + g(x_0) + \{f'(x_0) + g'(x_0)\}(x - x_0) + \tilde{f}(x) + \tilde{g}(x)$$

함수 $h(x) = f(x) + g(x)$에 대해 다음 관계가 성립합니다.

$$h(x) = h(x_0) + \{f'(x_0) + g'(x_0)\}(x - x_0) + \tilde{h}(x)$$

여기서 다음과 같고

$$\tilde{h}(x) = \tilde{f}(x) + \tilde{g}(x)$$

2.3절의 정리 9 에 의해 다음이 성립합니다.

$$\lim_{x \to x_0} \frac{\tilde{h}(x)}{x - x_0} = \lim_{x \to x_0} \left\{ \frac{\tilde{f}(x)}{x - x_0} + \frac{\tilde{g}(x)}{x - x_0} \right\} = 0$$

따라서 함수 $h(x)$는 $x = x_0$에서 미분가능하므로 그 미분계수는 다음 식으로 결정됩니다.

$$h'(x_0) = f'(x_0) + g'(x_0) \tag{3-11}$$

$f(x)$와 $g(x)$의 곱에 대해서도 마찬가지로 다음 식으로 변형함으로써

$$
\begin{aligned}
f(x)g(x) &= \{f(x_0) + f'(x_0)(x - x_0)\} \{g(x_0) + g'(x_0)(x - x_0)\} \\
&\quad + \{f(x_0) + f'(x_0)(x - x_0)\} \tilde{g}(x) + \{g(x_0) + g'(x_0)(x - x_0)\} \tilde{f}(x) \\
&\quad + \tilde{f}(x)\tilde{g}(x) \\
&= f(x_0)g(x_0) + \{f'(x_0)g(x_0) + f(x_0)g'(x_0)\} (x - x_0) \\
&\quad + f'(x_0)g'(x_0)(x - x_0)^2 \\
&\quad + \{f(x_0) + f'(x_0)(x - x_0)\} \tilde{g}(x) + \{g(x_0) + g'(x_0)(x - x_0)\} \tilde{f}(x) \\
&\quad + \tilde{f}(x)\tilde{g}(x)
\end{aligned}
$$

마지막 네 개 항에 대해 다음과 같이 됩니다.

$$\lim_{x \to x_0} \frac{f'(x_0)g'(x_0)(x - x_0)^2}{x - x_0} = \lim_{x \to x_0} f'(x_0)g'(x_0)(x - x_0) = 0$$

$$\lim_{x \to x_0} \frac{\{f(x_0) + f'(x_0)(x - x_0)\} \tilde{g}(x)}{x - x_0} = \lim_{x \to x_0} \{f(x_0) + f'(x_0)(x - x_0)\} \frac{\tilde{g}(x)}{x - x_0} = 0$$

$$\lim_{x \to x_0} \frac{\{g(x_0) + g'(x_0)(x - x_0)\} \tilde{f}(x)}{x - x_0} = \lim_{x \to x_0} \{g(x_0) + g'(x_0)(x - x_0)\} \frac{\tilde{f}(x)}{x - x_0} = 0$$

$$\lim_{x \to x_0} \frac{\tilde{f}(x)\tilde{g}(x)}{x - x_0} = \lim_{x \to x_0} \tilde{f}(x) \frac{\tilde{g}(x)}{x - x_0} = 0$$

따라서 함수 $h(x) = f(x)g(x)$는 $x = x_0$에서 미분가능하므로 그 미분계수는 다음 식으로 결정됩니다 정리 15 .

$$h'(x_0) = f'(x_0)g(x_0) + f(x_0)g'(x_0)$$

더 나아가서 같은 방법으로 합성함수의 미분 공식을 도출할 수 있습니다. 우선 $f(x)$가 x_0에서 미분가능하고, $g(y)$가 $y = f(x_0)$에서 미분가능합니다.

$$f(x) = f(x_0) + f'(x_0)(x - x_0) + \tilde{f}(x), \quad \lim_{x \to x_0} \frac{\tilde{f}(x)}{x - x_0} = 0$$

$$g(y) = g(y_0) + g'(y_0)(y - y_0) + \tilde{g}(y), \quad \lim_{y \to y_0} \frac{\tilde{g}(y)}{y - y_0} = 0$$

이때 $g \circ f(x) = g(f(x))$는 다음과 같이 계산됩니다.

$$\begin{aligned}
g \circ f(x) &= g(y_0) + g'(y_0)(f(x) - y_0) + \tilde{g}(f(x)) \\
&= g(f(x_0)) + g'(f(x_0))(f(x) - f(x_0)) + \tilde{g}(f(x)) \\
&= g \circ f(x_0) + g'(f(x_0))\left\{ f'(x_0)(x - x_0) + \tilde{f}(x) \right\} + \tilde{g}(f(x)) \\
&= g \circ f(x_0) + g'(f(x_0))f'(x_0)(x - x_0) + g'(f(x_0))\tilde{f}(x) + \tilde{g}(f(x))
\end{aligned}$$

여기서 마지막 두 개 항이 $x \to x_0$의 극한에서 $x - x_0$보다 빠르게 0이 되는 것이 다음과 같이 나타납니다. 우선 첫 번째 항은 다음과 같이 됩니다.

$$\lim_{x \to x_0} \frac{g'(f(x_0))\tilde{f}(x)}{x - x_0} = \lim_{x \to x_0} g'(f(x_0))\frac{\tilde{f}(x)}{x - x_0} = 0$$

두 번째 항은 다음 식으로 변형해

$$\lim_{x \to x_0} \frac{\tilde{g}(f(x))}{x - x_0} = \lim_{x \to x_0} \left\{ \frac{\tilde{g}(f(x))}{f(x) - f(x_0)} \times \frac{f(x) - f(x_0)}{x - x_0} \right\}$$

$x \to x_0$의 극한에서 $y = f(x) \to y_0 = f(x_0)$이 되는 것에 주의하면[3]

$$\lim_{x \to x_0} \frac{\tilde{g}(f(x))}{f(x) - f(x_0)} = \lim_{y \to y_0} \frac{\tilde{g}(y)}{y - y_0} = 0$$

---

3 3.4절(연습 문제)의 **문제 4**와 같이 함수 $f(x)$가 $x = x_0$에서 미분가능할 때 $f(x)$는 $x = x_0$에서 연속입니다.

위 식 또는 아래 식과 같이 되므로

$$\lim_{x \to x_0} \frac{f(x) - f(x_0)}{x - x_0} = f'(x_0)$$

다음과 같다고 말할 수 있습니다.

$$\lim_{x \to x_0} \frac{\tilde{g}(f(x))}{x - x_0} = 0 \times f'(x_0) = 0$$

따라서 $h(x) = g \circ f(x)$라 하면 $h(x)$는 $x = x_0$에서 미분가능하고 그 미분계수는 다음 식으로 결정됩니다 정리 16 .

$$h'(x_0) = g'(f(x_0))f'(x_0) \tag{3-12}$$

3.1.2 도함수의 계산 예

여기서는 도함수의 초보적인 계산 예를 확인해봅시다. 일반적으로 $f(x)$의 도함수를 구하는 것을 **함수 f(x)를 미분한다**고 말합니다. 도함수의 정의 (3-4)로부터 직접 계산하는 경우에는 $h = x_1 - x$로 치환해 다음과 같이 정의를 바꾸면 편리합니다.

$$f'(x) = \lim_{h \to 0} \frac{f(x+h) - f(x)}{h} \tag{3-13}$$

우선 사소한 예지만, 상수함수 $f_0(x) = 1$은 다음과 같이 계산됩니다.

$$f_0'(x) = \lim_{h \to 0} \frac{1 - 1}{h} = 0 \tag{3-14}$$

일반적으로 상수함수 $f(x) = C$의 도함수는 0입니다.[4] 다음으로 $f_1(x) = x$, $f_2(x) = x^2$, $f_3(x) = x^3$의 도함수는 다음과 같이 계산됩니다.

---

4   역으로 도함수가 항등적으로 0이 되는 함수는 상수함수만이라는 것을 3.2.2절(도함수와 적분의 관계)에서 보여줍니다.

$$f'_1(x) = \lim_{h \to 0} \frac{(x+h) - x}{h} = 1$$

$$f'_2(x) = \lim_{h \to 0} \frac{(x+h)^2 - x^2}{h} = \lim_{h \to 0} \frac{2hx + h^2}{h} = 2x$$

$$f'_3(x) = \lim_{h \to 0} \frac{(x+h)^3 - x^3}{h} = \lim_{h \to 0} \frac{3hx^2 + 3h^2x + h^3}{h} = 3x^2$$

일반적으로 $f_n(x) = x^n (n = 1, 2, \cdots)$에 대해 $f'_n(x) = nx^{n-1}$이 되는 것을 다음과 같이 확인할 수 있습니다.

$$f'_n(x) = \lim_{h \to 0} \frac{(x+h)^n - x^n}{h} = \lim_{h \to 0} \frac{nhx^{n-1} + O(h^2)}{h} = nx^{n-1} \tag{3-15}$$

여기서 $O(h^2)$은 $(x + h)^n$을 이항 전개했을 때 나타나는 h의 2차 이상의 항(h^2, h^3, $\cdots$을 포함하는 항)을 나타냅니다.

또한, c를 상수로 해서 $\{cf(x)\}' = cf'(x)$가 되는 것을 다음 계산으로 확인할 수 있습니다.

$$\{cf(x)\}' = \lim_{h \to 0} \frac{cf(x+h) - cf(x)}{h} = c \lim_{h \to 0} \frac{f(x+h) - f(x)}{h} = cf'(x)$$

따라서 앞서 살펴봤던 (3-11)과 합치면 a와 b를 상수로 해서 다음 관계가 성립됩니다 정리 14 .

$$\{af(x) + bg(x)\}' = af'(x) + bg'(x) \tag{3-16}$$

'상수배의 미분은 미분의 상수배고, 합의 미분은 미분의 합이다'는 특성을 **미분 연산의 선형성**이라 부르기도 합니다. 이 특성을 이용하면 다항식의 도함수는 기계적으로 계산할 수 있습니다. 예를 들면 다음 식에서

$$f(x) = (2x - 1)^3 = 8x^3 - 12x^2 + 6x - 1$$

상수항 –1의 미분이 0이 되는 것에 주의하면 도함수는 다음과 같음을 금방 알 수 있을 것입니다.

$$f'(x) = 24x^2 - 24x + 6$$

다만 이 예의 경우 합성함수의 미분 공식((3-12))을 이용하는 것이 간단합니다. 공식에 딱 맞춰보면 다음 식으로 해서

$$f(x) = 2x - 1, \ g(x) = x^3$$

아래와 같이 됩니다.

$$h(x) = (2x - 1)^3 = g \circ f(x)$$

따라서 다음 식을 이용해

$$f'(x) = 2, \ g'(x) = 3x^2$$

아래와 같이 계산할 수 있습니다.

$$h'(x) = g'(f(x))f'(x) = 3(2x - 1)^2 \times 2 = 24x^2 - 24x + 6$$

위와 같이 합성함수 형태로 명시적으로 다시 적으면 다소 성가시다고 느껴지지만, 실제로 계산할 때는 그림 3-5와 같이 $2x - 1$을 하나의 변수로 간주하고, 이 덩어리로 미분한 후에 $2x - 1$이라는 덩어리 자신의 미분을 나중에 하는 식으로 계산해나갑니다.

▼ 그림 3-5 '덩어리'를 이용한 합성함수의 미분

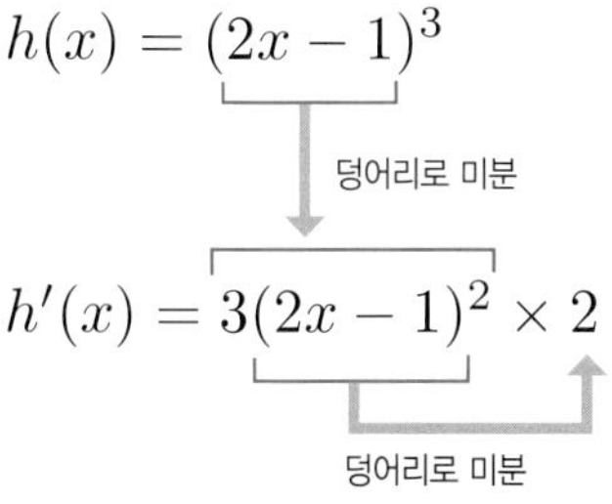

$$h(x) = (2x - 1)^3$$

덩어리로 미분

$$h'(x) = 3(2x - 1)^2 \times 2$$

덩어리로 미분

이 기법은 함수가 세 개 이상 합성된 경우에도 적용할 수 있습니다. 예를 들어 다음 함수를 미분하면 어떻게 될까요?

$$f(x) = \left\{ (2x - 1)^3 + 1 \right\}^2$$

우선 $(2x-1)^3 + 1$의 덩어리로 미분하고, 이 덩어리 자신을 미분하면 다음과 같이 됩니다.

$$f'(x) = 2\left\{(2x-1)^3 + 1\right\} \times \left\{(2x-1)^3 + 1\right\}'$$

더 나아가, 뒤쪽 덩어리 자신의 미분 $\{(2x-1)^3 + 1\}'$에 대해서는 $2x-1$을 덩어리로 해서 미분하고 다시 덩어리 그 자신인 $2x-1$을 미분하는 것으로 다음을 얻습니다.

$$f'(x) = 2\left\{(2x-1)^3 + 1\right\} \times 3(2x-1)^2 \times 2$$

이와 같이 '덩어리로 미분하고, 덩어리 자신을 미분해나가는' 연산을 연쇄적으로 반복하는 계산 규칙을 **체인룰**이라고 부르기도 합니다.

덧붙여서 이전에 미분계수를 $\dfrac{dy}{dx}$라는 기호로 표현한다고 설명했는데, 이 기호를 사용하면 체인룰을 이해하기 쉽게 표기할 수 있습니다. 예를 들면

$$y = f(x), \; z = g(y)$$

즉, 다음 관계가 있는 경우를 생각해봅시다.

$$z = g \circ f(x)$$

이때 z의 x에 대한 미분계수는 다음과 같이 표현합니다.

$$\frac{dz}{dx} = \left\{g \circ f(x)\right\}'$$

이 계산에 체인룰을 적용하면 어떻게 될까요? 우선 z를 $f(x)$의 덩어리, 즉 y로 미분하고, 그 이후에 덩어리 자신인 y를 x에 대해 미분하는 것이므로 이 연산은 다음과 같이 표현할 수 있습니다.

$$\frac{dz}{dx} = \frac{dz}{dy}\frac{dy}{dx} \tag{3-17}$$

만약 dz, dy, dx가 독립인 변수라면, 이는 분자와 분모의 dy를 단지 약분한 관계로 볼 수도 있습니다. 단, 이들은 미분계수를 표현하는 기호의 일부이므로 실제로는 독립된 변수가 아닙니다. (3-17)은 어디까지나 체인룰을 쉽게 이해하고 기억하기 위한 표기법으로 이용합시다.

그러면 다음으로 $f_{-1}(x) = x^{-1} = \dfrac{1}{x}$의 도함수를 계산합니다. (3-13)으로부터 직접적으로 계산하면 다음과 같이 됩니다.

$$f'_{-1}(x) = \lim_{h \to 0} \frac{\frac{1}{x+h} - \frac{1}{x}}{h} = \lim_{h \to 0} \frac{-1}{x(x+h)} = -\frac{1}{x^2} = -x^{-2}$$

$f_{-n}(x) = x^{-n} = \left(\dfrac{1}{x}\right)^n \ (n = 2, 3, \cdots)$은 합성함수의 미분을 적용해 $\dfrac{1}{x}$의 덩어리로 계산하고 덩어리 자신을 미분합니다.

$$f'_{-n}(x) = n\left(\frac{1}{x}\right)^{n-1} \times \left(-\frac{1}{x^2}\right) = -n\left(\frac{1}{x}\right)^{n-1}\left(\frac{1}{x}\right)^2 = -n\left(\frac{1}{x}\right)^{n+1} = -nx^{-n-1}$$

이들을 (3-14), (3-15)의 결과와 합치면 일반적으로 다음이 성립되는 것을 알 수 있습니다 정리 17 .

$$\forall n \in \mathbf{Z}; \ f_n(x) = x^n \Rightarrow f'_n(x) = nx^{n-1} \tag{3-18}$$

$n = 0$의 경우에 대해서도 $f_0(x) = x^0 = 1$에 의해 $f'_0(x) = 0$이므로, 이 표현식에 잘 포함됩니다.

지수함수, 로그함수, 삼각함수의 도함수는 4장(초등함수)에서 다시 설명합니다.

3.2 정적분과 원시함수

3.2.1 연속함수의 정적분

함수의 그래프가 나타내는 면적을 계산하는 기법으로 정적분을 사용합니다. 우선 어떤 폐구간 $I = [a, b]$로 정의된 연속함수 $f(x)$를 고려해 그림 3-6과 같은 그래프를 그립니다. 여기서는 $x \in [a, b]$에서 $f(x) > 0$이라고 봅니다. 이때 구간 I를 폭 $\Delta_n = \dfrac{b-a}{2^n}$의 2^n개의 구간으로 등분해 나누고, 각 구간에서의 임의의 점 $x = \xi_i$ $(i = 1, \cdots, 2^n)$을 대표점으로 선택합니다.[5] 이때 각 구간의 직사각형 면적 $f(\xi_i) \times \Delta n$을 합한 다음 값은 구간 I에서 x축과 함수 $f(x)$의 그래프 양쪽에 낀 부분인 면적 S를 근사하는 것으로 생각할 수 있습니다.

$$S(\Delta_n) = \sum_{i=1}^{2^n} f(\xi_i)\Delta_n \tag{3-19}$$

이와 같은 면적의 근사계산 방법을 **구분구적법**이라고 합니다. 그림 3-6은 분할 수가 $4(n = 2)$인 경우의 예입니다. 그리고 분할 수 2^n을 점점 크게 하면, 즉 구간의 폭 Δ_n을 반씩 줄여나가면 $S(\Delta_n)$은 실제의 면적값 S에 근사할 것이라 기대할 수 있습니다.

▼ 그림 3-6 구분구적법에 의한 면적의 근사계산

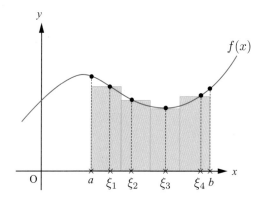

---

5 ξ(크시)는 그리스 문자 중 하나입니다.

'점점 근사한다'는 생각은 극한을 계산할 때 사용하는 ϵ-δ 논법으로 표현할 수 있습니다. 즉, 어떤 상수 S가 존재해 임의의 $\epsilon > 0$에 대해 어떤 $\delta > 0$을 취하면 $\Delta_n < \delta$를 만족하는 임의의 분할 Δ_n에 대해 다음과 같다고 할 수 있을 것입니다.

$$|S(\Delta_n) - S| < \epsilon \tag{3-20}$$

이때 각 구간에서 대표점 ξ_i를 어느 곳에 취하는가에 따라 $S(\Delta_n)$의 값이 변한다는 점에 주의해야 합니다. 여기서는 대표점을 취하는 방식과 상관없이 (3-20)이 성립하는 것을 보여줄 것입니다.

그리고 그 후 바로 나오는 바와 같이 실제로 이 관계가 성립하고, (3-20)을 만족하는 S는 일의적으로 결정됩니다. 즉, (3-20)을 만족하는 S의 값은 오직 하나만 존재하고 이 유일한 값이 그래프의 면적 S에 대응한다고 할 수 있습니다. 이 값 S를 함수 $f(x)$의 구간 $I = [a, b]$에서의 정적분이라 부르고, 다음과 같은 기호로 나타냅니다.

$$S = \int_a^b f(x)\, dx \tag{3-21}$$

이와 같은 S가 존재하는 것은 직감적으로는 명확하지만, 이를 엄밀하게 증명하려면 몇 가지 정리를 사전에 증명해둬야 합니다. 해석학의 세계에서는 모두 유명한 기본 정리지만, 우선은 순서대로 차근차근 설명하겠습니다.

처음은 수열의 수렴에 관한 **샌드위치 정리**입니다. 세 개의 무한수열 $\{a_n\}_{n=1}^{\infty}$, $\{b_n\}_{n=1}^{\infty}$, $\{c_n\}_{n=1}^{\infty}$은 임의의 $n \in \mathbf{N}$에 대해 다음 대소 관계를 만족합니다.

$$a_n \leq c_n \leq b_n \tag{3-22}$$

이 경우

$$\lim_{n \to \infty} a_n = \lim_{n \to \infty} b_n = a \tag{3-23}$$

위와 같다면 반드시 다음이 성립합니다(그림 3-7) 정리 18 .

$$\lim_{n \to \infty} c_n = a \tag{3-24}$$

이는 극한의 정의를 떠올리면 곧 증명할 수 있습니다.

▼ 그림 3-7 샌드위치 정리

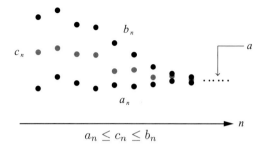

$$a_n \leq c_n \leq b_n$$

우선 (3-23)에 의해 임의의 $\epsilon > 0$에 대해 어떤 $N > 0$이 있어서 모든 $n > N$에 대해 다음이 성립합니다.

$$|a_n - a| < \epsilon,\ |b_n - a| < \epsilon$$

한편 (3-22)에 의해 다음이 성립합니다.

$$|c_n - a_n| \leq |b_n - a_n|$$

따라서 삼각부등식을 이용해 다음과 같이 식을 변형할 수 있습니다.

$$\begin{aligned}
|c_n - a| &\leq |c_n - a_n| + |a_n - a| \\
&\leq |b_n - a_n| + |a_n - a| \\
&\leq |b_n - a| + |a - a_n| + |a_n - a| < 3\epsilon
\end{aligned}$$

ϵ의 값이 임의이므로 3ϵ을 바꿔서 ϵ으로 정의하면 (3-24)가 성립하는 것을 알 수 있습니다.

다음은 역시 수열의 수렴에 관한 것이며, 상방으로 유계고 단조증가하는 무한수열, 또는 하방으로 유계고 단조감소하는 무한수열은 수렴한다는 사실입니다 정리 19 . 수열 $\{a_n\}_{n=1}^{\infty}$이 단조증가한다는 것은 $a_1 \leq a_2 \leq a_3 \leq \cdots$와 같이 반드시 값이 증가한다(또는 변화하지 않는다)는 것으로 상방에 유계가 있다는 것은 수열의 모든 값을 모은 집합 $\{a_n\}$이 상방으로 유계인, 즉 상한 $a = \sup\{a_n\}$이 존재해 $\forall n \in N;\ a_n \leq a$가 성립한다는 것입니다. 이 경우 그림 3-8로부터 직감적으로 알 수 있듯이 $\lim_{n\to\infty} a_n = a$가 성립할 것입니다.

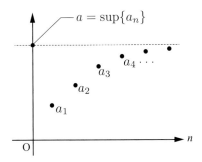

◆ 그림 3-8 상방으로 유계인 단조증가하는 무한수열

이것을 증명하려면 '상계의 최솟값'이라는 상한의 정의를 다시금 떠올려봅니다. 만약 어떤 $\epsilon > 0$ 에서 $a - \epsilon < a_n$을 만족하는 a_n이 존재하지 않는다면 $a - \epsilon$은 집합 $\{a_n\}$의 상계에 속하게 되고, a 가 상계의 최솟값이라는 정의에 모순됩니다. 따라서 임의의 $\epsilon > 0$에 대해 어떤 a_N이 존재하고 $a - \epsilon < a_N$이 성립합니다. 이때 임의의 $n > N$에 대해 $a - \epsilon < a_N \leq a_n$이므로 $a_n \leq a$를 고려하면 $\forall n > N;\ |a - a_n| < \epsilon$이 성립합니다. 이것은 $\lim\limits_{n \to \infty} a_n = a$임을 의미합니다. 하방으로 유계고 단조감소인 무한수열에 대해서는 상한 대신 하한을 이용해 같은 논리를 적용할 수 있습니다.

그리고 이 사실을 이용하면 유명한 **볼차노-바이어슈트라스 정리**(Bolzano-Weierstrass Theorem) 를 증명할 수 있습니다. 이 정리는 유계가 있는 무한수열 $\{a_n\}_{n=1}^{\infty}$이 존재하는 경우 그중에서 수렴하는 수열을 반드시 추출할 수 있다는 것입니다 **정리 20**. 예를 들어 $a_n = (-1)^n (n = 1, 2, \cdots)$라는 ±1의 값을 교대로 취하는 수열은 임의의 n에 대해 $-1 \leq a_n \leq 1$을 만족하는, 유계가 있는 수열입니다. 이때 수열 $\{a_n\}$ 그 자체는 수렴하지 않지만, 짝수 번째 항만 추출한 부분수열 $\{a_n\}(n = 2, 4, 6, \cdots)$은 명확하게 1에 수렴합니다.

일반적으로 이와 같은 부분수열은 다음 절차로 구성할 수 있습니다. 우선 $m = \inf\{a_n\}$, $M = \sup\{a_n\}$이라면 모든 원소 a_n은 폐구간 $I_0 = [m, M]$에 포함됩니다. 여기서 이 폐구간을 이등분해 $\left[m, \dfrac{m+M}{2} \right]$과 $\left[\dfrac{m+M}{2}, M \right]$으로 나눕니다. 이때 어느 한쪽의 폐구간에는 반드시 무한개의 $\{a_n\}$ 의 원소가 포함될 수밖에 없습니다. 거기서 무한개의 원소를 포함하는 쪽의 폐구간을 I_1로 합니다. 이것을 다시 이등분하면 마찬가지로 어느 한쪽의 폐구간에는 무한개의 원소가 포함되므로 그 것을 I_2라고 합니다. 이런 방식을 반복하면 다음과 같이 점점 좁아지는 폐구간의 무한수열이 얻어 집니다.

$$I_0 \supset I_1 \supset I_2 \supset \cdots$$

이때 각 폐구간을 $I_n = [m_n, M_n]\,(n = 0, 1, 2, \cdots)$로 표시하면 폐구간의 좌측 끝의 값을 늘어놓은 수열 $\{m_n\}_{n=0}^{\infty}$은 단조증가하며 상방으로 유계$(m_n \leq M)$이므로, 이전에 증명한 바와 같이 어떤 값 a에 수렴합니다. 더 나아가, 폐구간의 폭 $M_n - m_n$은 $\frac{1}{2}$씩 좁아지므로 다음과 같이 됩니다.

$$M_n - m_n = \left(\frac{1}{2}\right)^n (M - m) \to 0 \ (n \to \infty)$$

즉, 다음과 같고

$$\lim_{n \to \infty} m_n = a$$
$$\lim_{n \to \infty} (M_n - m_n) = 0$$

이에 의해 구간 우측 끝의 값을 늘어놓은 수열 $\{M_n\}_{n=0}^{\infty}$도 같은 값 a에 수렴한다고 할 수 있습니다. 이 조건들에 의해 임의의 ϵ에 대해 충분히 큰 n을 취하면 $|m_n - a| < \epsilon$ 또는 $|M_n - m_n| < \epsilon$이 성립하므로 삼각부등식을 이용해 다음을 얻을 수 있습니다.

$$|M_n - a| \leq |M_n - m_n| + |m_n - a| < 2\epsilon$$

따라서 $\lim_{n \to \infty} M_n = a$가 성립합니다.

마지막으로 각각의 폐구간 I_n에서 원소를 하나씩 추출한 부분수열 $\{b_n\}$을 만듭니다. 이때 $m_n \leq b_n \leq M_n$이고 다음과 같으므로

$$\lim_{n \to \infty} m_n = \lim_{n \to \infty} M_n = a$$

샌드위치 정리에 의해 다음이 성립합니다.

$$\lim_{n \to \infty} b_n = a$$

다음은 폐구간 $[a, b]$ 위의 연속함수 $f(x)$는 **균등연속**이 된다는 정리입니다 정리 24. 균등연속이란 임의의 ϵ에 대해 충분히 작은 $\delta > 0$을 선택하면 다음이 성립한다는 것입니다 정의 7.

$$\forall x, x' \in [a, b]; \ |x - x'| < \delta \Rightarrow |f(x) - f(x')| < \epsilon$$

'함수 $f(x)$가 $[a, b]$의 모든 점에서 연속이다'와는 조건이 다르니 주의하세요. 함수 $f(x)$가 $x = x_0$에서 연속이라고 말하는 경우 주어진 ϵ에 대해 x축에 있는 x와 x_0의 거리가 δ라면 $|f(x) - f(x_0)| < \epsilon$이 되는 δ가 존재한다는 것이지만, 이 δ의 크기는 생각하는 점 x_0에 따라 다를 수 있습니다. $f(x)$의 값이 크게 변하는 점 x_0의 주변에 있다면 그만큼 δ는 작아야 합니다. 한편 구간 $[a, b]$에서 균등연속이란 점 x_0과 관계없이 $[a, b]$ 전체에 같은 δ 값을 취할 수 있다는 의미입니다. 가령 개구간 $(0, \infty)$에 정의된 다음 함수를 생각해보면

$$f(x) = \frac{1}{x}$$

이것은 균등연속이 아닙니다. 두 점 $x + \delta$와 x에서의 $f(x)$ 값의 차이 Δf를 계산하면 다음과 같이 되지만

$$\Delta f = f(x) - f(x + \delta) = \frac{1}{x} - \frac{1}{x + \delta} = \frac{\delta}{x(x + \delta)}$$

이 값은 x가 0으로 근접함에 따라 무한히 커지게 됩니다. 즉, δ를 일정하게 하는 경우 모든 x에 대해 Δf를 일정한 값 ϵ보다 작게 보존하는 것은 불가능합니다(그림 3-9). 폐구간에 정의되어 있는 함수라면 이러한 일은 일어나지 않는다는 것이 이 정리의 주장입니다.

▼ 그림 3-9 균등연속이 아닌 함수의 예

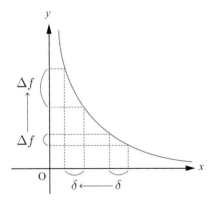

이 주장은 앞서 제시한 수렴하는 부분수열의 존재를 이용해 귀류법으로 증명할 수 있습니다. 우선 폐구간 $[a, b]$의 연속함수 $f(x)$가 균등연속이 아니라고 가정합시다. 그러면 임의의 $\epsilon > 0$과 $\delta > 0$에 대해 $|p - q| < \delta$이면서 동시에 $|f(p) - f(q)| \geq \epsilon$이 되는 두 점 $p, q \in [a, b]$를 발견할 수 있습니다.

거기서 $\epsilon > 0$을 하나로 고정하고, $\delta = \dfrac{1}{n}$ $(n = 1, 2, \cdots)$와 같이 δ를 0에 근접해가면서 각각에 대응하는 p와 q의 값을 p_n과 q_n으로 하고, 수열 $\{p_n\}_{n=1}^{\infty}$과 $\{q_n\}_{n=1}^{\infty}$을 구성합니다. 이 수열들은 유계이므로 수렴하는 부분수열을 추출할 수 있으며, 특히 $\{p_n\}$에서 추출한 수열을 $\{p_{n_k}\}_{k=1}^{\infty}$이라고 합니다. 여기서 n_k는 k번째로 추출한 원소가 원래 수열의 n_k번째 원소임을 의미합니다. 이때 또 하나의 수열 $\{q_n\}$에서 같은 위치의 원소를 추출해 수열 $\{q_{n_k}\}_{k=1}^{\infty}$을 만들면 $\{p_{n_k}\}$와 같은 값에 수렴하는 것을 알 수 있습니다. $\{p_{n_k}\}$의 수렴값을 c라고 하면 삼각부등식에 의해 다음 관계가 성립하기 때문입니다.

$$|q_{n_k} - c| \le |q_{n_k} - p_{n_k}| + |p_{n_k} - c| \le \frac{1}{n_k} + |p_{n_k} - c| \to 0 \ (k \to \infty)$$

더 나아가 p_n, $q_n \in [a, b]$로부터 $c \in [a, b]$라고 할 수 있습니다. 그 이유는 다음과 같습니다. $\{p_{n_k}\}$가 c로 수렴하므로 임의의 $\epsilon > 0$에 대해 충분히 큰 k를 취하면 $|p_{n_k} - c| < \epsilon$, 즉 $c - \epsilon < p_{n_k} < c + \epsilon$이 성립합니다. 따라서 만약 $c > b$라면 $\epsilon = \dfrac{c - b}{2}$인 경우 그림 3-10에 의해 $b < c - \epsilon < p_{n_k}$가 되고, 이는 $p_{n_k} \in [a, b]$에 모순됩니다. $c < a$인 경우에는 $\epsilon = \dfrac{a - c}{2}$라면 $p_{n_k} < c + \epsilon < a$가 되고, 역시 모순됩니다.

▼ 그림 3-10 수렴점 c가 $[a, b]$의 외부에 있는 경우

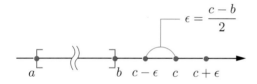

그리고 함수 $f(x)$는 구간 $[a, b]$에서 연속이라는 전제이므로 $c \in [a, b]$에서도 연속이고, 다음이 성립합니다.

$$\lim_{k \to \infty} f(p_{n_k}) = f(c), \ \lim_{k \to \infty} f(q_{n_k}) = f(c)$$

한편 수열 $\{p_n\}$과 $\{q_n\}$을 어떻게 만들었는지 떠올려보면 임의의 k에 대해 $|f(p_{n_k}) - f(q_{n_k})| \ge \epsilon$이 성립해야 하므로, $f(p_{n_k})$와 $f(q_{n_k})$가 같은 값 $f(c)$에 수렴한다는 사실에 모순됩니다. 따라서 귀류법에 의해 $f(x)$는 균등연속임이 증명되었습니다.

위 증명에서 $f(x)$가 폐구간 $[a, b]$에 정의되어 있다는 조건이 어디에서 이용되고 있는지 주의하세요. 또한, 개구간 (a, b)에 정의되어 있다면 $\{p_{n_k}\}$와 $\{q_{n_k}\}$의 공통 수렴값 c는 개구간 (a, b)의 경곗값 a 또는 b에 일치할 가능성이 있습니다. 이 경우 $f(c)$라는 값이 존재하지 않을 수 있으므로 위

의 논리가 성립하지 않습니다. 이전에 다룬 $f(x) = \dfrac{1}{x}$의 예라면 $x = 0$에서 $f(x)$는 $+\infty$로 발산하므로, 위의 증명은 꼭 들어맞지 않습니다.

이것으로 이제 (3-20)을 만족하는 S의 존재를 증명할 준비가 되었습니다. 우선 $S(\Delta_n)$의 값은 대표점 ξ_i를 취하는 방법에 따라 변한다고 했습니다만, 특히 각 구간에서 직사각형의 면적 $f(\xi_i) \times \Delta n$이 최대 또는 최소가 되는 점을 선택하는 경우를 고려합니다. 약간 어렵게 말하면 구간 $I = [a, b]$를 분할하는 경계점을 $x_i = a + \Delta_n \times i \, (i = 0, 1, \cdots, 2^n)$으로 하고 다음과 같이 정의합니다.

$$M_i = \sup_{x_{i-1} \leq x \leq x_i} f(x), \quad m_i = \inf_{x_{i-1} \leq x \leq x_i} f(x) \, (i = 1, 2, \cdots, 2^n)$$

$$\overline{S}(\Delta_n) = \sum_{i=1}^{2^n} M_i \Delta_n, \quad \underline{S}(\Delta_n) = \sum_{i=1}^{2^n} m_i \Delta_n \tag{3-25}$$

이때 명백하게 다음이 성립합니다.

$$\underline{S}(\Delta_n) \leq S(\Delta_n) \leq \overline{S}(\Delta_n) \tag{3-26}$$

그럼 분할 폭 Δ_n을 감소시키면 $\overline{S}(\Delta_n)$과 $\underline{S}(\Delta_n)$의 값은 각각 어떻게 변할까요? 그림 3-11에서 알 수 있듯이 더 세밀하게 분할함에 따라 $\overline{S}(\Delta_n)$은 점점 작아지고, 반대로 $\underline{S}(\Delta_n)$은 점점 커집니다.

▼ 그림 3-11 $\overline{S}(\Delta_n)$과 $\underline{S}(\Delta_n)$이 증감하는 모양

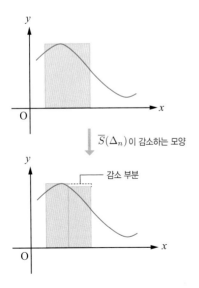

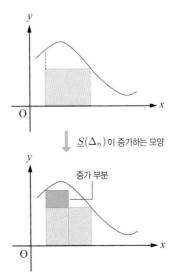

$$\overline{S}(\Delta_1) \geq \overline{S}(\Delta_2) \geq \overline{S}(\Delta_3) \geq \cdots$$

$$\underline{S}(\Delta_1) \leq \underline{S}(\Delta_2) \leq \underline{S}(\Delta_3) \leq \cdots$$

그림 3-11의 내용을 수식으로 정확하게 표현하면 다음과 같습니다. 예를 들면 하나의 개구간 $[x_1, x_2]$를 반으로 분할해 $[x_1, y]$와 $[y, x_2]$ $(y = \frac{1}{2}(x_1 + x_2))$로 나누는 경우 다음이 성립합니다.

$$\sup_{x_1 \leq x \leq x_2} f(x) \geq \sup_{x_1 \leq x \leq y} f(x)$$

$$\sup_{x_1 \leq x \leq x_2} f(x) \geq \sup_{y \leq x \leq x_2} f(x)$$

따라서 다음 관계가 성립합니다.

$$\sup_{x_1 \leq x \leq x_2} f(x)(x_2 - x_1) = \sup_{x_1 \leq x \leq x_2} f(x)(y - x_1) + \sup_{x_1 \leq x \leq x_2} f(x)(x_2 - y)$$
$$\geq \sup_{x_1 \leq x \leq y} f(x)(y - x_1) + \sup_{y \leq x \leq x_2} f(x)(x_2 - y)$$

이 관계가 모든 구간에 성립하므로, 이를 합한 $\overline{S}(\Delta_n)$에 대해서도 같은 부등식이 성립하는 것을 알 수 있습니다. $\underline{S}(\Delta_n)$에서도 부등호의 방향을 바꿔서 같은 논리를 적용할 수 있습니다.

따라서 임의의 두 종류 분할 $\Delta_n, \Delta_{n'}$ $(n > n')$를 고려하는 경우, 다음 관계가 성립합니다.

$$\underline{S}(\Delta_{n'}) \leq \underline{S}(\Delta_n) \leq \overline{S}(\Delta_n) \leq \overline{S}(\Delta_{n'})$$

이 관계식에서 2항과 4항을 뽑아내서 특히 $n' = 1$의 경우를 고려하면 임의의 n에 대해 $\underline{S}(\Delta_n) \leq \overline{S}(\Delta_1)$이 성립합니다. 따라서 수열 $\{\underline{S}(\Delta_n)\}_{n=1}^{\infty}$은 상방으로 유계인 단조증가 수열이고, 어떤 값 s에 수렴합니다. 마찬가지로 1항과 3항을 뽑아내서 $n' = 1$의 경우를 고려하면, 임의의 n에 대해 $\underline{S}(\Delta_1) \leq \overline{S}(\Delta_n)$이 성립합니다. 따라서 수열 $\{\overline{S}(\Delta_n)\}_{n=1}^{\infty}$은 하방으로 유계인 단조감소인 수열이고 어떤 값 s'로 수렴합니다.

그리고 이 s와 s'는 일치한다는 것을 알 수 있습니다. 우선 함수 $f(x)$는 폐구간 $[a, b]$에 정의된 연속함수이므로 균등연속인 것이 보장됩니다. 즉, 임의의 $\epsilon > 0$에 대해 어떤 $\delta > 0$을 선택해 $|x - x'| < \delta$로부터 $|f(x) - f(x')| < \epsilon$으로 할 수 있습니다. 그래서 분할의 폭 Δ_n이 δ보다 작아지는 n을 선택하면 각 구간에서 $f(x)$의 변화 폭은 ϵ보다 작아져 다음이 성립합니다.

$$M_i - m_i \leq \epsilon \ (i = 1, 2, \cdots, 2^n)$$

이 양변에 Δ_n을 곱하고 i에 대한 합을 취하면 (3-25)의 정의에 의해 다음 관계를 얻을 수 있습니다.

$$\overline{S}(\Delta_n) - \underline{S}(\Delta_n) \leq \epsilon(b-a) \tag{3-27}$$

이는 $\overline{S}(\Delta_n)$과 $\underline{S}(\Delta_n)$의 차이를 얼마든지 작게 할 수 있다는 것을 의미하고, 이에 의해 $s = s'$라고 말할 수 있습니다. 더욱 엄밀하게 설명하면

$$\lim_{n \to \infty} \underline{S}(\Delta_n) = s, \ \lim_{n \to \infty} \overline{S}(\Delta_n) = s'$$

우선 위와 같은 조건에 의해 충분히 큰 n에 대해 다음이 성립합니다.

$$\begin{aligned} |\underline{S}(\Delta_n) - s| &< \epsilon \\ |\overline{S}(\Delta_n) - s'| &< \epsilon \end{aligned} \tag{3-28}$$

따라서 삼각부등식을 이용하면 다음을 얻을 수 있습니다.

$$\begin{aligned} |s - s'| &= |(s - \underline{S}(\Delta_n)) + (\overline{S}(\Delta_n) - s') + (\underline{S}(\Delta_n) - \overline{S}(\Delta_n))| \\ &\leq |s - \underline{S}(\Delta_n)| + |\overline{S}(\Delta_n) - s'| + |\underline{S}(\Delta_n) - \overline{S}(\Delta_n)| \\ &< \epsilon + \epsilon + \epsilon(b-a) = \{2 + (b-a)\}\epsilon \end{aligned}$$

$s \neq s'$라고 하면 충분히 작은 ϵ에 대해 위의 부등식이 충족되지 않으므로 $s = s'$가 되어야 합니다. 결국 이 공통의 값을 $S = s = s'$로 해서 다음과 같이 되는 것을 증명했습니다.

$$\lim_{n \to \infty} \underline{S}(\Delta_n) = S, \ \lim_{n \to \infty} \overline{S}(\Delta_n) = S$$

이 결과를 (3-26)과 비교해 샌드위치 정리로부터 $S(\Delta_n)$은 S에 수렴한다고 주장하고 싶지만, 지금의 경우 $S(\Delta_n)$은 각 구간의 대표점 ξ_i를 취하는 방식에 따라 값이 변하므로 통상적 의미의 수열로 간주할 수 없습니다. 여기서는 어디까지나 (3-20)이 성립하는 것을 증명해야 합니다.

$$|S(\Delta_n) - \underline{S}(\Delta_n)| \leq |\overline{S}(\Delta_n) - \underline{S}(\Delta_n)|$$

여기서 (3-26)에 의해 위의 관계가 성립하고, 또한 (3-27)과 (3-28)을 이용해서 삼각부등식을 이용하는 다음의 계산을 합니다.

$$\begin{aligned}
|S(\Delta_n) - S| = |S(\Delta_n) - s| &= |S(\Delta_n) - \underline{S}(\Delta_n) + \underline{S}(\Delta_n) - s| \\
&\leq |S(\Delta_n) - \underline{S}(\Delta_n)| + |\underline{S}(\Delta_n) - s| \\
&\leq |\overline{S}(\Delta_n) - \underline{S}(\Delta_n)| + |\underline{S}(\Delta_n) - s| \\
&< \epsilon(b - a) + \epsilon = (1 + b - a)\epsilon
\end{aligned}$$

ϵ의 값이 임의이므로 $(1 + b - a)\epsilon$을 다시 ϵ으로 정의하면 (3-20)을 얻습니다. 여기서 연속함수 $f(x)$에 대한 정적분((3-21))을 정의할 수 있음을 알 수 있습니다.

또한, 지금까지의 논의에서는 구간 $[a, b]$를 분할하는 폭은 반씩 줄어들어간다고 전제했지만 실제로 꼭 그렇게 줄일 필요는 없습니다. 임의의 폭으로 분할하는 경우에도 분할의 폭을 작게 하면 극한에서 (3-20)을 만족하는 S가 일의적으로 결정되는 것을 증명할 수 있습니다. 이때 분할하는 각 구간의 폭이 같지 않아도 됩니다. 모든 구간 폭의 최댓값을 '분할의 폭'으로 정의하고, 이러한 의미로의 분할 폭을 작게 하는 극한을 고려하면 (3-20)을 만족하는 S가 일의적으로 결정됩니다[6] **정의 8**. 이와 같이 구분구적법을 사용해 근사적으로 계산한 면적의 극한으로 정적분을 정의하는 방법은 수학자 베른하르트 리만이 1868년 논문에 공개했습니다. 그래서 (3-19)의 $S(\Delta_n)$은 **리만 합**, 이 극한으로 얻어지는 정적분 S는 **리만 적분**이라고 부릅니다.

또 지금까지의 설명에서는 그래프의 면적이라는 이미지를 명확하게 하기 위해 함수 $f(x)$는 구간 $[a, b]$에서 $f(x) > 0$을 만족한다는 전제로 논의를 진행해왔습니다. 그럼 이 조건을 버리면 정적분의 값은 어떻게 결정될까요? 이 경우 x축 윗부분의 면적은 양의 값으로 계산하고, x축 아랫부분의 면적은 음의 값으로 계산합니다. 그림 3-12의 예에서 S_1, S_2, S_3은 각각의 부분 면적을 표현하며 S_1, S_2, $S_3 > 0$이라고 생각해주세요.

---

6 구체적인 증명 방법은 스스로 찾아보세요.

▼ 그림 3-12 정적분과 면적의 관계

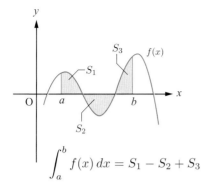

$$\int_a^b f(x)\,dx = S_1 - S_2 + S_3$$

더 나아가 이 절의 논의를 시작할 때 함수 $f(x)$는 폐구간 $I = [a,\ b]$에 연속이라는 조건을 부여했습니다. 정의역 I가 폐구간이라는 것이 왜 필요할까요? 이전 증명에서 함수 $f(x)$가 균등연속이라는 것을 이용해야 했기 때문입니다. 역으로 말하면 정의역이 개구간 $I = (a,\ b)$라고 해도 이 위에서 균등연속이라는 전제를 깔면 완전히 똑같은 방법으로 정적분 S를 정의할 수 있습니다 정리 25.

이는 그림 3-13과 같이 불연속점을 포함하는 함수의 적분을 생각할 때 도움이 됩니다. 일반적으로 어떤 폐구간 $I = [a,\ b]$를 분할하는 유한개의 구간에서 각 구간의 끝점을 $\{x_i\}_{i=0}^n$ $(a = x_0 <$ $x_1 < \cdots < x_n = b)$이라고 합니다. 이때 각각의 개구간 $(x_0,\ x_1)$, $(x_1,\ x_2)$, ..., $(x_{n-1},\ x_n)$에서 함수 $f(x)$가 균등연속이라면 각 구간에서의 정적분의 합으로 전 구간 I의 정적분 S가 계산됩니다. 그림 3-13의 예에서는 다음과 같이 정적분을 계산할 수 있습니다.

$$S = \int_0^3 f(x)\,dx = \int_0^1 (-1)\,dx + \int_1^2 4\,dx + \int_2^3 (-2)\,dx = -1 + 4 - 2 = 1 \quad \text{(3-29)}$$

이제부터는 이러한 경우를 포함해 구간 I에 대한 정적분이 존재하는 함수 $f(x)$를 '구간 I에서 적분 가능'이라고 표현합니다.

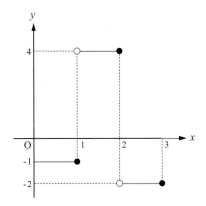

더욱이 (3-29)에서 각 구간의 정적분은 해당 부분의 그래프 면적으로 계산합니다. 각 구간에 대해 구분구적법을 제대로 적용한 경우에도 (3-19)의 $S(\Delta_n)$은 분할하지 않고도 (부호를 포함한 의미로) 반드시 해당 구간의 면적에 일치하므로 역시 같은 결과를 얻습니다.

여기서 구분구적법을 사용한 정의로부터 금방 알 수 있는 몇 가지 공식을 소개합니다. 정의에 기반해 엄밀하게 증명하는 것도 그다지 어렵지 않지만, '정적분은 면적을 표현한다'고 생각하면 모두가 직감적으로도 명확한 관계입니다. 아래 설명에서 함수 $f(x)$와 $g(x)$는 모두 구간 $I = [a,\ b]$에서 적분가능하다고 합니다. 우선 상수함수 $f(x) = C$의 적분은 대상 부분의 면적으로 계산할 수 있으므로 다음이 성립합니다.

$$\int_a^b C\,dx = C(b - a)$$

다음으로 두 함수의 합의 적분은 각 적분의 합이 됩니다.

$$\int_a^b \{f(x) + g(x)\}\,dx = \int_a^b f(x)\,dx + \int_a^b g(x)\,dx$$

또한, α(알파)를 임의의 상수라고 하면 다음이 성립합니다. 함수의 상수배의 적분은 적분의 상수배가 됩니다.

$$\int_a^b \alpha f(x)\,dx = \alpha \int_a^b f(x)\,dx$$

이들을 조합하면 임의의 상수 α, β(베타)에 대해 다음이 성립합니다.

$$\int_a^b \{\alpha f(x) + \beta g(x)\}\, dx = \alpha \int_a^b f(x)\, dx + \beta \int_a^b g(x)\, dx$$

이 특성을 **적분 연산의 선형성**이라고 부르기도 합니다. 이것은 (3-16)에서 보여준 미분 연산의 선형성에 대응하는 특성입니다.

다음으로 구간 I의 모든 점 x에서 $f(x) \le g(x)$라고 하면 다음이 성립합니다.

$$\int_a^b f(x)\, dx \le \int_a^b g(x)\, dx \tag{3--30}$$

그리고 이 관계를 이용하면 다음 관계를 나타낼 수 있습니다 정리 26.

$$\left| \int_a^b f(x)\, dx \right| \le \int_a^b |f(x)|\, dx \tag{3--31}$$

구체적으로는 $-|f(x)| \le f(x) \le |f(x)|$라는 관계에 (3-30)을 적용하면 다음을 얻게 됩니다.

$$-\int_a^b |f(x)|\, dx \le \int_a^b f(x)\, dx \le \int_a^b |f(x)|\, dx$$

$\int_a^b f(x)\, dx$가 양인 경우와 음인 경우로 나눠 생각하면 (3-31)이 성립하는 것을 알 수 있습니다. 덧붙여서 이 관계는 구분구적법의 근사계산((3-19)) 형태로 표현하면 다음과 같이 됩니다.

$$\left| \sum_{i=1}^{2^n} f(\xi_i)\Delta_n \right| \le \sum_{i=1}^{2^n} |f(\xi_i)|\Delta_n = \sum_{i=1}^{2^n} |f(\xi_i)\Delta_n|$$

이는 삼각부등식 $|a+b| < |a| + |b|$를 2^n개의 변수 $f(\xi_i)\Delta_n$ $(i = 1, \cdots, 2^n)$에 적용한 것과 같습니다. 이러한 의미로 (3-31)은 **정적분의 삼각부등식**이라고 불러도 좋습니다.

또한, 적분의 구간에 대해 생각하면 $c \in [a,\ b]$로서 다음이 성립합니다 정리 27.

$$\int_a^b f(x)\,dx = \int_a^c f(x)\,dx + \int_c^b f(x)\,dx \qquad\text{(3-32)}$$

여기까지는 정적분의 구간에 대해 $a < b$인 경우인데, $a \geq b$인 경우에는 다음과 같이 정적분을 정의하면 됩니다.

$$\int_a^a f(x)\,dx = 0, \quad \int_a^b f(x)\,dx = -\int_b^a f(x)\,dx$$

이로써 $c < a$ 또는 $c > b$의 경우에도 구간 $I = [c,\ b]$ 또는 $I = [a,\ c]$에서 함수 $f(x)$가 적분가능하다면 (3-32)의 함수가 성립한다고 볼 수 있습니다. 단, 이전에 보여준 바와 같이 (3-30), (3-31)은 $a \leq b$가 전제 조건입니다. 이런 종류의 공식은 기계적으로 외우지 말고, 정적분이 면적을 표현한다는 의미를 생각하면서 이용하면 좋습니다.

마지막으로 구분구적법을 사용해 실제로 정적분을 계산하는 예를 살펴보겠습니다. 간단한 예로 $f(x) = x^2$을 생각해봅시다. 이는 임의의 폐구간 $[a,\ b]$에서 연속인 함수이므로 이 구간에서 정적분이 존재합니다. 또한, (3-32)를 이용하면 다음 관계가 성립합니다.

$$S = \int_a^b x^2\,dx = \int_a^0 x^2\,dx + \int_0^b x^2\,dx = \int_0^b x^2\,dx - \int_0^a x^2\,dx \qquad\text{(3-33)}$$

전술한 바와 같이 (3-32)에서 c는 구간 $[a,\ b]$에 포함될 필요가 없다는 점에 주의하세요. 따라서 일반적으로 구간 $[0,\ x_0]$에서 정적분 $\int_0^{x_0} x^2\,dx$를 계산할 수 있으면 이 관계를 이용해 임의의 구간의 정적분을 계산할 수 있습니다. 그래서 구간 $[0,\ x_0]$을 $\Delta_n = \dfrac{x_0}{2^n}$의 구간으로 분할하고, 각 구간의 우측 끝에 있는 점 $\xi_i = i \times \Delta_n\ (i = 1, \cdots, 2^n)$을 각 구간의 대표점으로 합니다. 이때 구분구적법에 의한 면적의 근사식 (3-19)는 다음과 같이 계산됩니다.

$$S(\Delta_n) = \sum_{i=1}^{2^n} f(\xi_i)\Delta_i = \sum_{i=1}^{2^n} \left(i \times \frac{x_0}{2^n}\right)^2 \frac{x_0}{2^n} = \left(\frac{x_0^3}{2^{3n}}\right) \sum_{i=1}^{2^n} i^2$$

마지막 급수 $\displaystyle\sum_{i=1}^{2^n} i^2$은 다음 승수의 합에 대한 공식으로 계산됩니다.

$$\sum_{k=1}^{n} k^2 = \frac{1}{6}n(n+1)(2n+1)$$

이 공식을 적용하면 다음과 같은 식으로 변환할 수 있습니다.

$$S(\Delta_n) = \left(\frac{x_0^3}{2^{3n}}\right) \frac{1}{6} 2^n (2^n + 1)(2 \times 2^n + 1) = \frac{1}{6} x_0^3 \left(1 + \frac{1}{2^n}\right) \left(2 + \frac{1}{2^n}\right)$$

마지막의 식 변환은 $\frac{x_0^3}{2^{3n}}$의 분모에 포함된 세 개의 2^n $(2^{3n} = 2^n \times 2^n \times 2^n)$을 뒤의 항에 분배한 것입니다. 이런 형태로 바꾸면 분할 수를 늘렸을 때의 극한이 다음과 같이 결정됩니다.

$$\int_0^{x_0} x^2 \, dx = \lim_{n \to \infty} S(\Delta_n) = \frac{1}{3} x_0^3$$

따라서 (3-33)에 의해 다음 결과가 얻어집니다.

$$S = \int_a^b x^2 \, dx = \frac{1}{3} \left(b^3 - a^3\right) \tag{3-34}$$

이 예에서도 알 수 있듯이 일반적으로 구분구적법에 의한 정의에 따라 정적분을 계산하려면 많은 노력이 필요합니다. 다음 절에서는 원시함수를 이용해 더 간단하게 정적분을 계산하는 방법을 설명합니다.

3.2.2 도함수와 적분의 관계

앞 절에서는 (3-34)를 계산할 때 다음 관계를 도출한 후 x_0에 몇 개의 값($x_0 = a$, $x_0 = b$)을 대입했습니다.

$$\int_0^{x_0} x^2 \, dx = \frac{1}{3} x_0^3$$

이는 위 식을 x_0의 함수로 간주하는 것과 같습니다. 일반적으로 함수 $f(x)$에 대한 정적분에서 상단을 변수로 간주해 얻어지는 다음 함수를 $f(x)$의 **부정적분**이라고 합니다 정의 9 .

$$F(x) = \int_a^x f(x) \, dx \tag{3-35}$$

함수 $f(x)$는 구간 $I = [a, b]$에서 적분가능하고, $F(x)$의 정의역은 I에 일치하는 것으로 합니다. 엄밀하게 따지면 적분 구간의 상단을 표현하는 x와 피적분함수의 변수 x를 구별해 다음과 같이 나타내야 하지만, 관행적으로 (3-35)와 같이 표기하기도 합니다.

$$F(x) = \int_a^x f(x')\, dx'$$

그리고 이때 $F(x)$의 도함수는 $f(x)$에 일치함을 알 수 있습니다. 더 정확하게 말하면 $f(x)$가 구간 I에서 적분가능(즉, 구간 I를 유한개의 개구간으로 분할하고, 각각의 개구간에서 $f(x)$는 균등연속)이라면 $F(x)$는 구간 I의 연속함수고, I의 점 x_0에서 $f(x_0)$이 연속이라면 $x = x_0$에서 $F(x)$는 미분가능해 다음이 성립합니다.

$$F'(x_0) = f(x_0)$$

이는 어떤 점 x에서 함수 $f(x)$의 값이 x가 증가했을 때 부정적분 $F(x)$의 증가분(즉, $F(x)$의 미분계수 $F'(x)$)에 일치하는 것으로, 부정적분이 (점 x를 끝점으로 하는) 함수 $f(x)$ 그래프의 면적에 대응하는 것을 생각하면 자연히 이해할 수 있습니다.

예를 들어 다음에 정의된 헤비사이드함수의 예를 생각해봅시다.

$$f(x) = \begin{cases} 0 & (x \le 0) \\ 1 & (x > 0) \end{cases}$$

구간 $I = [-1, 1]$에 한정해 생각하면 이 구간에서 적분가능한 함수입니다. 여기서 $x = 0$은 불연속점임을 주의하세요(그림 3-14 왼쪽). 이 함수의 부정적분은 다음과 같이 계산할 수 있습니다(그림 3-14 오른쪽).

$$F(x) = \int_{-1}^x f(x)\, dx = \begin{cases} 0 & (x \le 0) \\ x & (x > 0) \end{cases}$$

정적분의 정의에 기반해 계산할 수도 있지만, 구간 $[-1, x]$에서 함수 $f(x)$의 면적으로 생각해도 자연스럽게 성립합니다. 이때 함수 $F(x)$는 $I = [-1, 1]$의 모든 점에서 연속이며, 점 $x = 0$을 제외하고 $F'(x) = f(x)$가 성립하는 것을 알 수 있습니다. 점 $x = 0$에서는 $F(x)$의 우미분계수($x \to +0$의 극한에서 계산된 미분계수)와 좌미분계수($x \to -0$의 극한에서 계산된 미분계수)가 일치하지 않고, $x = 0$에서의 미분계수 $F'(x)$가 정의되지 않는다는 점에 주의하세요. 그림 3-14의 오른쪽 그림에서도 알 수 있듯이 우미분계수는 1이고, 좌미분계수는 0입니다. 이것은 $x = 0$에서 $f(x)$가 불연속이기 때문입니다.

❤ 그림 3-14 헤비사이드함수의 정적분

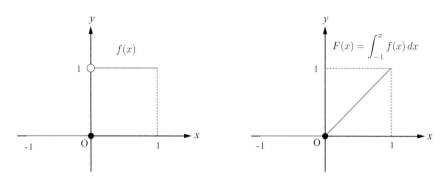

그럼 일반적으로 위 사실이 성립한다는 것을 증명하겠습니다. 우선 함수 $f(x)$는 구간 I에서 유계인 것을 보여주겠습니다. 앞서 말한 바와 같이 구간 I를 유한개의 개구간으로 분할해 각각의 개구간에서 $f(x)$는 균등연속임이 전제입니다. 이때 각각의 개구간에서 유계인 것을 증명하면 충분합니다. 개구간의 끝점은 유한개이므로 이 점들에서 $f(x)$의 값도 유계가 되기 때문입니다. 따라서 구간 I 전체에서 $f(x)$는 유계가 됩니다.

거기서 개구간 (p, q) 하나를 고려하고, 적당한 $\epsilon > 0$을 하나 선택합니다. 이 구간에서 $f(x)$가 균등연속이므로 어떤 $\delta > 0$이 존재해 다음이 성립합니다.

$$\forall x, x' \in (p, q); \; |x - x'| < \delta \Rightarrow |f(x) - f(x')| < \epsilon \tag{3-36}$$

특히 $x' = p + \delta$의 경우를 고려하면 다음에 의해

$$|x - x'| < \delta \; \Leftrightarrow \; x' - \delta < x < x' + \delta \; \Leftrightarrow \; p < x < p + 2\delta$$

아래 관계가 성립합니다.

$$x \in (p, p + 2\delta) \Rightarrow |f(x) - f(p + \delta)| < \epsilon$$

이것은 개구간 $(p, p + 2\delta)$에서 $f(x)$의 값은 $f(p + \delta) \pm \epsilon$ 범위에 들어가고, 이 개구간에서 $f(x)$는 유계임을 의미합니다.[7] 거기서 개구간 (p, q)를 폭이 2δ인 유한개의 개구간으로 덮으면 같은 논의를 거쳐 각각의 개구간에서 $f(x)$는 유계라고 말할 수 있습니다. 이것으로 개구간 (p, q) 전체에서 $f(x)$는 유계라고 말할 수 있습니다(그림 3-15).

▼ 그림 3-15 유한개의 폐구간에 중복된 모양

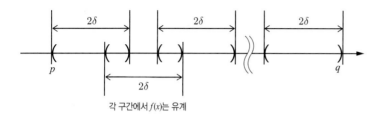

각 구간에서 $f(x)$는 유계

더욱이 마지막 결론을 도출하는 부분에서는 개구간 (p, q)를 폭이 2δ인 유한개의 개구간으로 덮을 수 있다는 점이 중요한 포인트입니다. 예를 들면 폭이 2δ인 개구간을 서로 δ의 폭만큼 중첩하는 형태로 늘어놓으면 개구간을 하나 놓을 때마다 δ씩 덮는 영역이 증가하므로 적어도 $\dfrac{q - p}{\delta}$보다 큰 개수로 덮을 수 있다는 것을 알 수 있습니다. 만약 무한개의 개구간을 이용하지 않고는 모든 것을 덮을 수 없다고 하면 각각의 개구간에서는 유계라도 전체로는 유계가 아닐 가능성이 있습니다.[8] 예를 들어 무한개의 개구간 수열을 $I_i (i = 1, 2, \cdots)$라 하고, 구간 I_i에서 $f(x)$의 상한이 i라고 합시다. 이 경우 각각의 구간에서는 $f(x) \leq i$가 성립하므로 명확하게 유계지만, 무한개의 구간 모두를 고려하면 $f(x)$의 값은 얼마든지 커지므로 전체가 유계라고 말할 수는 없습니다. 지금까지 여러 번 강조했듯이 유한집합에서는 명확하게 성립하는 특성이 무한집합에서는 성립하지 않을 수 있으므로 주의해야 합니다.

다음으로 $f(x)$가 구간 I에서 유계라는 사실을 이용해 부정적분 $F(x)$가 연속함수가 됨을 보여줍니다. 우선 $C = \sup\limits_{x \in I} |f(x)|$로 하면 임의의 $x \in I$에 대해 $|f(x)| \leq C$가 성립합니다. 한편 $x_0 \in I$를 한 개 고정해 생각했을 때 (3-32)는 임의의 $x \in I$에 대해 다음이 성립합니다.

$$F(x) - F(x_0) = \int_a^x f(x)\, dx - \int_a^{x_0} f(x)\, dx = \int_{x_0}^x f(x)\, dx$$

---

7    $\delta \geq q - p$의 경우 $x' = p + \delta \in (p, q)$를 취할 수 없지만, 이 경우에는 임의의 $x' \in (p, q)$를 고정하면 $x' - \delta < x < x' + \delta$의 범위는 구간 (p, q) 전체를 덮으므로, 이 구간 내에서 $f(x)$가 유계라고 즉시 말할 수 있습니다.

8   **역주** 즉, 만약 유한개의 개구간으로 덮을 수 없다면 모순이 생긴다는 논리입니다.

따라서 정적분의 삼각부등식 (3-31)을 이용해 $x > x_0$인 경우 다음 관계가 성립합니다.

$$|F(x) - F(x_0)| = \left| \int_{x_0}^{x} f(x)\,dx \right| \leq \int_{x_0}^{x} |f(x)|\,dx \leq \int_{x_0}^{x} C\,dx = C(x - x_0)$$

$x < x_0$인 경우는 다음과 같습니다.

$$|F(x) - F(x_0)| = \left| \int_{x}^{x_0} f(x)\,dx \right| \leq \int_{x}^{x_0} |f(x)|\,dx \leq \int_{x}^{x_0} C\,dx = C(x_0 - x)$$

이를 합쳐보면 다음과 같이 표현할 수 있습니다.

$$|F(x) - F(x_0)| \leq C|x_0 - x|$$

따라서 임의의 $\epsilon > 0$에 대해 $\delta = \dfrac{\epsilon}{2C}$으로 취하면 다음이 성립하고

$$|x - x_0| < \delta \Rightarrow |F(x) - F(x_0)| \leq \frac{\epsilon}{2} < \epsilon$$

$F(x)$는 $x = x_0$에서 연속이 됩니다.

다음으로 $x = x_0$에서 $f(x_0)$이 연속이라면 $F'(x_0) = f(x_0)$이 성립하는 것을 증명합니다. 여기에는 (3-10) 직후에 살펴본 다음 식을 만족하는 상수 α가 존재하는 경우

$$f(x) = f(x_0) + \alpha(x - x_0) + g(x), \quad \lim_{x \to x_0} \frac{g(x)}{x - x_0} = 0$$

이것은 반드시 미분계수 $f'(x_0)$에 일치한다는 사실을 이용합니다. 지금은 $F(x)$의 미분계수를 고려하므로

$$F(x) = F(x_0) + f(x_0)(x - x_0) + g(x)$$

그리고 다음과 같이 식을 고치고

$$g(x) = F(x) - F(x_0) - f(x_0)(x - x_0) \tag{3-37}$$

$g(x)$를 정의하는 경우 다음이 성립하면 됩니다.

$$\lim_{x \to x_0} \frac{g(x)}{x - x_0} = 0 \qquad (3\text{-}38)$$

우선 (3-37)을 변형하면 다음을 얻습니다.

$$\frac{g(x)}{x - x_0} = \frac{F(x) - F(x_0)}{x - x_0} - f(x_0) = \frac{1}{x - x_0} \int_{x_0}^{x} f(x)\,dx - f(x_0) \qquad (3\text{-}39)$$

여기서 $x > x_0$으로 하고 구간 $[x_0, x]$에서 $f(x)$의 상한과 하한을 M과 m으로 하면 임의의 $x \in [x_0, x]$에 대해 $m \le f(x) \le M$에 의해

$$m(x - x_0) \le \int_{x_0}^{x} f(x)\,dx \le M(x - x_0)$$

즉, (3-39)의 첫 번째 항에 대해 다음이 성립합니다.

$$m \le \frac{1}{x - x_0} \int_{x_0}^{x} f(x)\,dx \le M$$

$x < x_0$의 경우도 구분구적의 위아래를 대입하면 (정적분의 부호를 바꿔서) 같은 관계식이 성립합니다. 한편 (3-39)의 두 번째 항에 대해서는 $m \le f(x_0) \le M$이 성립합니다. 즉, (3-39)의 첫 번째 항과 두 번째 항은 모두 구간 $[m, M]$에 존재하므로 이들의 차이는 $M - m$ 이하고, 다음이 성립합니다.

$$\left| \frac{g(x)}{x - x_0} \right| \le M - m \qquad (3\text{-}40)$$

한편 $f(x)$는 $x = x_0$에서 연속이라는 점을 고려하면 임의의 $\epsilon > 0$에 대해 어떤 $\delta > 0$을 이용할 경우 다음이 성립합니다.

$$|x - x_0| < \delta \Rightarrow |f(x) - f(x_0)| < \epsilon$$

다시 말해 $|x - x_0| < \delta$라면 구간 $[x_0, x](x > x_0$의 경우) 또는 $[x, x_0](x < x_0$의 경우)에서 $f(x)$ 값의 변화는 ϵ 미만이므로 $M - m < \epsilon$이 성립합니다. 따라서 (3-40)에 의해 다음을 얻게 됩니다.

$$|x - x_0| < \delta \Rightarrow \left| \frac{g(x)}{x - x_0} \right| < \epsilon$$

이로써 (3-38)이 증명됩니다.

지금까지의 내용을 통해 함수 $f(x)$의 부정적분은 $f(x)$의 연속점에서 미분하면 $f(x)$로 되돌아가는 것을 알 수 있습니다. 일반적으로 구간 I에서 정의된 함수 $f(x)$에 대해 $\forall x \in I;\ F'(x) = f(x)$를 만족하는 함수 $F(x)$를 $f(x)$의 **원시함수**라고 합니다 정의 10 . 위의 결과에 의해 구간 I 전체에서 연속인 함수 $f(x)$에 대해서는 다음의 부정적분이 그 원시함수라고 할 수 있습니다.

$$F(x) = \int_a^x f(x)\, dx \tag{3-41}$$

이때 적분 구간의 하단 a는 구간 I의 임의의 점이라도 상관없습니다. a 값이 변하면 함수 $F(x)$의 값도 변하므로, 일반적으로 원시함수는 하나로 한정되지 않습니다. 여기서 $a = a_0$과 $a = a_1$이라는 두 경우를 비교하면 다음 관계가 성립합니다.

$$\int_{a_0}^x f(x)\, dx = \int_{a_1}^x f(x)\, dx + \int_{a_0}^{a_1} f(x)\, dx$$

마지막 항은 x에 의존하지 않는 상수이므로 이것을 C로 치환하면 다음과 같이 표현할 수 있습니다.

$$\int_{a_0}^x f(x)\, dx = \int_{a_1}^x f(x)\, dx + C$$

즉, 두 원시함수의 차이는 상수 C뿐입니다. 사실 I의 연속함수 $f(x)$에 대해 모든 원시함수는 (3-41)의 $F(x)$를 이용해 $F(x) + C(C$는 상수)로 쓸 수 있습니다. 실제 $F(x)$와 $G(x)$, 어느 것이라도 $f(x)$의 부정적분이라고 하면 구간 I의 임의의 점 x에 대해 다음이 성립합니다.

$$\{G(x) - F(x)\}' = G'(x) - F'(x) = 0$$

미분계수가 항등적으로 0이 되는 함수는 상수함수뿐이므로 $G(x) - F(x) = C$를 만족하는 상수 C가 존재하는 것이 됩니다. 이에 의해 $G(x) = F(x) + C$가 성립합니다. 또한, 미분계수, 즉 그래프의 기울기가 항등적으로 0이 되는 함수가 상수함수뿐인 것은 직감적으로 분명하지만, 엄밀하게는 이 절의 마지막에서 다시 증명하겠습니다.

지금까지의 논의를 통해 원시함수를 이용한 정적분의 계산 방법을 다음과 같이 모아서 정리할 수 있습니다. 우선 앞서 설명한 바와 같이 적당한 a_0을 하나 결정하면 부정적분 $\int_{a_0}^{x} f(x)\,dx$는 원시함수의 하나가 됩니다. 이외에 또 하나의 원시함수 $F(x)$가 있으면 다음이 성립합니다 정리 28 .

$$\int_{a_0}^{x} f(x)\,dx = F(x) + C$$

이때 구간 $[a, b]$에서의 정적분은 다음과 같이 계산됩니다.

$$\int_{a}^{b} f(x)\,dx = \int_{a_0}^{b} f(x)\,dx - \int_{a_0}^{a} f(x)\,dx$$
$$= \{F(b) + C\} - \{F(a) + C\} = F(b) - F(a)$$

즉, 함수 $f(x)$에 대한 원시함수 $F(x)$를 하나 발견해 놓으면 이를 이용해 임의의 구간에 대한 정적분을 계산할 수 있습니다. 예를 들어 3.1.2절에서 보여준 (3-18)을 떠올려보면 함수 $f(x) = x_n (n \in \mathbf{Z})$에 대해서는 $n = -1$을 빼고, $F(x) = \dfrac{1}{n+1} x^{n+1}$ 이 원시함수임을 알 수 있으므로 이를 이용해 정적분 $\int_{a}^{b} x^n\,dx\ (n \neq -1)$을 계산할 수 있습니다. $n = -1$인 경우에는 이 관계가 성립하지 않으므로 주의하세요.[9]

일반적으로 정적분의 계산에서는 두 점 a, b에서의 원시함수 값의 차이를 다음 기호로 표시합니다.

$$F(b) - F(a) = \left[F(x) \right]_{a}^{b}$$

---

9 4.1.3절(지수함수 · 대수함수의 도함수)에서 설명하는 바와 같이 $n = -1$인 경우, 즉 $f(x) = \frac{1}{x}$의 경우 부정적분은 $F(x) = \log_e |x|$로 주어집니다.

이 기호를 이용하면 다음이 성립합니다 정리 29.

$$\int_a^b f(x)\, dx = [F(x)]_a^b$$

예를 들어 3.2.1절(연속함수의 정적분)의 마지막에서 구한 (3-34)는 원시함수를 이용하면 이 기호를 사용해 다음과 같이 계산할 수 있습니다.

$$\int_a^b x^2\, dx = \left[\frac{1}{3}x^3\right]_a^b = \frac{1}{3}(b^3 - a^3)$$

또한, 자명한 것이지만 함수 $f(x)$는 도함수 $f'(x)$의 원시함수이므로 다음 관계가 성립합니다.

$$\int_a^b f'(x)\, dx = [f(x)]_a^b$$

여기서 특히 $f(x) = g(x)h(x)$인 경우를 고려하면 곱의 미분 공식으로부터 $f'(x) = g(x)'h(x) + g(x)h'(x)$가 되므로 다음을 얻습니다.

$$\int_a^b g'(x)h(x)\, dx + \int_a^b g(x)h'(x)\, dx = [g(x)h(x)]_a^b$$

이것을 변형한 다음 식이 이른바 **부분적분의 공식**입니다.

$$\int_a^b g(x)h'(x)\, dx = [g(x)h(x)]_a^b - \int_a^b g'(x)h(x)\, dx$$

이대로는 사용 방법을 잘 알 수 없지만, 다시 $f(x) = h'(x)$, $F(x) = h(x)$로 치환하면 다음과 같이 됩니다 정리 30.

$$\int_a^b f(x)g(x)\, dx = [F(x)g(x)]_a^b - \int_a^b F(x)g'(x)\, dx$$

이것은 두 함수의 곱을 미분할 때 이용합니다. 우변의 형태를 외울 때는 '적분, 그대로, 마이너스, 그대로, 미분'이라고 주문을 외우면 좋습니다.[10]

마지막으로 미분계수가 항등적으로 0이 되는 함수는 상수함수뿐임을 증명해봅시다. 이를 위한 준비로 최댓값 · 최솟값의 정리, 롤의 정리, 평균값의 정리를 먼저 살펴봅니다.

우선 **최댓값 · 최솟값의 정리**입니다. 이 절의 논의 과정에서 폐구간 I에서 연속인 함수 $f(x)$는 유계인 것을 보여줬습니다. 즉, 상한 $M = \sup\limits_{x \in I} f(x)$와 하한 $m = \inf\limits_{x \in I} f(x)$가 존재하고, $m \leq f(x) \leq M$이 성립합니다. 단순히 유계라고 말하는 경우 $f(x) = m$ 또는 $f(x) = M$이 되는 점 x가 존재하는지 존재하지 않는지 알 수 없지만, 실은 이들을 만족하는 점 x가 반드시 I의 가운데에 존재한다고 말할 수 있습니다 정리 21.

우선 상한의 정의인 '상계의 최솟값'을 돌이켜보면 임의의 $n \in \mathbf{N}$에 대해 $f(x) > M - \dfrac{1}{n}$을 만족하는 $x \in I$가 존재해야만 합니다. 만약 존재하지 않는다면 $M - \dfrac{1}{n}$은 집합 $\{f(x)|\ x \in I\}$의 상계에 속하는 것이 되므로 M이 이 집합의 상한, 즉 상계의 최솟값이라는 전제와 모순되기 때문입니다. 거기서 $n = 1,\ 2, \cdots$ 각각에 대해 $f(x) > M - \dfrac{1}{n}$을 만족하는 x 중 하나를 x_n으로 선택해 무한수열 $\{x_n\}_{n=1}^{\infty}$을 구성합니다. 각 x_n은 폐구간 I에 속하므로 이는 유계인 수열이 됩니다. 따라서 볼차노-바이어슈트라스 정리에 의해 이것으로부터 수렴하는 부분수열 $\{x_{n_k}\}_{k=1}^{\infty}$을 추출할 수 있습니다.

이 부분수열의 수렴값을 $c = \lim\limits_{k \to \infty} x_{n_k}$라 하면 $I = [a,\ b]$가 폐구간이므로 c는 I에 속하게 됩니다. 이는 귀류법으로 보여줄 수 있습니다. $c \notin I$로 가정하는 경우 $c < a$ 또는 $c > b$가 되지만, 예를 들어 $c < a$로 하는 경우 임의의 $\epsilon > 0$에 대해 충분히 큰 k를 취하면 $|c - x_{n_k}| < \epsilon$, 즉 $c - \epsilon < x_{n_k} < c + \epsilon$이 성립합니다. 여기서 $\epsilon = \dfrac{a-c}{2}$인 경우를 고려하면 그림 3-16에 의해 $x_{n_k} < c + \epsilon < a$가 되고, $x_{n_k} \in [a, b]$에 모순됩니다. $c > b$의 경우에도 같은 논의가 가능합니다. 여기서 $[a,\ b]$가 폐구간이라는 조건이 중요하다는 점에 주의하세요. 만약 개구간 $(a,\ b)$라면 예를 들어 $c = a \notin I$에 대해 위에 이야기한 논의를 적용시킬 수 없습니다.

---

10 "'마이너스'의 뒤에는 '그대로'가 아니라 '적분'인가요?"라는 질문이 나올지도 모릅니다. 하지만 실제로 계산할 때 마이너스 직후에는 최초에 계산한 부정적분 $F(x)$를 그대로 다시 한 번 복사해 쓰는 것이므로 저는 이와 같이 외웁니다.

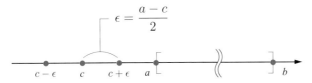

다음으로 $f(x)$가 I에서 연속이므로 $f(x)$는 $c \in I$인 경우에도 연속이고 다음이 성립합니다.

$$\lim_{k \to \infty} f(x_{n_k}) = f(c)$$

한편 여기서 수열 $\{x_n\}_{n=1}^{\infty}$의 정의를 떠올리면 다음이 성립하므로

$$M - \frac{1}{n_k} < f(x_{n_k}) \leq M$$

샌드위치 정리에 의해 $\lim_{k \to \infty} f(x_{n_k}) = M$이 성립합니다. 이로써 $f(c) = M$이고, I 중간에 최댓값 M을 실현하는 점 $x = c$가 존재함을 알 수 있습니다.

지금까지의 논의를 정리하면 폐구간 I에서 정의된 연속함수 $f(x)$는 구간 I 중에서 최댓값 M을 취하게 됩니다. 최솟값 m에 대해서도 같은 논의가 성립하고, 똑같이 $f(x)$는 구간 I 중에서 최솟값을 취합니다. 이것이 최댓값·최솟값의 정리입니다.

계속해서 **롤의 정리**를 증명합니다. 롤의 정리란 폐구간 $I = [a, b]$에서 연속이고, 개구간 (a, b)에서 미분가능한 함수 $f(x)$가 $f(a) = f(b)$를 만족하는 경우, $f'(c) = 0$이 되는 점 $c \in (a, b)$가 존재함을 말합니다 정리 22 . 그림 3-17에서 알 수 있듯이 직감적으로는 $f(x)$가 최대 또는 최소가 되는 점 c에서 $f'(x) = 0$이 될 수밖에 없습니다. 이것이 실제로 성립함을 증명하겠습니다.

▼ 그림 3-17 최대 또는 최소가 되는 점의 모양

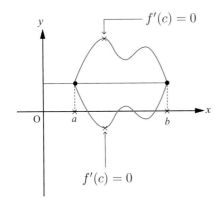

우선 $f(x)$가 상수함수인 경우에는 명확하게 모든 $x \in (a, b)$에서 $f'(x) = 0$이 되므로, 이외의 경우만 고려하면 충분합니다. 이 경우 구간의 끝점 이외의 곳에서 최댓값 M 또는 최솟값 m 중 어느쪽이라도 존재할 것입니다. 그 이유는 다음과 같습니다. 끝점 이외의 곳에서 최댓값도 최솟값도 존재하지 않는다는 것은 두 개의 끝점에 최댓값과 최솟값이 존재한다는 말인데, 이 경우에는 두 끝점이 같음을 전제로 하므로 $f(a) = f(b)$가 최댓값인 동시에 최솟값이 됩니다. 이 경우 모든 점 $x \in I$에서 $f(x) = f(a) = f(b)$가 되어 결국 $f(x)$는 상수함수가 됩니다.

여기서 예를 들어 $x = c(a < c < b)$에서 $f(x)$는 최댓값 M을 취한다고 가정합시다. 이때 임의의 $x \in I$에 대해 $f(c) - f(x) \geq 0$이 되므로

$$\lim_{x \to c-0} \frac{f(c) - f(x)}{c - x} \geq 0$$

위 관계나 아래 관계가 성립합니다.

$$\lim_{x \to c+0} \frac{f(c) - f(x)}{c - x} \leq 0$$

$f(x)$는 $x = c$에서 미분가능하므로 위의 극한 두 개는 일치해야 하고 다음을 얻게 됩니다.

$$f'(c) = \lim_{x \to c} \frac{f(c) - f(x)}{c - x} = 0$$

최댓값이 아니라 최솟값을 취하는 경우에도 같은 논의가 성립됩니다. 이것으로 롤의 정리가 증명되었습니다.

롤의 정리를 이용하면 **평균값의 정리**를 증명할 수 있습니다. 평균값의 정리는 폐구간 $I = [a, b]$에서 연속인 동시에 개구간 (a, b)에서 미분가능한 함수 $f(x)$에 대해 다음을 만족하는 점 $c \in (a, b)$가 존재한다는 것입니다 정리 23 .

$$f(b) - f(a) = f'(c)(b - a)$$

이것을 증명하기 위해 주어진 함수 $f(x)$에 대해 다음과 같은 새로운 함수를 고려해봅시다.

$$g(x) = f(x) - \frac{f(b) - f(a)}{b - a}(x - a)$$

위의 정의에 의해 $g(a) = g(b) = f(a)$가 성립하므로, $g(x)$에 대해 롤의 정리를 적용할 수 있으며 $g'(c) = 0$을 만족하는 $c \in I$가 존재합니다. 한편 $g(x)$의 도함수를 계산하면 다음과 같이 되므로

$$g'(x) = f'(x) - \frac{f(b) - f(a)}{b - a}$$

이에 의해 다음이 성립합니다.

$$g'(c) = f'(c) - \frac{f(b) - f(a)}{b - a} = 0$$

이것을 변환하면 다음 식을 얻을 수 있습니다.

$$f(b) - f(a) = f'(c)(b - a)$$

이것으로 평균값의 정리가 증명되었습니다.

마지막으로 폐구간 $I = [a, b]$에서 연속이고 개구간 (a, b)에서 항등적으로 $f'(x) = 0$이 되는 $f(x)$를 고려합니다. 이 함수의 정의역을 $[a, x](a \leq x \leq b)$에 제한해 평균값의 정리를 적용하면 다음 식을 얻을 수 있습니다.

$$f(x) - f(a) = 0$$

그러므로 $f(a) = C$로 놓으면 다음이 성립합니다.

$$f(x) = C$$

즉, $f(x)$는 구간 I에서 상수함수가 됩니다.

3.3 주요 정리 요약

여기서는 이 장에서 살펴본 주요 사실을 정리 또는 정의로 요약합니다.

정의 6 미분계수와 도함수

함수 $f(x)$가 $x = x_0$에서 다음 극한값을 가질 때 이를 $x = x_0$에서의 미분계수라 합니다.

$$\alpha = \lim_{x_1 \to x_0} \frac{f(x_1) - f(x_0)}{x_1 - x_0}$$

$x = x_0$에서 미분계수가 존재하는 경우, 함수 $f(x)$는 $x = x_0$에서 미분가능하다고 합니다. 또한, 미분계수를 나타내는 위치 x를 변수로 간주하는 다음 함수를 함수 $f(x)$의 도함수라고 부릅니다.

$$f'(x) = \lim_{x_1 \to x} \frac{f(x_1) - f(x)}{x_1 - x}$$

정리 13 1차 근사로서의 미분계수

함수 $f(x)$에 대해 다음을 만족하는 상수 α가 존재하는 경우

$$f(x) = f(x_0) + \alpha(x - x_0) + g(x), \quad \lim_{x \to x_0} \frac{g(x)}{x - x_0} = 0$$

$f(x)$는 $x = x_0$에서 미분가능하고, α는 $x = x_0$에서의 미분계수 $f'(x_0)$에 일치합니다.

정리 14 미분연산의 선형성

함수 $f(x)$와 $g(x)$가 $x = x_0$에서 미분가능할 때 a와 b를 상수로 하면 다음 관계가 성립합니다.

$$\{af(x) + bg(x)\}' = af'(x) + bg'(x)$$

정리 15 곱의 미분

함수 $f(x)$와 $g(x)$가 $x = x_0$에서 미분가능할 때 다음 관계가 성립합니다.

$$\{f(x)g(x)\}' = f'(x)g(x) + f(x)g'(x)$$

정리 16 합성함수의 미분

$f(x)$가 x에서 미분가능하고, $g(y)$가 $y = f(x)$에서 미분가능할 때 다음 관계가 성립합니다.

$$\{g(f(x))\}' = g'(f(x))f'(x)$$

정리 17 x^n의 미분

임의의 $n \in \mathbf{Z}$에 대해 다음이 성립합니다.

$$(x^n)' = nx^{n-1}$$

정리 18 샌드위치 정리

세 개의 무한수열 $\{a_n\}_{n=1}^{\infty}$, $\{b_n\}_{n=1}^{\infty}$, $\{c_n\}_{n=1}^{\infty}$은 임의의 $n \in \mathbf{N}$에 대해 다음을 만족한다고 합니다.

$$a_n \leq c_n \leq b_n$$

이때 아래와 같으면

$$\lim_{n \to \infty} a_n = \lim_{n \to \infty} b_n = a$$

다음이 성립합니다.

$$\lim_{n \to \infty} c_n = a$$

정리 19 유계인 단조수열의 수렴

상방으로 유계인 단조증가수열이나 하방으로 유계인 단조감소수열은 수렴합니다.

정리 20 볼차노-바이어슈트라스 정리

유계인 무한수열 $\{a_n\}_{n=1}^{\infty}$로부터 수렴하는 부분수열 $\{a_{n_k}\}_{k=1}^{\infty}$을 추출할 수 있습니다.

최댓값 · 최솟값의 정리

폐구간 I에서 정의된 연속함수 $f(x)$는 구간 I에서 최댓값 또는 최솟값을 취합니다.

정리 22 **롤의 정리**

폐구간 $I = [a, b]$에서 연속인 동시에 개구간 (a, b)에서 미분가능한 함수 $f(x)$가 $f(a) = f(b)$를 만족할 때 다음을 만족하는 점 $c \in (a, b)$가 존재합니다.

$$f'(c) = 0$$

정리 23 **평균값의 정리**

폐구간 $I = [a, b]$에서 연속인 동시에 개구간 (a, b)에서 미분가능한 함수 $f(x)$에 대해 다음을 만족하는 점 $c \in (a, b)$가 존재합니다.

$$f(b) - f(a) = f'(c)(b - a)$$

정의 7 **균등연속**

임의의 $\epsilon > 0$에 대해 충분히 작은 $\delta > 0$을 선택해 다음이 성립할 때 함수 $f(x)$는 I에서 균등연속이라고 합니다.

$$\forall x, x' \in I; \ |x - x'| < \delta \Rightarrow |f(x) - f(x')| < \epsilon$$

정리 24 **폐구간의 연속함수는 균등연속**

폐구간 I에서의 연속함수는 I에서 균등연속입니다.

정의 8 **리만 적분**[11]

폐구간 $I = [a, b]$에서 연속인 함수 $f(x)$가 있을 경우 I를 n개 구간으로 분할했을 때 각 구간의 끝점을 $\{x_i\}_{i=0}^{n}$ $(a = x_0 < x_1 < \cdots < x_n = b)$이라고 합니다. 각 구간의 대표점 $\{\xi_i\}_{i=1}^{n}$ $(x_{i-1} \leq \xi_i \leq x_i)$을 선택해 계산한 다음 합을 리만 합이라고 합니다.

---

11 본문에서는 등간격을 취한 구간의 간격을 이등분씩 줄인다는 전제로 설명했지만, 여기서는 구간의 간격을 취하는 방법에 한정하지 않고 일반적인 정의를 보여줍니다.

$$\sum_{i=1}^{n} f(\xi_i)(x_i - x_{i-1})$$

이때 임의의 $\epsilon > 0$에 대해 적당한 $\delta > 0$을 결정하면 구간 폭의 최댓값이 δ보다 작아지는(즉, $\max_{1 \le i \le n}(x_i - x_{i-1}) < \delta$가 성립하는) 임의의 분할에 대해 다음을 만족하는 S가 존재할 때

$$\left| \sum_{i=1}^{n} f(\xi_i)(x_i - x_{i-1}) - S \right| < \epsilon$$

이를 함수 $f(x)$의 구간 $I = [a, b]$에 대한 정적분(리만 적분)이라 부르고, 다음 기호로 표시합니다.

$$S = \int_a^b f(x)\,dx$$

또한, $a \ge b$의 경우에는 다음과 같이 정의합니다.

$$\int_a^a f(x)\,dx = 0, \;\; \int_a^b f(x)\,dx = -\int_b^a f(x)\,dx$$

정리 25 리만 적분의 존재

폐구간 $I = [a, b]$에서 정의된 함수 $f(x)$가 구간 I에서 연속이거나 개구간 (a, b)에서 균등연속이면 구간 I에서 정적분이 존재합니다.

구간 I를 유한개의 소구간으로 분할하고, 각각의 소구간에서 정적분이 존재하는 경우 각 소구간의 정적분의 합을 구간 I에서의 정적분으로 정의합니다.

정리 26 정적분의 삼각부등식

구간 $[a, b]$에서 미분가능한 함수 $f(x)$에 대해 다음이 성립합니다.

$$\left| \int_a^b f(x)\,dx \right| \le \int_a^b |f(x)|\,dx$$

정리 27 적분 구간의 합성

함수 $f(x)$의 정적분에 대해 다음이 성립합니다.

$$\int_a^b f(x)\,dx = \int_a^c f(x)\,dx + \int_c^b f(x)\,dx$$

단, 함수 $f(x)$는 각각의 적분 구간에서 적분가능하다고 합니다.

정의 9 부정적분

구간 I에서 적분가능한 함수 $f(x)$에 대해 적분 구간의 상단 $x \in I$를 변수로 간주하는 다음과 같은 정적분을 함수 $f(x)$의 부정적분이라고 합니다.

$$\int_a^x f(x)\,dx$$

여기서 a는 $a \in I$인 임의의 상수입니다.

정의 10 원시함수

구간 I에서 정의된 함수 $f(x)$에 대해 다음을 만족하는 함수 $F(x)$를 $f(x)$의 원시함수라고 합니다.

$$\forall x \in I;\, F'(x) = f(x)$$

정리 28 원시함수와 부정적분의 관계

구간 I에서 연속인 함수 $f(x)$의 모든 원시함수 $F(x)$는 정적분을 이용해 다음과 같은 형태로 표현할 수 있습니다.

$$F(x) = \int_a^x f(x)\,dx + C$$

여기서 $a \in I$고, C는 임의의 상수입니다.

정리 29 **원시함수를 이용한 정적분의 계산**

구간 $I = [a, b]$에서 적분가능한 함수 $f(x)$의 원시함수 하나를 $F(x)$로 할 때 다음이 성립합니다.

$$\int_a^b f(x)\,dx = \left[F(x)\right]_a^b = F(b) - F(a)$$

정리 30 **부분적분**

$g(x)$를 구간 $I = [a, b]$에서 미분가능한 함수, 마찬가지로 $f(x)$를 I에서 적분가능한 함수라 하고, I에서의 $f(x)$ 원시함수 하나를 $F(x)$라 하면 다음이 성립합니다.

$$\int_a^b f(x)g(x)\,dx = \left[F(x)g(x)\right]_a^b - \int_a^b F(x)g'(x)\,dx$$

3.4 연습 문제

문제 1 $f(x) = \sqrt{x}$의 도함수가 $f'(x) = \dfrac{1}{2\sqrt{x}}$이 되는 것을 증명하세요.

문제 2 $f(x) = \dfrac{1}{\sqrt{1 + x^2}}$의 도함수를 계산하세요.

문제 3 $f(x) = \dfrac{1 - x^2}{1 + x^2}$의 도함수를 계산하세요.

문제 4 함수 $f(x)$가 $x = x_0$에서 미분가능할 때 $f(x)$는 $x = x_0$에서 연속이라는 것을 증명하세요.

문제 5 **치환적분**

$f(x)$는 구간 I에서 연속인 함수라 하고, $g(t)$는 구간 J에서 도함수 $g'(t)$가 연속이 되는 함수라 합니다. 또한, 변수 t가 $[a,\ b] \subset J$의 범위를 움직일 때 $g(t)$는 구간 I의 내부에서 움직이고, 즉 다음이 성립한다고 합니다.

$$\{g(t) \mid a \le t \le b\} \subset I$$

이때 다음 관계가 성립함을 증명하세요.

$$\int_{g(a)}^{g(b)} f(x)\, dx = \int_{a}^{b} f(g(t))g'(t)\, dt$$

힌트 $F(x)$를 $f(x)$의 원시함수라고 할 때, **정리 16** (합성함수의 미분)에 의해 다음이 성립합니다.

$$\{F(g(t))\}' = F'(g(t))g'(t) = f(g(t))g'(t)$$

문제 6 문제 5의 결과를 이용해 다음 정적분의 값을 구하세요.

$$\int_{0}^{1} x\sqrt{x + 1}\, dx$$

문제 7 $f(x)$는 구간 $I = [a, \ b]$에서 연속인 함수라고 합니다. 이때 다음을 만족하는 $c \in I$가 존재함을 증명하세요.

$$\frac{1}{b-a} \int_a^b f(x)\, dx = f(c)$$

힌트   **정리 21** (최댓값 · 최솟값의 정리)에 의해 $f(x)$는 구간 I 중에서 최댓값 M과 최솟값 m을 취하면 임의의 $x \in I$에 대해 $m \leq f(x) \leq M$이 성립합니다. 또한, $f(x_0) = m$, $f(x_1) = M$ $(x_0, x_1 \in I)$이라고 할 때, 2.3절의 **정리 10** (중간값의 정리)에 의해 $m \leq k \leq M$을 만족하는 임의의 k에 대해 $f(c) = k$가 되는 c가 x_0과 x_1 사이에 존재합니다.

4^장

초등함수

이 장에서는 해석학에서 취급하는 함수 중에서도 특히 기본이 되는 지수함수, 로그함수, 삼각함수를 엄밀하게 정의한 후에 각각의 도함수를 도출합니다.

4.1 지수함수 · 로그함수

4.1.1 지수함수의 정의

지수함수는 임의의 양의 상수 a에 대해 $y = a^x$로 주어집니다. x가 자연수 n인 경우 다음 관계를 이용하면

$$(-1)^n = \begin{cases} 1 & (n\text{이 짝수}) \\ -1 & (n\text{이 홀수}) \end{cases}$$

a가 음수인 경우에도 a^x를 고려할 수 있지만, 이 경우 자연수 이외의 x에 대해서는 잘 계산되지 않습니다. 그래서 실수 전체를 정의역으로 하는 지수함수를 고려할 때는 $a > 0$의 경우로 논의를 한정합니다. 단, 지금 시점에서는 일반적인 실수 x에 대해 이것이 어떻게 계산되는지 아직 명확하지 않습니다. 여기서는 지수함수의 기본 성질과 연속성을 만족하도록 일반적인 실수 x에 대해 a^x를 정의하는 방법을 알아봅니다.

우선 x가 자연수 $n = 1, 2, \cdots$인 경우로 한정하면 a^n의 의미는 a를 n번 곱한 것으로 자연스럽게 결정됩니다.

$$a^n = \underbrace{a \times a \times \cdots \times a}_{n\text{개}}$$

또한, 이때 임의의 $n, m \in \mathbf{N}$에 대해 다음 성질이 자명하게 성립합니다.

$$a^{n+m} = a^n \times a^m \tag{4-1}$$

$$(a^n)^m = a^{nm} \tag{4-2}$$

이는 지수함수의 기본 특성이며, x가 자연수 이외인 경우에도 이 특성이 성립하도록 확장해가겠습니다. 우선 x가 0 또는 음의 상수인 경우 (4-1)을 만족하려면 다음과 같이 정의해야 합니다.

$$a^0 = 1, \ a^{-n} = \frac{1}{a^n} \ (n = 1, 2, \cdots) \tag{4-3}$$

x가 자연수의 역수인 경우 (4-2)에 의해 다음이 성립해야 합니다.

$$\left(a^{\frac{1}{n}} \right)^n = a^1 = a$$

일반적으로 n제곱을 할 때 a가 되는 값을 a의 n제곱근이라고 부르며, n이 홀수인 경우에는 대응하는 양수 값이 하나뿐입니다. 이를 $\sqrt[n]{a}$라는 기호로 표시합니다. n이 짝수인 경우 양의 n제곱근은 $\sqrt[n]{a}$로 $-\sqrt[n]{a}$도 똑같이 n제곱근이 됩니다. 여기서는 양의 n제곱근을 사용해 다음과 같이 정의해둡니다.[1]

$$a^{\frac{1}{n}} = \sqrt[n]{a} \tag{4-4}$$

(4-2), (4-3), (4-4)를 사용하면

$$a^{\frac{m}{n}} = \left(\sqrt[n]{a} \right)^m$$
$$a^{-\frac{m}{n}} = \frac{1}{\left(\sqrt[n]{a} \right)^m} \tag{4-5}$$

일반적으로 위와 같이 되는 셈이므로, 여기까지의 단계로 유리수 $r \in \mathbf{Q}$에 대한 지수 a^r이 정의됩니다. 이 정의로부터 역으로 p, q를 임의의 유리수로 하는 경우 다음이 성립하는 것을 확인할 수 있습니다.

$$a^{p+q} = a^p \times a^q$$
$$(a^p)^q = a^{pq}$$

---

1 여기서 음의 값을 사용하면 이후에 지수함수를 연속함수로서 확장할 수 없습니다. 구체적으로는 a^r가 단조증가 또는 단조감소라는 조건을 이용할 수 없게 됩니다.

일례로 n_1, m_1, n_2, m_2를 자연수라고 하면 다음과 같은 계산이 성립합니다.

$$
\begin{aligned}
a^{\frac{m_1}{n_1}+\frac{m_2}{n_2}} &= a^{\frac{n_2 m_1 + n_1 m_2}{n_1 n_2}} \\
&= \left\{ \sqrt[(n_1 n_2)]{a} \right\}^{n_2 m_1 + n_1 m_2} \\
&= \left\{ \sqrt[(n_1 n_2)]{a}^{n_2} \right\}^{m_1} \times \left\{ \sqrt[(n_1 n_2)]{a}^{n_1} \right\}^{m_2} \\
&= \left(a^{\frac{n_2}{n_1 n_2}} \right)^{m_1} \times \left(a^{\frac{n_1}{n_1 n_2}} \right)^{m_2} \\
&= \left(\sqrt[n_1]{a} \right)^{m_1} \times \left(\sqrt[n_2]{a} \right)^{m_2} \\
&= a^{\frac{m_1}{n_1}} \times a^{\frac{m_2}{n_2}}
\end{aligned}
$$

장황하게 계산한 것처럼 보이지만, 첫째 행부터 둘째 행의 변환은 (4-5), 셋째 행으로 변환은 (4-1), (4-2), 넷째 행 이후의 변환은 (4-5)와 같이 지금까지 보여준 자연수 n, m에 대한 룰만 사용해 계산하고 있다는 점에 주의하세요.

또한, 그 외의 성질에 대해 $a > 1$이라면 단조증가, $0 < a < 1$이라면 단조감소인 함수인 것도 증명할 수 있습니다. 예를 들어 $a > 1$이라고 하면 임의의 양의 유리수 $r = \dfrac{n}{m} > 0$ $(n, m \in \mathbf{N})$에 대해 다음과 같이 되므로 $a^n > 1$에 의해 $a^r = \sqrt[m]{a^n} > 1$이 성립합니다.

$$
a^r = a^{\frac{n}{m}} = \sqrt[m]{a^n}
$$

$\sqrt[m]{a^n}$은 m번 곱했을 때 a^n이 되는 수지만, 1보다 작은 수를 m번 곱해도 1보다 커지지 않으므로 $\sqrt[m]{a^n} > 1$이라고 말할 수 있습니다. 따라서 임의의 $p > q$ $(p, q \in \mathbf{Q})$에 대해 $r = p - q > 0$에 의해

$$
\frac{a^p}{a^q} = a^{p-q} = a^r > 1
$$

즉, 다음이 성립하고

$$
a^p > a^q
$$

a^x는 단조증가라는 것을 알 수 있습니다. $0 < a < 1$의 경우 a를 $\dfrac{1}{a} > 1$로 치환해 같은 논의를 적용하면 $\dfrac{1}{a^x}$이 단조증가이므로 a^x는 단조감소라고 말할 수 있습니다.

그러면 x가 유리수 이외인 경우, 즉 무리수를 포함하는 일반적인 실수인 경우 어떻게 정의하면 좋을까요? 이는 지수함수가 실수 위에서 연속이라는 방침으로 정의할 수 있습니다. 1.2.2절(실수의 완비성)에서 설명한 바와 같이 유리수 사이에는 무수한 간격이 있으므로, 유리수의 값만을 그래프에 나타내는 경우 그래프에는 무수한 간격이 생깁니다. 그래서 그래프 전체가 연속으로 이어지도록 간격의 값을 결정하는 것이라고 볼 수 있습니다(그림 4-1). 이때 무리수를 포함하는 임의의 실수 x에 대해 다음 관계가 성립하는 것에 주목하세요.

$$x = \sup\{r \mid r \in \mathbf{Q}, r < x\}$$

직감적으로는 $r < x$의 범위 내에서 유리수 r을 가능한 한 크게 하는 극한이 x라고 할 수 있습니다. 그래서 $a > 1$에 대해서는 $r < x$의 범위 내에서 r을 가능한 한 크게 할 때 얻어지는 a^r의 극한을 a^x로 정합니다. 엄밀하게 수식으로 표현하면 다음과 같습니다.

$$a^x = \sup\{a^r \mid r \in \mathbf{Q}, r < x\} \tag{4-6}$$

r은 어디까지나 유리수의 범위를 움직이므로 x가 무리수인 경우에는 $r = x$가 될 수 없지만, 적어도 r이 x를 초과하지 않는 범위에서 가능한 한 크게 하는 극한을 생각할 수 있습니다. x가 유리수 r_0인 경우에도 위에서 정의한 a^x는 a^{r_0}에 일치한다는 점에 주의하세요.

▼ 그림 4-1 유리수의 간격을 메꾸는 연속함수의 구성

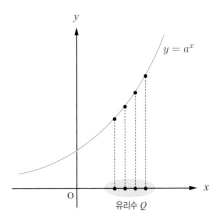

또한, 이 정의를 이용하면 실수 전체에서 a^x는 단조증가임이 보증됩니다. $x < y$일 때 1.3절의 정리 8 에 의해 $x < r < y$를 만족하는 유리수 r이 반드시 존재하므로 다음이 성립하기 때문입니다.

$$\sup\{a^r \mid r \in \mathbf{Q},\, r < x\} < \sup\{a^r \mid r \in \mathbf{Q},\, r < y\}$$

$0 < a < 1$의 경우에는 조금 장황하지만, 다음 식으로 변환해 $a' = \dfrac{1}{a} > 1$에 대해 (4-6)과 동일하게 a'^x를 정의한 후 $a^x = \dfrac{1}{a'^x}$로 바꿉니다.

$$a^x = a^{(-1) \times x \times (-1)} = \left\{ \left(\frac{1}{a} \right)^x \right\}^{-1} \tag{4-7}$$

이 경우 a'^x가 단조증가이므로 a^x는 단조감소인 함수가 됩니다. 또한, $a = 1$인 경우 임의의 $x \in \mathbf{R}$에 대해 $a^x = 1$로 정의합니다.

지금까지의 정의를 기반으로 다음과 같은 지수함수의 기본 성질이 임의의 실수 x, y에 대해 성립하는 것을 증명할 수 있지만, 이 점에 대해서는 논의를 생략합니다 정리 32 .

$$a^{x+y} = a^x a^y$$
$$(a^x)^y = a^{xy}$$

여기서는 위의 정리를 인정한 후에 $a > 1$에 대해 (4-6)에서 정의된 지수함수가 연속함수가 된다는 것을 확인합니다. 우선 임의의 실수 x에 대해 다음과 같이 되므로

$$\lim_{h \to 0} a^{x+h} = a^x \times \lim_{h \to 0} a^h$$

아래의 경우

$$\lim_{h \to 0} a^h = 1 \tag{4-8}$$

a^x는 점 x에서 연속입니다. 거기서 (4-8)을 귀류법으로 증명합니다. 만약 $\displaystyle\lim_{h \to 0} a^h \neq 1$이라면 0에 수렴하는 무한수열 $\left\{ \dfrac{1}{n} \right\}_{n=1}^{\infty}$ 에 대해서도 다음과 같이 됩니다.

$$\lim_{n \to \infty} a^{\frac{1}{n}} \neq 1$$

이때 a^x는 단조증가이므로 $\frac{1}{n} > 0$에 의해 $a^{\frac{1}{n}} > a^0 = 1$이라는 점에 주목하면 어떤 $\epsilon > 0$이 있어 얼마든지 큰 n에 대해서도 다음이 성립합니다.

$$a^{\frac{1}{n}} \geq 1 + \epsilon$$

이와 같은 $\epsilon > 0$이 존재하지 않는다면 임의의 $\epsilon > 0$에 대해 충분히 큰 n에서 $1 < a^{\frac{1}{n}} < 1 + \epsilon$ 이 되고, $\lim_{h \to 0} a^{\frac{1}{n}} = 1$이 성립하기 때문입니다. 그래서 위 식의 양변을 n제곱하면 다음과 같이 되지만

$$a \geq (1 + \epsilon)^n$$

우변을 이항 전개한 후 처음 두 항을 추출하면 다음을 얻을 수 있습니다.

$$(1 + \epsilon)^n > 1 + n\epsilon$$

위 식의 우변은 $n \to \infty$의 극한에서 무한대로 발산하므로 a가 유한값이라는 것에 모순됩니다. 이로써 a^x의 연속성이 증명됩니다. $0 < a < 1$인 경우 $\left(\frac{1}{a}\right)^x$가 연속이므로 (4-7)에 정의된 $a^x = \left\{ \left(\frac{1}{a}\right)^x \right\}^{-1}$도 연속이라고 할 수 있습니다

지수함수의 그래프는 일반적으로 그림 4-2와 같습니다.

❤ 그림 4-2 지수함수의 그래프

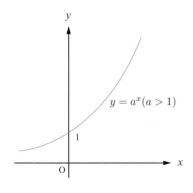
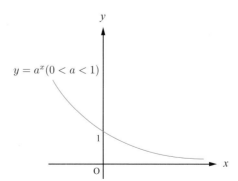

137

4.1.2 로그함수의 정의

앞 절에서 살펴본 바와 같이 지수함수 $y = a^x$는 실수 전체에 정의된 단조증가 또는 단조감소인 함수로 그 치역은 양의 실수 전체입니다. 따라서 임의의 $x > 0$에 대해 $x = a^y$를 만족하는 실수 y가 일의적으로 존재하고, 이 x로부터 y에 대응하는 것이 지수함수의 역함수가 됩니다. 이 역함수를 **a를 기저로 하는 로그함수**라고 부르며 다음과 같은 기호로 표시합니다 정의 11 .

$$y = \log_a x$$

일반적으로 함수 $f(x)$와 그 역함수 $f^{-1}(x)$는 $f(x)$의 정의역에 속하는 x에 대해

$$f^{-1} \circ f(x) = x$$

또는 $f^{-1}(x)$의 정의역에 속한 x에 대해

$$f \circ f^{-1}(x) = x$$

위와 같은 관계와 성립합니다. 따라서 a^x와 $\log_a x$ 사이에는

$$\log_a a^x = x \ (x \in \mathbf{R}) \tag{4-9}$$

위의 관계와 아래의 관계가 성립합니다.

$$a^{\log_a x} = x \ (x \in \mathbf{R}_+ \backslash \{0\})$$

$\log_a x$는 'a의 지수로 곱할 때 정확히 x가 되는 수'라고 생각하면 이해하기 쉬울 것입니다. 또한, 임의의 $a > 0$에 대해 $a^0 = 1$ 및 $a^1 = a$가 성립하므로 다음과 같이 되는 것을 알 수 있습니다.

$$\log_a 1 = 0$$
$$\log_a a = 1$$

각각 'a의 지수로 곱하면 1이 되는 수', 'a의 지수로 곱하면 a가 되는 수'라고 생각할 수 있습니다.

그래서 지수함수의 기본 성질에 대응해 다음 로그함수의 기본 성질이 성립합니다 정리 34 . (4-10)에서는 p, $q > 0$, (4-11)에서는 $p > 0$입니다.

$$\log_a pq = \log_a p + \log_a q \tag{4-10}$$
$$\log_a p^q = q \log_a p \tag{4-11}$$

우선 (4-10)에 대해서는 다음 계산을 생각합니다.

$$a^{\log_a p + \log_a q} = a^{\log_a p} \times a^{\log_a q} = pq$$

양변을 $\log_a x$에 대입하고 좌변에 (4-9)를 사용해 다음을 얻습니다.

$$\log_a a^{\log_a p + \log_a q} = \log_a p + \log_a q$$

한편 우변은 $\log_a pq$가 되므로, 여기서 (4-10)을 얻게 됩니다. 이어서 (4-11)에 대해서는 다음 계산을 생각합니다.

$$a^{q \log_a p} = \left(a^{\log_a p}\right)^q = p^q$$

양변을 $\log_a x$에 대입하고, 좌변에 (4-9)를 사용해 다음을 얻습니다.

$$\log_a a^{q \log_a p} = q \log_a p$$

한편 우변은 $\log_a p^q$가 되므로, 여기서 (4-11)을 얻게 됩니다.

마지막으로 로그함수의 인수와 기저를 바꿀 때 성립하는 재미있는 관계를 소개합니다. 여기서는 a, $b > 0$입니다.

$$\log_a b = \frac{1}{\log_b a} \tag{4-12}$$

이를 증명할 때는 로그의 정의로부터 얻을 수 있는 다음과 같은 자명한 관계를 이용합니다. 'a의 지수로 곱하면 b가 되는 수'를 실제로 a의 지수로 곱한다고 생각해봅시다.

$$a^{\log_a b} = b$$

양변에 $\log_a b$ 제곱근을 취하면 다음을 얻습니다.

$$a = \sqrt[\log_a b]{b} = b^{\frac{1}{\log_a b}}$$

$\dfrac{1}{\log_a b}$ 은 'b의 지수로 곱할 때 a가 되는 수', 즉 $\log_b a$임을 의미합니다. 여기서 $\log_a b$와 $\log_b a$는 서로 역수임을 보여줍니다. 로그함수의 그래프는 일반적으로 그림 4-3과 같습니다.

▼ 그림 4-3 지수함수의 그래프

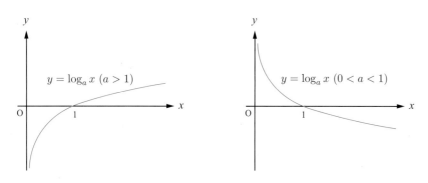

4.1.3 지수함수 · 로그함수의 도함수

여기서는 지수함수와 로그함수의 도함수를 계산합니다. 이때 유명한 네이피어 수 $e = 2.71282\cdots$ 가 등장합니다. 우선 강제로 정의를 해둡니다 정리 31 .

$$e = \lim_{x \to \infty} \left(1 + \frac{1}{x} \right)^x \tag{4-13}$$

우변의 함수가 $x \to \infty$의 극한에서 특정 값 e에 수렴한다는 것은 다음에 다시 증명하기로 합니다. 그러면 우선 지수함수 $f(x) = a^x$에 대해 일반적인 위치 x의 미분계수를 정의에 따라 계산해봅시다.

$$f'(x) = \lim_{h \to 0} \frac{a^{x+h} - a^x}{h} = a^x \times \lim_{h \to 0} \frac{a^h - 1}{h}$$

우변의 곱에 포함되어 있는 두 번째 식은 $x = 0$에서의 미분계수 $f'(0)$과 같습니다. 즉, 지수함수와 로그함수는 다음 관계를 만족하고

$$f'(x) = f(x)f'(0) \tag{4-14}$$

원점에서의 미분계수를 다음과 같이 계산할 수 있으면

$$f'(0) = \lim_{h \to 0} \frac{a^h - 1}{h} \tag{4-15}$$

임의의 위치 x에서의 미분계수, 즉 도함수 $f'(x)$를 결정할 수 있습니다. 여기서 $f'(0)$을 계산하기 위해 다소 인위적이지만 다음과 같은 변수 변환을 합니다.

$$s = \frac{1}{a^h - 1} \tag{4-16}$$

이것은 h에 대해 풀면

$$a^h = 1 + \frac{1}{s}$$

위 식에 의해 다음과 같이 되므로

$$h = \log_a \left(1 + \frac{1}{s} \right)$$

(4-15)의 극한을 취하기 이전의 함수에 대해 다음과 같이 바꿔 쓸 수 있습니다.

$$\frac{a^h - 1}{h} = \frac{1}{s \log_a \left(1 + \frac{1}{s} \right)} = \frac{1}{\log_a \left(1 + \frac{1}{s} \right)^s}$$

다음으로 $h \to 0$의 극한을 고려해야 되는데, $a > 1$인 경우 우선 $h \to +0$의 경우를 생각하면 $a^h \to 1 + 0$이 되므로 이때는 $s \to \infty$가 됩니다. 따라서 (4-14)를 이용해 다음을 얻습니다.

$$\lim_{h \to +0} \frac{a^h - 1}{h} = \lim_{s \to \infty} \frac{1}{\log_a \left(1 + \frac{1}{s} \right)^s} = \frac{1}{\log_a e}$$

마지막 변환에는 로그함수가 연속함수라는 것을 이용합니다. 한편 $h \to -0$의 경우 (4-15)의 극한을 취하기 이전의 함수에 대해 다음과 같이 변환합니다.

$$\frac{a^h - 1}{h} = \frac{a^h \left(1 - a^{-h}\right)}{h} = a^h \left(\frac{a^{-h} - 1}{-h}\right)$$

그러면 $h' = -h$로 변수 변환을 해서 다음과 같이 되고 이전과 동일한 결과가 얻어집니다.

$$\lim_{h \to -0} \frac{a^h - 1}{h} = \lim_{h \to -0} a^h \left(\frac{a^{-h} - 1}{-h}\right) = \lim_{h' \to +0} a^{-h'} \left(\frac{a^{h'} - 1}{h'}\right) = \frac{1}{\log_a e}$$

$0 < a < 1$인 경우에는 $h \to +0$과 $h \to -0$의 경우를 바꿔놓으면 역시 결과가 같습니다. 지금까지의 내용을 통해 다음을 얻을 수 있습니다.

$$f'(0) = \frac{1}{\log_a e} = \log_e a$$

위에서 마지막 변환에 (4-12)의 관계를 이용했습니다. 이 결과를 (4-14)에 적용하면 지수함수의 도함수 공식으로 다음 결과를 얻을 수 있습니다 정리 33 .

$$(a^x)' = a^x \log_e a$$

특히 $a = e$의 경우를 고려하면 $\log_e e = 1$에 의해 다음과 같은 유명한 결과를 얻을 수 있습니다.

$$(e^x)' = e^x$$

더구나 e^x에 대해 이를 $\exp x$라고 표시하기도 합니다. 이 표기법은 $\exp \left\{ -\frac{1}{2}(x-1)^2 \right\}$ 등과 같이 e의 지수로 복잡한 수식을 넣을 때 편리합니다.

다음으로 이 결과를 이용해 지수함수의 도함수를 계산합니다. 계산할 때는 역함수의 도함수를 구하는 기법을 이용합니다. 우선 일반적으로 함수 $f(x)$의 역함수를 $g(x)$라고 하면 $y = f(x)$에 대해 $x = g(y)$가 성립합니다. 이는 다음과 같이 써도 상관없습니다.

$$g(f(x)) = x$$

양변을 x로 미분하면 우변에 합성함수의 미분 공식을 적용해 다음을 얻을 수 있습니다.

$$g'(f(x))f'(x) = 1$$

$y = f(x)$, $x = g(y)$의 관계를 이용합니다. 이를 적용하면 다음 관계를 얻을 수 있습니다.

$$g'(y) = \frac{1}{f'(x)} = \frac{1}{f'(g(y))}$$

마지막으로 y를 x로 치환하면 역함수의 도함수를 구하는 공식을 다음 형태로 얻을 수 있습니다.

$$g'(x) = \frac{1}{f'(g(x))}$$

한편 지금의 경우 $g(x) = \log_a x$, $f(x) = a^x$, 즉 $f'(x) = a^x \log_e a$이므로, 이를 대입하면 다음 결과를 얻을 수 있습니다.

$$(\log_a x)' = \frac{1}{f'(\log_a x)} = \frac{1}{a^{\log_a x} \log_e a} = \frac{1}{x \log_e a}$$

즉, 지수함수의 도함수 공식은 다음 식으로 주어집니다 정리 35 .

$$(\log_a x)' = \frac{1}{x \log_e a}$$

특히 $a = e$의 경우 다음을 얻을 수 있습니다.

$$(\log_e x)' = \frac{1}{x} \tag{4-17}$$

이 마지막 결과를 보면 함수 $f(x) = \frac{1}{x}$의 원시함수는 $F(x) = \log_e x$로 주어진다고 말하고 싶어지지만, 이 점은 주의해야 합니다. 지수함수의 정의역 범위는 어디까지나 양의 실수이므로 (4-17)의 관계가 성립하는 것은 $x > 0$인 경우에 한합니다. 그러면 $x < 0$인 경우에 도함수가 $\frac{1}{x}$이 되는 함수가 존재할까요? 사실 $\log_e(-x)$로 주어질 수 있습니다. 실제 $-x$를 덩어리로 간주하고 합성함수의 미분공식을 적용하면 다음을 얻을 수 있습니다.

$$\{\log_e(-x)\}' = \frac{1}{-x} \times (-1) = \frac{1}{x}$$

따라서 $x > 0$과 $x < 0$ 양쪽의 경우를 정리하면 함수 $f(x) = \dfrac{1}{x}$의 원시함수는 다음 식으로 주어집니다.

$$F(x) = \log_e |x|$$

더욱이 기저로서 네이피어 수 e를 사용하는 로그함수를 **자연로그**(Natural Logarithm)라고 부르기도 합니다. 자연로그는 다음과 같이 기저를 생략하고 표기하기도 합니다.

$$y = \log x$$

또는 자연로그의 생략형으로 다음과 같이 표기하기도 합니다.

$$y = \ln x$$

ln은 'log natural'이라고 읽습니다.

여기서 (4-17)을 이용해 로그함수 $\log_e x$의 원시함수를 구해봅시다. 미분 공식으로부터 원시함수를 구한다고 하니 이상해 보일 수 있지만, 3.3절의 정리 30 에 있는 부분적분의 공식을 이용합니다. 구체적으로는 $\log_e x = 1 \times \log_e x$로 간주하고, 다음과 같이 계산합니다.

$$
\begin{aligned}
\int_c^x 1 \times \log_e x \, dx &= [x \log_e x]_c^x - \int_c^x x \times \frac{1}{x} \, dx \\
&= [x \log_e x]_c^x - [x]_c^x \\
&= x(\log_e x - 1) + C
\end{aligned}
$$

여기서 $C = c(1 - \log_e c)$는 x에 의존하지 않는 상수입니다. 이에 의해 $\log_e x$의 원시함수 중 하나는 다음 식으로 주어지는 것을 알 수 있습니다.

$$f(x) = x(\log_e x - 1) \tag{4-18}$$

마지막으로 (4-13)으로 정의된 네이피어 수가 실제로 존재한다는 것을 증명해봅니다. 조금 계산이 길어지므로, 먼저 증명의 흐름을 설명하겠습니다. 우선 x를 자연수로 한정한 경우를 생각합니다. 구체적으로는 다음의 무한수열을 고려하면 상방으로 유계인 단조증가 수열임을 증명할 수 있습니다.

$$a_n = \left(1 + \frac{1}{n}\right)^n \quad (n = 1, 2, \cdots)$$

(4-19)

따라서 3.3절의 정리 19 에 의해 이 수열은 어떤 값에 수렴합니다. 우선 이 값을 네이피어 수 e로 정의합니다. 다음으로 실숫값 $x > 1$을 인수로 하는 다음의 함수를 고려하면

$$f(x) = \left(1 + \frac{1}{x}\right)^x$$

n을 x를 넘지 않는 최대 상수로 해서 다음 부등식이 성립합니다.

$$\left(1 + \frac{1}{n+1}\right)^n < \left(1 + \frac{1}{x}\right)^x < \left(1 + \frac{1}{n}\right)^{n+1}$$

(4-20)

그리고 이 부등식 양변의 수열은 모두 e로 수렴한다는 것을 증명할 수 있습니다. 따라서 샌드위치 정리와 같은 논의를 사용해 $f(x)$도 e로 수렴하는 것을 보여줄 수 있습니다.

여전히 함수 $f(x)$에 대해 x가 자연수 n인 경우로 한정한 수열 $\{a_n = f(n)\}_{n=1}^{\infty}$이 수렴한다고 해도, 일반적으로는 $f(x)$ 자신도 같은 값으로 수렴한다고 할 수 없다는 점에 주의하세요. 예를 들어 $f(x) = \sin(\pi x)$라면 그림 4-4와 같이 자연수 n에 대해 $a_n = f(n) = 0$이 되므로 $\{a_n\}_{n=1}^{\infty}$은 명백하게 수렴하지만, $f(x)$ 자신의 값이 계속 진동하므로 $x \to \infty$에서 0에 수렴하는 것은 아닙니다.

❤ 그림 4-4 x가 자연수일 때 0이 되는 함수

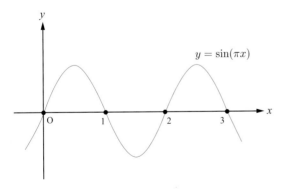

그러면 위의 흐름으로 증명을 진행해봅시다. 우선 (4-19)에서 정의된 무한수열 $\{a_n\}_{n=1}^{\infty}$이 단조 증가임을 확인하기 위해 다음과 같은 이항 전개의 공식을 이용해 a_n을 구체적으로 전개해봅시다.

$$(a+b)^n = \sum_{k=0}^{n} {}_nC_k a^k b^{n-k} = \sum_{k=0}^{n} \frac{n!}{k!(n-k)!} a^k b^{n-k}$$

여기서는 $a = \dfrac{1}{n}$, $b = 1$로 하고 위의 공식을 적용합니다.

$$a_n = \sum_{k=0}^{n} \frac{n!}{k!(n-k)!} \left(\frac{1}{n}\right)^k \tag{4-21}$$

이 합에서 k번째 항을 추출하면 다음과 같이 변형할 수 있습니다. 여기서는 알기 쉽게 표기하기 위해 $n \geq k \geq 3$이라고 가정합니다.

$$
\begin{aligned}
\frac{n!}{k!(n-k)!} \left(\frac{1}{n}\right)^k &= \frac{1}{k!} \frac{n(n-1)(n-2)\cdots 1}{(n-k)\{n-(k+1)\}\cdots 1} \frac{1}{n^k} \\
&= \frac{1}{k!} n(n-1)(n-2)\cdots\{n-(k-1)\} \frac{1}{n^k} \\
&= \frac{1}{k!} \frac{n}{n} \frac{n-1}{n} \frac{n-2}{n} \cdots \frac{n-(k-1)}{n} \\
&= \frac{1}{k!} \left(1-\frac{1}{n}\right)\left(1-\frac{2}{n}\right)\cdots\left(1-\frac{k-1}{n}\right)
\end{aligned}
\tag{4-22}
$$

마지막 수식을 보면 (4-22)에 포함된 각 인자는 n이 커짐에 따라 일반적으로 함께 커집니다. 즉, a_n의 k번째의 항과 a_n+1의 k번째 항을 비교하면 a_n+1 쪽이 더 큽니다. 더 나아가서 a_{n+1}은 a_n보다 마지막에 항(양의 값)이 하나 더 추가되므로 결과적으로 $a_{n+1} > a_n$이 성립합니다.

다음으로 수열 $\{a_n\}_{n=1}^{\infty}$이 상방으로 유계임을 보여줍니다. 우선 (4-22)의 각 인자에 대해 다음이 성립하므로

$$1 - \frac{1}{n} < 1, \ 1 - \frac{2}{n} < 1, \cdots, \ 1 - \frac{k-1}{n} < 1$$

아래 관계가 성립합니다.

$$\frac{n!}{k!(n-k)!} \left(\frac{1}{n}\right)^k < \frac{1}{k!}$$

더욱이 $2 \le k \le n$의 경우 다음이 성립합니다.

$$\frac{1}{k!} = \frac{1}{2 \times 3 \times \cdots \times k} < \underbrace{\frac{1}{2 \times 2 \times \cdots \times 2}}_{k-1 \text{개}} = \frac{1}{2^{k-1}}$$

즉, (4-21)의 합에서 $2 \le k \le n$의 항에 대해 다음과 같은 관계를 얻습니다.

$$\frac{n!}{k!(n-k)!} \left(\frac{1}{n}\right)^k < \frac{1}{2^{k-1}}$$

(4-21)의 합에서 $k = 0$과 $k = 1$ 항은 직접 계산에 의해 모두 1이 되므로 결국 다음 관계가 성립합니다.

$$a_n < 1 + 1 + \sum_{k=2}^{n} \frac{1}{2^{k-1}}$$

더 나아가 등비급수의 공식을 사용해 합을 계산하면 다음 관계를 얻게 됩니다.

$$1 + \sum_{k=2}^{n} \frac{1}{2^{k-1}} = 1 + \frac{1}{2} + \frac{1}{2^2} + \cdots + \frac{1}{2^{n-1}} = \frac{1 - \frac{1}{2^n}}{1 - \frac{1}{2}} < \frac{1}{1 - \frac{1}{2}} = 2$$

지금까지 살펴본 것에 따라 $n \ge 3$에 대해 다음이 성립합니다.

$$a_n < 3$$

따라서 $\{a_n\}_{n=1}^{\infty}$은 상방으로 유계고, 수렴값은 3 미만입니다.

다음으로 (4-20)을 증명합니다.

$$n \le x < n + 1 \tag{4-23}$$

우선 위 식의 역수를 취해 부등호의 방향을 바꾼 후 각 항에 1을 더하면 다음과 같습니다.

$$1 + \frac{1}{n} \ge 1 + \frac{1}{x} > 1 + \frac{1}{n+1}$$

각 항은 1보다 큰 값이므로, $p > 1$로서 p제곱을 하면 p의 값이 커지는 만큼 더욱 커집니다. 거기서 왼쪽부터 순차적으로 $n + 1$제곱, x제곱, n제곱을 하고, (4-23)을 고려하면 다음을 얻게 됩니다.

$$\left(1 + \frac{1}{n}\right)^{n+1} > \left(1 + \frac{1}{x}\right)^{x} > \left(1 + \frac{1}{n+1}\right)^{n}$$

이는 (4-20)과 동일한 관계입니다. 계속해서 위 식의 좌우 양측에 있는 항의 $n \to \infty$로의 극한이 e가 되는 것을 보여줍니다. 우선 왼쪽 항은 다음과 같이 계산됩니다.

$$\lim_{n\to\infty} \left(1 + \frac{1}{n}\right)^{n+1} = \lim_{n\to\infty} \left\{ \left(1 + \frac{1}{n}\right)^{n} \times \left(1 + \frac{1}{n}\right) \right\} = e \times 1 = e$$

오른쪽 항은 다음과 같습니다.

$$\lim_{n\to\infty} \left(1 + \frac{1}{n+1}\right)^{n} = \lim_{n\to\infty} \left\{ \left(1 + \frac{1}{n+1}\right)^{n+1} \times \frac{1}{1 + \frac{1}{n+1}} \right\} = e \times 1 = e$$

따라서 임의의 ϵ에 대해 충분히 큰 x를 취하면 x를 초과하는 최대의 상수 n도 충분히 커져 (4-20) 양측의 항은 e와의 거리가 ϵ 미만이 됩니다. 따라서 이런 식으로 좁혀간 $f(x)$는 e와의 거리가 2ϵ 미만이 됩니다. 즉, $x \to \infty$의 극한에서 $f(x)$는 수렴하는 것이 됩니다.

여기서 (4-13)에 의해 네이피어 수 e가 정의되는 것을 알 수 있습니다. 위의 증명 과정에서 이 값이 3 미만인 것도 보여줄 수 있지만, 더 구체적인 값을 계산하려면 또 다른 기법이 필요합니다. 예를 들면 5.2.4절에서 살펴볼 테일러 전개를 이용하면

$$e^{x} = 1 + \frac{1}{1!}x + \frac{1}{2!}x^2 + \frac{1}{3!}x^3 + \cdots$$

위와 같은 관계가 성립하므로 여기에 $x = 1$을 대입해 다음과 같은 무한급수전개를 할 수 있습니다.

$$e = 1 + \frac{1}{1!} + \frac{1}{2!} + \frac{1}{3!} + \cdots$$

이것을 임의의 항까지 모두 더함으로써 더 높은 정밀도로 e 값을 계산할 수 있습니다. 예를 들어 $\frac{1}{6!}$의 항까지 더하면 많이 알려진 2.718…이라는 값을 확인할 수 있습니다.

조금 전 증명의 마지막 부분에서는 무한수열에서의 샌드위치 정리 같은 기법을 함수의 극한에도 적용했습니다. 일반적으로는 점 x_0을 포함하는 구간에서 다음 관계를 만족하는 함수에 대해

$$f(x) \leq g(x) \leq h(x)$$

다음이 성립하는 것을 알 수 있습니다.

$$\lim_{x \to x_0} f(x) = \lim_{x \to x_0} h(x) = a \ \Rightarrow \ \lim_{x \to x_0} g(x) = a$$

이후에는 샌드위치 정리라고 하면 무한수열에 관한 것뿐 아니라, 여기서 보여준 함수의 극한에 관한 경우도 포함하는 것으로 생각합니다.

4.2 삼각함수

4.2.1 삼각함수의 정의

삼각함수를 정의하는 몇 가지 방법이 있지만, 여기서는 단위원의 원주를 이용해서 간단히 정의해봅시다. $(x,\ y)$ 평면의 원점 O를 중심으로 하는 반경 1의 원(단위원)을 그립니다(그림 4-5). 이때 단위원의 임의의 점 Q$(x,\ y)$에 대해 점 P$(1,\ 0)$에서 점 Q에 이르는 원주의 길이를 θ(세타)라 하고, 이것을 선분 OQ가 선분 OP에 대해 만든 **일반각**이라 부릅니다. 일상적으로 사용하는 각도의 경우 1회전이 360°지만, 일반각의 경우 1회전의 각도는 단위원의 원주 길이와 일치하므로 2π입니다. 그 외에 90°는 $\frac{\pi}{2}$, 180°는 π입니다.

이때 $0 \leq \theta < 2\pi$ 범위의 θ에 대응하는 점 Q의 좌표 $(x,\ y)$가 일의적으로 정의되므로, 이를 다음의 식으로 해서

$$x = \cos\theta$$
$$y = \sin\theta$$

코사인함수 $\cos\theta$와 사인함수 $\sin\theta$를 정의합니다.

▼ 그림 4-5 단위원을 이용한 삼각함수의 정의

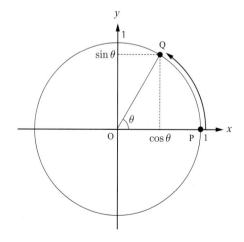

특히 $0 \leq \theta < \dfrac{\pi}{2}$의 경우로 한정하면, 그림 4-6과 같이 직각삼각형 ABC(빗변의 길이)에 대해 빗변의 길이가 1인 경우와의 닮음비로부터

$$c = b \cos \theta$$
$$a = b \sin \theta$$

즉, 다음이 성립하는 것도 즉시 알 수 있습니다.

$$\cos \theta = \frac{c}{b}$$
$$\sin \theta = \frac{a}{b}$$

❤ 그림 4-6 직각삼각형과 삼각함수의 관계

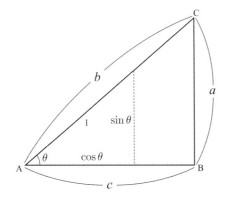

다음으로 $0 \leq \theta < 2\pi$ 이외의 범위의 θ에 대해서는 주기적으로 값을 확장합니다. 구체적으로는 임의의 θ에 대해 $\theta = \theta_0 + 2\pi n$ ($n \in \mathbf{Z}$, $0 \leq \theta_0 < 2\pi$)을 만족하는 θ_0이 일의적으로 결정되므로, 이를 이용해 $\cos \theta = \cos \theta_0$, $\sin \theta = \sin \theta_0$으로 정의합니다. 그림 4-5를 이용해 도형적으로 생각하면 지금까지의 정의로부터 다음 관계식이 자명하게 성립함을 알 수 있습니다.

$$\cos \theta = \cos(-\theta)$$
$$\sin \theta = -\sin(-\theta)$$
$$\cos 0 = 1, \ \cos \frac{\pi}{2} = 0, \ \cos \pi = -1$$
$$\sin 0 = 0, \ \sin \frac{\pi}{2} = 1, \ \sin \pi = 0$$

그리고 점 $(\cos\theta,\ \sin\theta)$는 단위원상의 점을 표시하므로, 원점으로부터의 거리가 1이 됩니다. 따라서 다음이 성립합니다.

$$\cos^2\theta + \sin^2\theta = 1 \tag{4-24}$$

여기서 $\cos^2\theta$와 $\sin^2\theta$는 각각 $(\cos\theta)^2$과 $(\sin\theta)^2$을 나타냅니다. 일반적으로 사인함수와 코사인함수의 그래프는 그림 4-7과 같습니다.

▼ 그림 4-7 사인함수와 코사인함수의 그래프

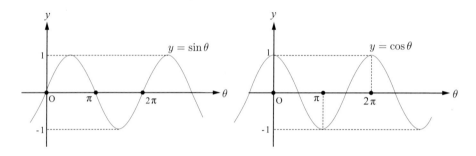

다음으로 이 함수들의 도함수를 구할 때 필요한 것이 **삼각함수의 가법정리**입니다. 앞에서 삼각함수를 도형적으로 정의하고 있으므로 가법정리도 도형적으로 도출할 수 있습니다. 우선 준비 과정으로 **코사인정리**를 확인해봅시다. 그림 4-8의 삼각형 ABC에 대해 정점 A의 각도를 θ라 하고 정점 C에서 밑변 AB에 내린 수직선이 만나는 점을 D라 하면 다음이 성립합니다.

$$\mathrm{CD} = b\sin\theta,\ \mathrm{BD} = c - b\cos\theta,\ \mathrm{BC} = a$$

이를 삼각형 BCD에 관한 피타고라스의 정리 $\mathrm{BC}^2 = \mathrm{CD}^2 + \mathrm{BD}^2$에 대입해 정리하면 (4-24)를 이용해 다음과 같은 사인정리를 얻을 수 있습니다.

$$a^2 = b^2 + c^2 - 2bc\cos\theta$$

이 논의는 θ가 예각 $0 < \theta < \dfrac{\pi}{2}$인 경우지만, 이외의 경우도 똑같이 증명할 수 있습니다.

▼ 그림 4-8 코사인정리의 증명

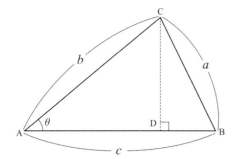

다음으로 그림 4-9와 같이 단위원상의 두 점 $P(\cos\theta_2, \sin\theta_2)$, $Q(\cos\theta_1, \sin\theta_1)$을 고려합니다. 여기서 삼각형 OPQ에 대해 코사인정리를 적용하면 OP = OQ = 1임을 고려해 다음을 얻습니다.

$$PQ^2 = 1 + 1 - 2\cos(\theta_1 - \theta_2)$$

한편 PQ의 길이를 좌표 성분으로부터 계산하면 다음과 같이 됩니다.

$$PQ^2 = (\cos\theta_1 - \cos\theta_2)^2 + (\sin\theta_1 - \sin\theta_2)^2 = 2 - 2(\sin\theta_1\sin\theta_2 + \cos\theta_1\cos\theta_2)$$

이들이 같다고 놓고, 정리하면 다음 관계를 얻을 수 있습니다.

$$\cos(\theta_1 - \theta_2) = \cos\theta_1\cos\theta_2 + \sin\theta_1\sin\theta_2 \tag{4-25}$$

▼ 그림 4-9 삼각함수 가법정리의 도출

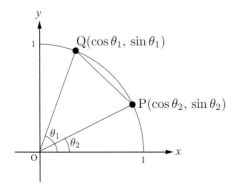

여기서 θ_2를 $-\theta_2$로 치환하면 $\cos(-\theta) = \cos\theta$, $\sin(-\theta) = -\sin\theta$를 이용해 다음을 얻을 수 있습니다.

$$\cos(\theta_1 + \theta_2) = \cos\theta_1 \cos\theta_2 - \sin\theta_1 \sin\theta_2$$

이것이 코사인함수에 대한 가법정리입니다 **정리 37**. 코사인정리를 이용해 도출할 수 있는 것은 $0 < \theta_1, \theta_2 < \pi$인 경우지만, $\cos(\theta - \pi) = -\cos\theta$, $\sin(\theta - \pi) = -\sin\theta$ 등의 관계를 이용하면 일반적인 경우에서도 같은 관계가 성립하는 것을 알 수 있습니다.

여기서 (4-25)에서 $\theta_1 = \dfrac{\pi}{2}$, $\theta_2 = \theta$인 경우를 고려하면 다음과 같은 관계를 얻을 수 있습니다.

$$\cos\left(\frac{\pi}{2} - \theta\right) = \sin\theta$$

더 나아가 이 식의 θ를 $\dfrac{\pi}{2} - \theta$로 치환하면 다음을 얻습니다.[2]

$$\sin\left(\frac{\pi}{2} - \theta\right) = \cos\theta$$

그래서 얻은 것들과 (4-25)를 이용해 다음과 같이 되고

$$
\begin{aligned}
\sin(\theta_1 + \theta_2) &= \cos\left\{\frac{\pi}{2} - (\theta_1 + \theta_2)\right\} \\
&= \cos\left\{\left(\frac{\pi}{2} - \theta_1\right) - \theta_2\right\} \\
&= \cos\left(\frac{\pi}{2} - \theta_1\right)\cos\theta_2 + \sin\left(\frac{\pi}{2} - \theta_1\right)\sin\theta_2 \\
&= \sin\theta_1 \cos\theta_2 + \cos\theta_1 \sin\theta_2
\end{aligned}
$$

다음과 같은 사인함수의 가법정리를 얻을 수 있습니다 **정리 37**.

$$\sin(\theta_1 + \theta_2) = \sin\theta_1 \cos\theta_2 + \cos\theta_1 \sin\theta_2$$

---

2 직각삼각형의 예각 중 하나를 θ라고 하면 또 하나의 예각은 $\dfrac{\pi}{2} - \theta$가 되는데, 이를 θ 각에 대한 여각(complementary angle)이라고 합니다. 보각 $\dfrac{\pi}{2} - \theta$에 대한 sin(사인)은 cos(코사인)이 됩니다.

마지막으로 하나 더, 삼각함수의 극한에 관한 공식을 도형적으로 도출합니다. 그림 4-10에서 점 A, B는 단위원의 원주상에 있다고 봅니다. 이때 세 도형의 면적을 살펴보면 다음 대소 관계가 성립합니다.

$$\text{삼각형 OAB} < \text{부채꼴 OAB} < \text{삼각형 OAC}$$

▼ 그림 4-10 삼각함수의 극한에 관한 공식의 도출

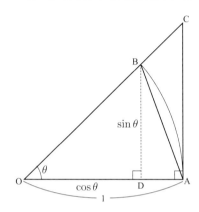

또한, 각각의 면적을 구체적으로 계산해보면 다음과 같습니다.

$$\text{삼각형 OAB} = \frac{1}{2} \times 1 \times \sin\theta = \frac{\sin\theta}{2}$$

$$\text{부채꼴 OAB} = \pi \times \frac{\theta}{2\pi} = \frac{\theta}{2}$$

$$\text{삼각형 OAC} = \frac{1}{2}\cos\theta\sin\theta \times \frac{1}{\cos^2\theta} = \frac{\sin\theta}{2\cos\theta}$$

부채꼴 OAB는 단위원 전체 면적이 π이므로, 이것에 1주기분의 각도 2π에 대한 중심각 θ의 비율을 적용합니다. 삼각형 OAC는 삼각형 ODB와 비례하므로 삼각형 ODB의 면적에 밑변의 길이의 비 $\frac{1}{\cos\theta}$의 2제곱을 해서 계산합니다.

지금까지의 계산에서 다음 관계가 성립합니다.

$$\sin\theta < \theta < \frac{\sin\theta}{\cos\theta}$$

위 식의 각 항을 $\sin\theta > 0$으로 나누고 역수를 취하면 다음을 얻습니다.

$$1 > \frac{\sin\theta}{\theta} > \cos\theta$$

지금은 그림 4-10에 기반해 $0 < \theta < \dfrac{\pi}{2}$의 범위에서 고려했으므로 $\theta \neq 0$인 점에 주의하세요. 여기서 $\theta \to +0$의 극한을 고려하면 $\lim\limits_{\theta \to +0} \cos\theta = 1$이 되므로 샌드위치 정리에 의해 다음이 성립합니다.

$$\lim_{\theta \to +0} \frac{\sin\theta}{\theta} = 1$$

지금까지의 계산은 $\theta > 0$, 즉 $\theta \to +0$의 경우에 한정했지만, $\theta \to -0$의 경우에도 똑같이 1에 수렴하는 것을 다음 계산으로부터 알 수 있습니다.

$$\lim_{\theta \to -0} \frac{\sin\theta}{\theta} = \lim_{\theta \to +0} \frac{\sin(-\theta)}{-\theta} = \lim_{\theta \to +0} \frac{\sin\theta}{\theta} = 1$$

이것으로 일반적으로 다음 관계가 성립함이 증명되었습니다.

$$\lim_{\theta \to 0} \frac{\sin\theta}{\theta} = 1$$

이것은 $\theta \to 0$의 극한에서 $\sin\theta$와 θ가 같은 속도로 0에 근접하는 것을 나타내고, 다음 항에서 나타난 바와 같이 $y = \sin\theta$와 $y = \theta$의 $\theta = 0$에서의 미분계수가 일치하는 것에 대응합니다.

한편 $\cos\theta$의 $\theta \to 0$에서의 극한에 관해 다음 관계가 성립합니다.

$$\lim_{\theta \to 0} \frac{\cos\theta - 1}{\theta} = 0$$

조금 기교를 부려서 이를 다음 계산으로 표현할 수 있습니다.

$$\frac{\cos\theta - 1}{\theta} = \frac{(\cos\theta - 1)(\cos\theta + 1)}{\theta(\cos\theta + 1)} = \frac{-\sin^2\theta}{\theta(\cos\theta + 1)} = \left(\frac{\sin\theta}{\theta}\right)^2 \frac{-\theta}{\cos\theta + 1} \to 0 \ (\theta \to 0)$$

4.2.2 삼각함수의 도함수

앞 절에서 표현한 관계를 이용하면 삼각함수의 도함수는 정의로부터 직접적으로 계산할 수 있습니다. 우선, 사인함수는 다음과 같습니다.

$$
\begin{aligned}
(\sin \theta)' &= \lim_{h \to 0} \frac{\sin(\theta + h) - \sin \theta}{h} \\
&= \lim_{h \to 0} \frac{\sin \theta \cos h + \cos \theta \sin h - \sin \theta}{h} \\
&= \sin \theta \times \lim_{h \to 0} \frac{\cos h - 1}{h} + \cos \theta \times \lim_{h \to 0} \frac{\sin h}{h} = \cos \theta
\end{aligned}
$$

따라서 다음이 성립합니다 정리 38 .

$$
(\sin \theta)' = \cos \theta
$$

특히 $\theta = 0$에서의 미분계수는 $\cos 0 = 1$이 되고, 함수 $y = \theta$의 미분계수와 일치합니다. 즉, 사인함수 $y = \sin\theta$의 원점에서의 접선은 $y = \theta$로 주어집니다.

한편 코사인함수는 다음과 같습니다.

$$
\begin{aligned}
(\cos \theta)' &= \lim_{h \to 0} \frac{\cos(\theta + h) - \cos \theta}{h} \\
&= \lim_{h \to 0} \frac{\cos \theta \cos h - \sin \theta \sin h - \cos \theta}{h} \\
&= \cos \theta \times \lim_{h \to 0} \frac{\cos h - 1}{h} - \sin \theta \times \lim_{h \to 0} \frac{\sin h}{h} = -\sin \theta
\end{aligned}
$$

따라서 다음이 성립합니다 정리 38 .

$$
(\cos \theta)' = -\sin \theta
$$

특히 $\theta = 0$에서의 미분계수는 $\sin 0 = 0$이 되므로, 코사인함수 $y = \cos\theta$의 원점에서의 접선 기울기가 됩니다.

4.2.3 탄젠트함수의 정의

이 절에서는 탄젠트함수 $\tan\theta$의 정의와 특성을 정리해 설명합니다. 탄젠트함수는 사인함수 $\sin\theta$ 와 코사인함수 $\cos\theta$를 이용해 다음과 같이 정의할 수 있습니다.

$$\tan\theta = \frac{\sin\theta}{\cos\theta}$$

분모가 0인 $\theta = \dfrac{\pi}{2} + n\pi \, (n \in \mathbf{Z})$에 대해서는 이 값을 정의할 수 없습니다.

가법정리는 정의에 따라 계산하면 사인함수와 코사인함수의 가법정리를 이용해 다음과 같이 됩니다.

$$\tan(\theta_1 + \theta_2) = \frac{\sin(\theta_1 + \theta_2)}{\cos(\theta_1 + \theta_2)} = \frac{\sin\theta_1 \cos\theta_2 + \cos\theta_1 \sin\theta_2}{\cos\theta_1 \cos\theta_2 - \sin\theta_1 \sin\theta_2}$$

위 식의 분자와 분모를 각각 $\cos\theta_1\cos\theta_2$로 나누면 다음 결과를 얻습니다.

$$\tan(\theta_1 + \theta_2) = \frac{\frac{\sin\theta_1}{\cos\theta_1} + \frac{\sin\theta_2}{\cos\theta_2}}{1 - \frac{\sin\theta_1}{\cos\theta_1}\frac{\sin\theta_2}{\cos\theta_2}} = \frac{\tan\theta_1 + \tan\theta_2}{1 - \tan\theta_1 \tan\theta_2}$$

따라서 탄젠트함수의 가법정리는 다음과 같습니다 정리 37 .

$$\tan(\theta_1 + \theta_2) = \frac{\tan\theta_1 + \tan\theta_2}{1 - \tan\theta_1 \tan\theta_2}$$

다음으로 도함수 $\tan'\theta$는 곱의 미분과 합성함수의 미분을 이용해 다음과 같이 계산됩니다.

$$(\tan\theta)' = \left(\frac{\sin\theta}{\cos\theta}\right)' = (\sin\theta)' \times \frac{1}{\cos\theta} + \sin\theta \times \left(\frac{1}{\cos\theta}\right)'$$

$$= 1 + \sin\theta \times \frac{\sin\theta}{\cos^2\theta} = \frac{\cos^2\theta + \sin^2\theta}{\cos^2\theta} = \frac{1}{\cos^2\theta}$$

따라서 탄젠트함수의 도함수는 다음과 같습니다 정리 38 .

$$(\tan\theta)' = \frac{1}{\cos^2\theta}$$

마지막으로 탄젠트함수의 그래프는 그림 4-11과 같습니다. 분모가 0이 되는 $\theta = \dfrac{\pi}{2} + n\pi\ (n \in \mathbf{Z})$ 에 대해서는 $\pm\infty$로 값이 발산하는 것을 알 수 있습니다.

▼ 그림 4-11 탄젠트함수의 그래프

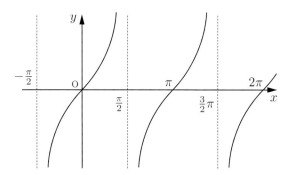

4.3 주요 정리 요약

여기서는 이 장에서 살펴본 주요한 사실을 정리 또는 정의로 요약합니다.

정리 31 네이피어 수의 존재

다음 극한이 존재할 때 그 값 e를 네이피어 수라 부릅니다.

$$e = \lim_{x \to \infty} \left(1 + \frac{1}{x} \right)^x$$

정리 32 지수함수의 기본 특성

a를 임의의 양의 실수로 할 때 임의의 $x, y \in \mathbf{R}$에 대해 다음이 성립합니다.

$$a^{x+y} = a^x a^y$$
$$(a^x)^y = a^{xy}$$

정리 33 지수함수의 도함수

a를 임의의 양의 실수로 할 때 지수함수 a^x의 도함수는 다음 식으로 주어집니다.

$$(a^x)' = a^x \log_e a$$

특히 $a = e$인 경우 다음이 성립합니다.

$$(e^x)' = e^x$$

정의 11 로그함수의 정의

지수함수 a^x의 역함수를 $\log_a x$로 표기하고, a를 기저로 하는 로그함수라 부릅니다. 특히 네이피어 수 e를 기저로 하는 로그 $\log_e x$를 자연로그라고 부릅니다. 로그함수의 정의역은 양의 실수 전체입니다.

정리 34 **로그함수의 기본 특성**

a를 임의의 양의 실수로 할 때 임의의 $x,\ y \in \mathbf{R}$에 대해 다음이 성립합니다.

$$\log_a xy = \log_a x + \log_a y$$

또한, 임의의 양의 실수 x와 임의의 실수 y에 대해 다음이 성립합니다.

$$\log_a x^y = y \log_a x$$

정리 35 **로그함수의 도함수**

a를 임의의 양의 실수로 할 때 로그함수 $\log_a x$의 도함수는 다음 식으로 주어집니다.

$$(\log_a x)' = \frac{1}{x \log_e a}$$

특히 자연로그에 대해서는 다음이 성립합니다.

$$(\log_e x)' = \frac{1}{x}$$

정리 36 **삼각함수의 기본 특성**

사인함수 $\sin\theta$와 코사인함수 $\cos\theta$에 대해 다음 관계가 성립합니다.

$$\cos^2 \theta + \sin^2 \theta = 1$$

$$\sin(-\theta) = -\sin\theta,\ \cos(-\theta) = \cos\theta$$

$$\sin\theta = \cos\left(\frac{\pi}{2} - \theta\right),\ \cos\theta = \sin\left(\frac{\pi}{2} - \theta\right)$$

$$\lim_{\theta \to 0} \frac{\sin\theta}{\theta} = 1,\ \lim_{\theta \to 0} \frac{\cos\theta - 1}{\theta} = 0$$

정리 37 **삼각함수의 가법정리**

삼각함수에 대해 다음 관계가 성립합니다.

$$\sin(\theta_1 + \theta_2) = \sin\theta_1 \cos\theta_2 + \cos\theta_1 \sin\theta_2$$
$$\cos(\theta_1 + \theta_2) = \cos\theta_1 \cos\theta_2 - \sin\theta_1 \sin\theta_2$$
$$\tan(\theta_1 + \theta_2) = \frac{\tan\theta_1 + \tan\theta_2}{1 - \tan\theta_1 \tan\theta_2}$$

정리 38 삼각함수의 도함수

삼각함수의 도함수는 각각 다음 식으로 주어집니다.

$$(\sin\theta)' = \cos\theta$$
$$(\cos\theta)' = -\sin\theta$$
$$(\tan\theta)' = \frac{1}{\cos^2\theta}$$

4.4 연습 문제

문제 1 임의의 자연수 n에 대해 x의 n제곱근 $\sqrt[n]{x}$의 도함수를 구하세요.

> **힌트** $f(x) = \sqrt[n]{x} = x^{\frac{1}{n}}$의 양변에 자연로그를 취하면 $\log_e f(x) = \dfrac{1}{n} \log_e x$가 됩니다. 이 양변을 x로 미분합니다.

문제 2 다음 함수의 도함수를 구하세요.

(1) $f(x) = \dfrac{1}{1 + \sin^3 2x}$

(2) $f(x) = \exp\left\{ -\dfrac{1}{2}\left(\dfrac{x-3}{5}\right)^2 \right\}$

(3) $f(x) = x^x$

> **힌트** (3)번은 양변에 자연로그를 취하고 나서 미분합니다.

문제 3 다음 정적분을 계산하세요.

(1) $\displaystyle\int_0^\pi x \sin 2x \, dx$

(2) $\displaystyle\int_0^\pi e^x \sin 2x \, dx$

(3) $\displaystyle\int_1^e x^3 \log_e x \, dx$

문제 4   다음에 정의된 함수는 **쌍곡선함수**라고 부릅니다.[3] 이에 대해 아래 질문에 답하세요.

$$\sinh x = \frac{e^x - e^{-x}}{2}$$

$$\cosh x = \frac{e^x + e^{-x}}{2}$$

$$\tanh x = \frac{\sinh x}{\cosh x}$$

(1) $\cosh^2 x - \sinh^2 x = 1$이 성립함을 증명하세요.

(2) 각각의 도함수를 다시 쌍곡선함수를 이용해 표현하세요.

(3) $\lim\limits_{x \to \infty} \tanh x$와 $\lim\limits_{x \to -\infty} \tanh x$를 구하세요.

---

3   각각 '하이퍼볼릭 사인', '하이퍼볼릭 코사인', '하이퍼볼릭 탄젠트'라고 읽습니다.

5^장

테일러 공식과
해석함수

이 장에서는 미분의 응용으로서 멱급수로 근사하는 테일러 공식을 도출합니다. 그에 대한 준비로서 특히 고급도함수와 무한소 해석을 설명합니다. 그리고 테일러 공식에 따른 전개를 무한히 계속하는 경우 원 함수에 정확하게 일치하는 해석함수의 특별한 개념을 소개합니다.

5.1 테일러 공식

5.1.1 연속미분가능함수

구간 I의 각 점 x에서 미분가능한 함수 $f(x)$에 대해 도함수 $f'(x)$가 다시 I에서 미분가능하려면 적어도 $f'(x)$는 I에서 연속이어야 합니다. 이와 같은 함수를 I에서 **연속미분가능** 또는 **C¹-급의 함수**라고 부릅니다. 또한 I에서 연속미분가능한 함수를 모두 합한 집합을 다음 기호로 나타냅니다.

$$C^1(I) = \{ f(x) \mid f(x) 는 I에서 연속미분가능 \}$$

1.1.1절(집합이란?)의 예에서 본 바와 같이 수학에서 집합은 어떠한 것들을 모아 놓은 것을 나타내지만, 여기서는 함수를 모아 놓은 집합을 생각한다는 점에 주의하세요. 또한, 여기서 말한 '연속미분가능'이란 미분한 결과가 연속함수라는 의미로, 몇 번이고 연속해서 미분가능하다는 의미는 아닙니다. 그래서 C¹-급의 함수 중에서도 특히 I의 각 점 x에서 $f'(x)$가 다시 미분가능한 경우 $f(x)$는 I에서 **두번미분가능**이라 말하고 $f'(x)$의 도함수, 즉 $f''(x)$를 함수 $f(x)$의 **이계도함수**로 호칭합니다.

여기서 더 나아가 I에서 두번미분가능한 함수 $f(x)$ 중에서도 이계도함수 $f''(x)$가 I의 연속함수인 경우 $f(x)$는 I에서 **두번연속미분가능**, 또는 **C²-급의 함수**라고 부릅니다. I에서 두번연속미분가능한 함수를 모아 놓은 집합을 다음 기호로 나타냅니다.

$$C^2(I) = \{ f(x) \mid f(x) 는 I에서 두번연속미분가능 \}$$

이 논의를 반복하면 일반적으로 I에서 m번미분가능한 함수에 대해 m계도함수 $f^{(m)}(x)$가 I에서 연속함수가 되는 것을 생각할 수 있습니다.[1] 이것을 I에서 **m번연속미분가능**한 함수 또는 **C^m-급의 함수**라 부르고, I에서 m번연속미분가능한 함수를 모아 놓은 집합을 다음 기호로 나타냅니다 정의 12 .

$$C^m(I) = \{\, f(x) \mid f(x) \text{는 } I \text{에서 m번연속미분가능} \,\}$$

편의상 I의 연속함수를 모아 놓은 집합을 $C^0(I)$라는 기호로 나타내면 다음과 같이 집합으로서의 포함 관계가 성립함을 알 수 있습니다.

$$C^0(I) \supset C^1(I) \supset C^2(I) \supset \cdots \supset C^m(I)$$

여기서 이러한 집합 전체의 교집합을 생각해봅시다.

$$C^\infty(I) = \bigcap_{m=0}^{\infty} C^m(I)$$

이는 임의의 m에 대해 $f(x) \in C^m(I)$가 되는 함수 $f(x)$를 모아 놓은 것이므로 I에서 몇 번이고 미분가능한 함수의 전체입니다. 엄밀하게는 몇 번이라도 미분할 수 있고 모든 도함수가 연속함수라는 의미지만, m계도함수가 연속이라는 것은 $m + 1$번미분가능이라는 것의 필요조건이 되므로, 연속성에 대해 명시적으로 언급하지 않아도 연속이라는 의미를 내포합니다. 이와 같은 함수를 I에서 **무한번미분가능**한 함수, 또는 **C$^\infty$-급의 함수**라고 부릅니다 정의 13 . 4장의 '초등함수'에서 소개한 지수함수와 삼각함수는 실수에서 무한미분가능한 함수로, 예를 들면 다음과 같은 관계가 성립합니다.

$$(e^x)^{(m)} = e^x \ (m = 1, 2, 3, \cdots) \tag{5-1}$$

$$(\sin x)^{(m)} = \begin{cases} \cos x & (m = 1, 5, 9, \cdots) \\ -\sin x & (m = 2, 6, 10, \cdots) \\ -\cos x & (m = 3, 7, 11, \cdots) \\ \sin x & (m = 4, 8, 12, \cdots) \end{cases} \tag{5-2}$$

---

1 (m)은 도함수의 기호 $'$를 m개 늘어놓은 것에 대응하는 기호입니다.

5.1.2 무한소 해석

3.1.1절(미분계수와 도함수)의 (3-8)에서는 $x_1 \to x_0$의 극한에서 0이 되는 두 함수 $g(x)$와 $h(x)$에 대해 다음이 성립할 때

$$\lim_{x_1 \to x_0} \frac{g(x_1)}{h(x_1)} = 0 \qquad (5-3)$$

$g(x)$는 $h(x)$보다도 빠르게 0에 접근한다고 생각할 수 있음을 설명했습니다. 이는 극한의 정의로부터 다음이 성립하고

$$\forall \epsilon > 0; \ \exists \delta > 0 \text{ s.t. } \forall x_1 \in \mathbf{R}; \ 0 < |x_1 - x_0| < \delta \Rightarrow |g(x_1)| < \epsilon |h(x_1)|$$

x_1이 충분히 x_0에 근접하면 $|g(x_1)|$은 $|h(x_1)|$보다도 얼마든지 작아진다는 것이었습니다. (5-3)을 만족하는 예로 $g(x) = x^2$과 $h(x) = x$를 고려하면 표 5-1과 같이 $x \to 0$에서의 값의 변화를 구체적으로 생각해도 좋을 것입니다.

❤ 표 5-1 무한소를 비교한 예

x	1.0	0.1	0.01	...
$g(x) = x^2$	1.0	0.01	0.0001	...
$h(x) = x$	1.0	0.1	0.01	...
$\dfrac{g(x)}{h(x)}$	1.0	0.1	0.01	...

일반적으로 $x \to x_0$의 극한에서 0이 되는 함수 $f(x)$는 $x \to x_0$에서 **무한소**라고 말합니다. 무한소 해석은 $x \to x_0$에서 무한소인 함수에 대해 이들이 0에 근접하는 속도를 체계적으로 비교하는 기법을 제공합니다. 또한, $x \to x_0 + 0$과 같이 우측에서 x_0에 근접하는 경우에 한정해 논의할 수도 있으며, 이 경우 $x \to x_0 + 0$에서 무한소인 함수들끼리의 관계를 고려하는 것이 됩니다. 또는 좌측에서 x_0에 근접하는 경우에 한정할 수도 있습니다. 여기서는 이야기를 단순하게 하기 위해 양측에서 x_0에 근접하는 경우에 한정해 이야기를 진행하지만, 그 외의 경우도 똑같은 논의를 적용할 수 있습니다.

우선 $f(x)$와 $g(x)$를 $x \to x_0$에서 무한소인 함수로 해서 다음 두 종류의 극한을 생각합니다.

$$\lim_{x \to x_0} \frac{f(x)}{g(x)}, \ \lim_{x \to x_0} \frac{g(x)}{f(x)}$$

이 중 어느 것이라도 유한값에 수렴하는 경우 $f(x)$와 $g(x)$는 **비교가능한 무한소**라고 합니다. 더 구체적으로 다음인 경우 $f(x)$와 $g(x)$는 **동위인 무한소**라 하고

$$\lim_{x \to x_0} \frac{f(x)}{g(x)} = \alpha \neq 0 \tag{5-4}$$

특히 $\alpha = 1$인 경우 $f(x)$와 $g(x)$는 **동치인 무한소**라 합니다. $f(x)$와 $g(x)$가 동치인 무한소라는 것을 다음과 같은 기호로 나타냅니다 정의 14 .

$$f(x) \sim g(x) \ (x \to x_0)$$

이 관계는 일반적으로 **동치관계**라 부르고, 다음 세 가지 조건을 만족합니다.

반사율: $f(x) \sim f(x)$

대칭률: $f(x) \sim g(x) \ \Rightarrow \ g(x) \sim f(x)$

추이율: $f(x) \sim g(x), \ g(x) \sim h(x) \ \Rightarrow \ f(x) \sim h(x)$

이 세 가지 조건은 $x \to x_0$에서 무한소인 모든 함수를 서로 동치인 것끼리 그룹으로 나눌 수 있음을 의미합니다.[2] 또한, (5-4)는 $f(x) \sim \alpha g(x)$와 같은 것이므로, 동위인 무한소는 상수배의 차이를 빼면 동치인 무한소의 그룹을 하나로 합친 것으로 이해할 수 있습니다. 직감적으로 말하면 동치인 무한소는 0에 근접하는 속도가 똑같고, 동위인 무한소는 0에 근접하는 속도가 상수배로 다르다고 할 수 있습니다.

한편 다음 관계가 성립하는 경우 $f(x)$는 $g(x)$보다 빨리 0에 접근하게 됩니다.

$$\lim_{x \to x_0} \frac{f(x)}{g(x)} = 0$$

이 경우 $f(x)$는 $g(x)$에 대해 **무시가능한 무한소**라 하고, 이 사실을 다음 기호로 나타냅니다 정의 15 .

$$f(x) = o(g(x)) \ (x \to x_0)$$

---

2 예를 들어 ~가 SNS에서의 '연결'을 나타낸다고 생각해보세요. '자기와 자기를 연결한다(반사율)', 'A 씨가 연결되면 B 씨는 A 씨와 연결된다 (대칭률)', 'A 씨와 B 씨가 연결되어 있고, B 씨와 C 씨가 연결되어 있으면 A 씨와 C 씨도 연결되어 있다(추이율)' 등의 룰이 있다면 서로 연결 되어 있는 사람들의 그룹을 깨끗하게 나눌 수 있습니다.

실제로 이 기호를 사용할 때는 $f(x)$와 비교하는 대상이 되는 $g(x)$에는 x나 x^2 같은 단순한 식을 사용하곤 합니다. 예를 들어 다음의 함수에서

$$f(x) = (x+1)^3 = 1 + 3x + 3x^2 + x^3 \qquad (5\text{-}5)$$

x의 2차 이상의 항인 $3x^2 + x^3$ 부분을 x와 비교하면 다음과 같이 되므로

$$\lim_{x \to 0} \frac{3x^2 + x^3}{x} = 0$$

다음 관계가 성립합니다.

$$f(x) - (1 + 3x) = 3x^2 + x^3 = o(x) \ (x \to 0)$$

단, 이 식만 보면 그 '편리함'을 알기 어려우므로 이를 다음과 같이 바꿔 써보겠습니다.

$$f(x) = 1 + 3x + o(x) \ (x \to 0)$$

함수 $f(x)$를 이와 같이 나타내면 x 값이 0에 접근하는 경우의 근사식을 금방 헤아릴 수 있는 장점이 있습니다. $o(x)$로 나타낸 항은 $x \to 0$의 극한에서 그 전에 있는 $3x$보다 빠르게 0에 근접하는 것을 알 수 있으므로 x가 0에 근접하는 경우 다음과 같은 근사식이 성립합니다.[3]

$$f(x) \simeq 1 + 3x$$

즉, $o(x)$는 x의 1차보다 차수가 높은 항만으로 이뤄진 함수라고 생각해도 좋습니다.

여기서 'x의 1차보다 차수가 높은 항'의 의미를 좀 더 정확하게 파악해봅시다. 이제 x, x^2, x^3, $\cdots$ 같은 항만 고려한다고 하면 그 의미는 자명하게 다음과 같이 'x의 2차 이상의 항'을 표시하는 것이 됩니다.

$$x^2 = o(x), \ x^3 = o(x), \ \cdots$$

3　$\simeq$는 근사적으로 값이 같다는 것을 표시하는 기호입니다.

그러면 $x^{\frac{3}{2}}$과 같이 차수가 정수가 아닌 경우에는 어떻게 할까요? 이 경우 정의를 돌이켜 계산해보면 다음과 같이 되므로

$$\lim_{x \to 0} \frac{x^{\frac{3}{2}}}{x} = \lim_{x \to 0} x^{\frac{1}{2}} = 0$$

역시 다음이 성립합니다.

$$x^{\frac{3}{2}} = o(x)$$

즉, x보다 조금이라도 차수가 높은 것은 모두 $o(x)$에 포함되는 것입니다.

Note ☰ **란다우 기호**

본문에서 설명한 소문자 o를 이용하는 기호 외에 대문자 O를 사용하는 기호가 있습니다. 구체적으로는 $f(x)$가 $g(x)$에 대해 무시할 수 있거나 $g(x)$와 동위인 무한소인 경우, 즉 $\lim\limits_{x \to x_0} \dfrac{f(x)}{g(x)}$가 0을 포함해 유한의 값에 수렴하는 경우

$$f(x) = O(g(x)) \ (x \to x_0)$$

위와 같은 기호로 표시합니다[4]. 그러면 본문의 (5-5)에 포함된 항 가운데 $O(x)$로 표현할 수 있는 부분은 어느 곳일까요? 조금 계산해보면 알 수 있듯이 이 기호의 경우 x의 1차 항을 포함해 다음과 같은 관계가 성립합니다.

$$3x + 3x^2 + x^3 = O(x) \ (x \to 0)$$

즉, $o(x)$는 'x보다 조금이라도 차수가 큰 항'으로, $O(x)$는 'x를 포함해 그보다도 차수가 큰 항'으로 해석됩니다. 이 표기법은 수학자 에드문트 란다우(Edmund Landau)가 발표했으며 란다우 기호(Landau symbol)라고 부릅니다. o는 '리틀 오', O는 '빅 오'라고 읽습니다.

덧붙여 말해 앞서 (5-5)는 다음과 같이 두 가지로 표현할 수 있습니다.

$$f(x) = 1 + 3x + o(x) \ (x \to 0)$$
$$f(x) = 1 + 3x + O(x^2) \ (x \to 0)$$

둘 다 수학적으로 맞는 관계지만, 각각이 의미하는 내용은 다르므로 주의해야 합니다. 이후 이 책에서는 소문자 o만 사용할 것입니다.

---

4   $\lim\limits_{x \to x_0} \dfrac{f(x)}{g(x)}$의 극한이 존재하지 않아도, x_0의 주변에서 $\dfrac{f(x)}{g(x)}$가 유계가 되는 경우에 $f(x) = O(g(x))$로 표기하기도 합니다.

5.1.3 테일러 공식

3.3절의 정리 13 은 란다우 기호를 이용하면 완전히 다시 쓸 수 있습니다. 구체적으로는 함수 $f(x)$ 가 $x = x_0$에서 미분가능할 때 다음 관계가 성립합니다.

$$f(x) = f(x_0) + f'(x_0)(x - x_0) + o(x - x_0) \tag{5-6}$$

또한, 이것은 x_0 부근의 $f(x)$의 값을 일차함수로 근사하는 경우

$$f(x) \simeq f(x_0) + f'(x_0)(x - x_0)$$

위와 같은 형태가 가장 좋은 근사식이라 해석할 수 있다고 설명했습니다. 곧 증명할 **테일러 공식** 을 이용하면 폐구간 $[x_0,\ x]$ 또는 $[x,\ x_0]$에서 $f^{(n-1)}(x)$가 연속이고, 또한 $f^{(n)}(x)$가 존재할 때 더 일반 적으로 다음 관계가 성립함을 알 수 있습니다.

$$f(x) = f(x_0) + f'(x_0)(x - x_0) + o(x - x_0)$$
$$f(x) = f(x_0) + f'(x_0)(x - x_0) + \frac{1}{2!}f''(x_0)(x - x_0)^2 + o\left((x - x_0)^2\right)$$
$$f(x) = f(x_0) + f'(x_0)(x - x_0) + \frac{1}{2!}f''(x_0)(x - x_0)^2 + \frac{1}{3!}f^{(3)}(x_0)(x - x_0)^3 + o\left((x - x_0)^3\right)$$
$$\vdots$$
$$f(x) = f(x_0) + \sum_{k=1}^{n-1}\frac{f^{(k)}(x_0)}{k!}(x - x_0)^k + o\left((x - x_0)^{n-1}\right)$$

$$\tag{5-7}$$

이들은 x_0 부근의 $f(x)$의 값을 k차 다항식(k = 1, 2, $\cdots$, $n-1$)에 근사한 경우 가장 좋은 형태를 부여한 것이라고 말할 수 있습니다. 또한, 테일러 공식에서는 (5-7)의 $o\left((x - x_0)^{n-1}\right)$ 부분이 좀 더 구체적으로 다음 식으로 표현할 수 있다는 것을 보여줍니다.

$$R(x) = \frac{f^{(n)}(\xi)}{n!}(x - x_0)^n$$

ξ(크사이)는 x_0과 x 사이의 값으로 그 구체적인 값은 x에 의존해 변화합니다 정리 39 .

그러면 바로 테일러 공식을 도출해봅시다. 우선 $x_0 < x$인 경우를 생각합니다. 폐구간 $[x_0,\ x]$에서 $x_1 \in [x_0,\ x]$를 하나로 고정해 다음이 성립하도록 정수 A를 정의합니다.

$$f(x_1) = f(x_0) + \sum_{k=1}^{n-1} \frac{f^{(k)}(x_0)}{k!}(x_1 - x_0)^k + \frac{A}{n!}(x_1 - x_0)^n \tag{5-8}$$

다소 낯설고 갑작스럽지만, 다음 식으로 A를 정의한 것으로 생각해주세요.

$$A = \frac{n!}{(x_1 - x_0)^n}\left[f(x_1) - \left\{f(x_0) + \sum_{k=1}^{n-1} \frac{f^{(k)}(x_0)}{k!}(x_1 - x_0)^k\right\}\right]$$

이 정의로부터 알 수 있듯이 A 값은 x_0에 의존하므로 A를 고정한 채로 (5-8)의 x_0을 적당한 다른 값으로 치환하면 양변의 값은 일치하지 않게 됩니다. 이 차분을 함수 $\varphi(t)$로 정의합니다.[5]

$$\varphi(t) = f(x_1) - \left\{f(t) + \sum_{k=1}^{n-1} \frac{f^{(k)}(t)}{k!}(x_1 - t)^k + \frac{A}{n!}(x_1 - t)^n\right\} \tag{5-9}$$

그러면 이러한 정의로부터 $\varphi(x_0) = \varphi(x_1) = 0$이 되는 것을 알 수 있습니다. 그리고 폐구간 $[x_0, x]$ 또는 $[x, x_0]$에서 $f^{(n-1)}(x)$가 연속이고, 또한 $f^{(n)}(x)$가 존재한다는 전제에 의해 $\varphi(t)$는 폐구간 $[x_0, x_1]$에서 연속, 또는 개구간 (x_0, x_1)에서 미분가능하다고 말할 수 있습니다. 따라서 3.3절의 정리 22 (롤의 정리)로부터 다음과 같이 되는 $\xi \in (x_0, x_1)$이 존재합니다.

$$\varphi'(\xi) = 0 \tag{5-10}$$

한편 (5-9)로부터 $\varphi'(t)$를 계산하면 다음과 같습니다. 3.3절의 정리 15 (곱의 미분)를 이용해 계산하는 점에 주의하세요.

$$\varphi'(t) = -\left\{f'(t) + \sum_{k=1}^{n-1} \frac{f^{(k+1)}(t)}{k!}(x_1 - t)^k - \sum_{k=1}^{n-1} \frac{f^{(k)}(t)}{(k-1)!}(x_1 - t)^{k-1} - \frac{A}{(n-1)!}(x_1 - t)^{n-1}\right\}$$

여기서 위 식의 2항과 3항은 k 값이 하나 다를 뿐 형태가 같음을 알 수 있습니다. 실제로 $k' = k + 1$로서 2항을 k'로 다시 쓰면 다음과 같습니다.

---

5 φ는 그리스 문자 ϕ(파이)의 필기체입니다.

$$\sum_{k'=2}^{n} \frac{f^{(k')}(t)}{(k'-1)!}(x_1 - t)^{k'-1}$$

따라서 2항의 $k' = n$ 항과 3항의 $k = 1$ 항을 제외하고 2항과 3항이 서로 상쇄하면 최종적으로 다음을 얻을 수 있습니다.

$$\varphi'(t) = -\left\{ f'(t) + \frac{f^{(n)}(t)}{(n-1)!}(x_1 - t)^{n-1} - f'(t) - \frac{A}{(n-1)!}(x_1 - t)^{n-1} \right\}$$
$$= \frac{A - f^{(n)}(t)}{(n-1)!}(x_1 - t)^{n-1}$$

이에 의해 (5-10)으로부터 다음과 같이 되는 것을 알 수 있습니다.

$$A = f^{(n)}(\xi)$$

$\xi \in (x_0,\ x_1)$에 의해 $\xi = x_1$로는 안 된다는 점에 주의하세요. 이 결과를 (5-8)에 대입하면 다음을 얻을 수 있습니다.

$$f(x_1) = f(x_0) + \sum_{k=1}^{n-1} \frac{f^{(k)}(x_0)}{k!}(x_1 - x_0)^k + \frac{f^{(n)}(\xi)}{n!}(x_1 - x_0)^n$$

그리고 x_1은 $[x_0,\ x]$에 포함된 임의의 값이므로, x_1을 일반적인 x로 치환하면 다음과 같습니다.

$$f(x) = f(x_0) + \sum_{k=1}^{n-1} \frac{f^{(k)}(x_0)}{k!}(x - x_0)^k + R(x) \qquad (5\text{–}11)$$

$$R(x) = \frac{f^{(n)}(\xi(x))}{n!}(x - x_0)^n \qquad (5\text{–}12)$$

(5-12)에 포함된 ξ는 (5-10)을 만족하는 값이 구간 $(x_0,\ x_1)$에 존재한다는 조건에서 나오므로, 구체적인 값은 x_1을 취하는 방식에 따라 변합니다. 지금은 x_1을 x에 치환하므로, ξ의 값은 x에 의해 변하게 됩니다. 이 점을 강조하기 위해 (5-12)에서는 $\xi(x)$라고 씁니다.

여기까지 논의하면서 폐구간 $[x_0,\ x]$(즉, $x > x_0$)인 경우를 고려했는데 폐구간 $[x,\ x_0]$(즉, $x < x_0$)인 경우에도 같은 논의가 성립됩니다. 그래서 마지막으로 다음과 같이 되므로

$$\lim_{x \to x_0} \frac{R(x)}{(x - x_0)^{n-1}} = \lim_{x \to x_0} \frac{f^{(n)}(\xi(x))}{n!}(x - x_0) = 0$$

다음을 얻을 수 있습니다.

$$R(x) = o\left((x - x_0)^{n-1}\right) \tag{5-13}$$

(5-11), (5-12), (5-13)이 성립된다는 것이 테일러 공식의 내용입니다. (5-12)의 $R(x)$를 테일러 공식의 **잉여항**이라고 부릅니다. 또한, 테일러 공식에서 특히 $x_0 = 0$으로 한 경우를 **매클로린(Maclaurin)의 공식**이라고 부르기도 합니다.

또한, (5-11)에서는 상수항 $f(x_0)$을 명시적으로 기재하지만, 다음과 같이 바로 다음 합 부분에 포함시켜 쓰기도 합니다.

$$f(x) = \sum_{k=0}^{n-1} \frac{f^{(k)}(x_0)}{k!}(x - x_0)^k + R(x)$$

위의 합에서 $k = 0$의 부분이 상수항 $f(x_0)$에 대응한다고 생각해주세요. 그리고 테일러 공식에서 특히 $n = 2$로 한 경우가 (5-6)에 해당하지만, 일반적으로 다음이 성립하는 경우 반드시 $\alpha = f'(x)$ 관계가 성립합니다.

$$f(x) = f'(x_0) + \alpha(x - x_0) + o(x - x_0)$$

이는 일반적인 n에 대해서도 마찬가지로 성립합니다. 즉, 다음이 성립하는 경우

$$f(x) = f(x_0) + \sum_{k=1}^{n-1} a_k(x - x_0)^k + S(x)$$
$$S(x) = o\left((x - x_0)^{n-1}\right) \tag{5-14}$$

계수 a_k와 잉여항 $S(x)$는 테일러 공식에서 주어진 것과 반드시 일치합니다. 실제로 $f(x)$가 (5-11)과 (5-14)가 보여주는 두 가지 형태로 표현된다고 하면 다음 식에 의해

$$f(x_0) + \sum_{k=1}^{n-1} \frac{f^{(k)}(x_0)}{k!}(x - x_0)^k + R(x) = f(x_0) + \sum_{k=1}^{n-1} a_n(x - x_0)^k + S(x)$$

다음과 같이 됩니다.

$$\{f'(x_0) - a_1\}(x - x_0) + \left\{\frac{f''(x_0)}{2!} - a_2\right\}(x - x_0)^2 + \cdots + \{R(x) - S(x)\} = 0 \quad \text{(5-15)}$$

여기서 양변을 $x - x_0$으로 나누고, $x \to x_0$의 극한을 취하면

$$f'(x_0) - a_1 = 0$$

즉, $a_1 = f'(x_0)$을 얻을 수 있습니다. 따라서 (5-15)는 다음과 같이 되어

$$\left\{\frac{f''(x_0)}{2!} - a_2\right\}(x - x_0)^2 + \left\{\frac{f^{(3)}(x_0)}{3!} - a_3\right\}(x - x_0)^3 + \cdots + \{R(x) - S(x)\} = 0$$

이 양변을 $(x - x_0)^2$으로 나누고 $x \to x_0$의 극한을 취하면

$$\frac{f''(x_0)}{2!} - a_2 = 0$$

즉, $a_2 = \dfrac{f''(x_0)}{2!}$을 얻을 수 있습니다. 같은 논의를 반복해나가면 a_1에서 a_{n-1}까지 모든 계수가 테일러 공식에 일치함을 알 수 있고, 그 결과 $R(x) = S(x)$가 되는 것도 알 수 있습니다. 이 논의에서는 $k = 1, 2, \cdots, n - 1$에 대해

$$\lim_{x \to x_0} \frac{R(x)}{(x - x_0)^k} = \lim_{x \to x_0} \frac{R(x)}{(x - x_0)^{n-1}} \frac{(x - x_0)^{n-1}}{(x - x_0)^k} = 0$$

혹은 동일하게 다음이 성립하는 것을 이용하고 있습니다.

$$\lim_{x \to x_0} \frac{S(x)}{(x - x_0)^k} = 0$$

마지막으로 테일러 공식에 따르는 근사식을 구체적인 예로 확인해봅시다. 예를 들어 지수함수 $f(x) = e^x$를 생각해보면 (5-1)에 의해 임의의 $n \in \mathbf{N}$에 대해 $f^{(n)}(x) = e^x$, 즉 $f^{(n)}(0) = 1$이 됩니다. 따라서 $x = 0$에서의 테일러 공식에 의해 다음과 같은 n차 다항식에 의한 근사가 성립합니다.

$$f(x) \simeq 1 + x + \frac{1}{2}x^2 + \frac{1}{3!}x^3 + \frac{1}{4!}x^4 + \cdots$$

그림 5-1은 $n = 1 \sim 6$의 경우를 보여주며 점선이 $f(x) = e^x$의 그래프, 실선이 n차 다항식에 의한 근사입니다. 원점 $x = 0$에서 멀어지면 근사의 정도가 나빠지지만, 다항식의 차수가 올라갈수록 더 광범위하게 근사가 좋아지는 것을 관찰할 수 있습니다.

▼ 그림 5-1 지수함수 $y = e^x$를 테일러 공식으로 근사한 모양

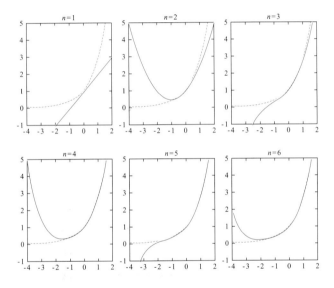

마찬가지로 사인함수 $f(x) = \sin x$에 대해서는 (5-2)에 의해 $x = 0$의 주변에서 다음과 같은 n차 다항식에 의한 근사가 성립합니다.

$$f(x) \simeq x - \frac{1}{3!}x^3 + \frac{1}{5!}x^5 - \frac{1}{7!}x^7 + \cdots$$

그림 5-2는 $n = 1, 3, 5, 7$인 경우를 나타내는데, 역시 다항식의 차수가 올라갈수록 더 넓은 범위에서 근사가 좋아지는 것을 알 수 있습니다.

▼ 그림 5-2 사인함수 $y = \sin x$를 테일러 공식으로 근사한 모습

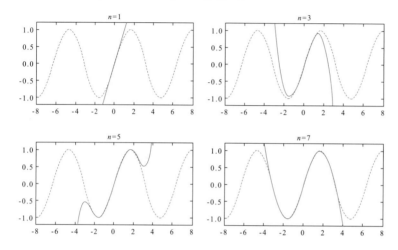

5.2 해석함수

5.2.1 함수열의 수렴

테일러 공식을 이용하면 연속미분가능한 함수를 n차 다항식으로 근사할 수 있다는 것을 알았습니다. 특히 무한번미분가능한 함수, 즉 C^∞-급의 함수라면 n 값은 얼마든지 크게 할 수 있습니다. 그러면 $n \to \infty$의 극한에서 이 근사는 원래 함수 $f(x)$와 일치한다고 말할 수 있을까요? 좀 더 정확하게 말하면

$$f_n(x) = f(x_0) + \sum_{k=1}^{n-1} \frac{f^{(k)}(x_0)}{k!}(x - x_0)^k \ (n = 2, 3, \cdots) \tag{5-16}$$

위 식으로 함수 $f_n(x)$를 정의할 때 함수열 $\{f_n(x)\}$가 $f(x)$에 수렴할지 여부를 확인하는 것입니다. 우선은 함수열이 수렴한다는 의미를 정확하게 정의해봅시다.

먼저 각각의 $f_n(x)$의 정의역을 I라 하고 임의의 점 $x_0 \in I$를 고정할 때 무한수열 $\{f_n(x_0)\}_{n=1}^{\infty}$이 수렴하는 경우, 함수열 $\{f_n(x)\}$는 I에서 **점별수렴**한다고 합니다. 예를 들면 다음의 경우

$$f_n(x) = \frac{nx + 1}{n}$$

임의의 $x_0 \in \mathbf{R}$에 대해 다음이 성립합니다.

$$\lim_{n \to \infty} f_n(x_0) = \lim_{n \to \infty} \frac{nx_0 + 1}{n} = \lim_{n \to \infty} \left(x_0 + \frac{1}{n} \right) = x_0$$

따라서 $\{f_n(x)\}$는 함수 $f(x) = x$에 점별수렴하게 됩니다. 단, 이 정의에는 예상치 못한 함정이 있습니다. 다음 예를 생각해봅시다.

$$f(x) = \begin{cases} 0 & (x \le n) \\ 1 & (x > n) \end{cases}$$

이 함수는 헤비사이드함수를 x축 방향으로 n만큼 평행이동한 함수지만, 임의의 $x_0 \in \mathbf{R}$에 대해 $\lim\limits_{n \to \infty} f_n(x_0) = 0$이 성립하므로 상수함수 $f(x) = 0$에 점별수렴하게 됩니다. 하지만 함수 전체의 형태를 생각해보면 형태가 같은 함수가 횡축으로 이동할 뿐이므로, n이 아무리 커지더라도 $f_n(x)$가 상수함수 0에 근접한다고 말하기는 힘듭니다.

그러면 이와 같은 정의역 전체에서의 함수 값을 고려해 $f_n(x)$가 $f(x)$에 근접한다는 사실을 표현하는 방법은 없을까요? n이 커졌을 때 정의역 전체에서 $f_n(x)$와 $f(x)$의 차이가 작아지면 좋은데, 이는 ϵ-δ 논법을 이용해 다음과 같이 표현할 수 있습니다.

$$\forall \epsilon > 0; \; \exists N \in \mathbf{N} \text{ s.t. } \forall n \in \mathbf{N}; \; n > N \Rightarrow \sup_{x \in I} |f_n(x) - f(x)| < \epsilon$$

이는 정의역 전체에서 $f_n(x)$와 $f(x)$의 차이의 상한이 0에 수렴한다는 것을 의미하고, 극한의 기호를 이용해 표현하면 다음과 같습니다.

$$\lim_{n \to \infty} \sup_{x \in I} |f_n(x) - f(x)| = 0$$

이 조건이 성립하는 경우 함수열 $\{f_n(x)\}$는 I에서 함수 $f(x)$에 **균등수렴**한다고 합니다 정의 16. 조금 전에 살펴본 헤비사이드함수 예의 경우 임의의 n에 대해 다음과 같이 되므로

$$\sup_{x \in \mathbf{R}} |f_n(x) - 0| = 1$$

이것은 상수함수 $f(x) = 0$에 균등수렴한다고 말할 수 있습니다. 일반적으로 함수열 $\{f_n(x)\}$가 I에서 함수 $f(x)$에 균등수렴하면 같은 함수 $f(x)$에 점별수렴하지만, 그 반대도 반드시 성립하지는 않습니다. 함수열의 수렴을 논의할 때는 어느 쪽의 의미로 수렴을 고려하고 있는지를 명확히 해야 합니다. 또한, 함수열 $\{f_n(x)\}$가 함수 $f(x)$에 균등수렴하는 것을 다음 기호로 나타냅니다.

$$f_n(x) \rightrightarrows f(x) \; (n \to \infty)$$

균등수렴의 정의에서 $\{f_n(x) - f(x)\}$의 최댓값이 아니라 상한을 이용하는 이유는 다음 예를 생각하면 알 수 있습니다.

$$f_n(x) = \begin{cases} 0 & (x \le 1) \\ \dfrac{1}{n}\left(1 - \dfrac{1}{x}\right) & (x > 1) \end{cases}$$

그림 5-3과 같이 $x \to \infty$의 극한에서 $f_n(x) \to \dfrac{1}{n}$이 되므로 $|f_n(x)|$의 최댓값을 정의할 수는 없지만 상한에 대해서는 다음이 성립합니다.

$$\sup_{x \in \mathbf{R}} |f_n(x)| = \frac{1}{n}$$

따라서 함수열 $\{f_n(x)\}$는 실수에서 상수함수 $f(x) = 0$에 수렴한다고 말할 수 있습니다.

▼ 그림 5-3 균등수렴하는 함수의 예

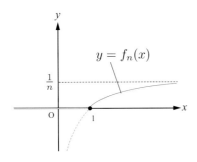

I를 정의역으로 하는 함수열 $\{f_n(x)\}$가 균등수렴하기 위해 필요한 필요충분조건은 다음과 같습니다.[6]

$$\forall \epsilon > 0;\ \exists N \in \mathbf{N}\ \text{s.t.}\ \forall p, q \in \mathbf{N};\ p, q > N \Rightarrow \sup_{x \in I} |f_p(x) - f_q(x)| < \epsilon \qquad \text{(5–17)}$$

이는 충분히 큰 n을 취하면 앞의 $f_n(x)$가 서로의 값 차이의 상한을 얼마든지 작게 할 수 있다는 의미입니다 정리 41 . 이것이 필요충분조건임을 설명하기 위해 우선은 일반적인 수렴에 대한 코시판정법을 증명하겠습니다.

먼저 무한수열 $\{a_n\}_{n=1}^{\infty}$이 다음 조건을 만족할 때 $\{a_n\}$은 **코시열**이라고 합니다.

$$\forall \epsilon > 0;\ \exists N \in \mathbf{N}\ \text{s.t.}\ \forall p, q \in \mathbf{N};\ p, q > N \Rightarrow |a_p - a_q| < \epsilon$$

---

6 엄밀히 말해 $\forall p,\ q$는 $\forall p;\ \forall q$라고 써야 하지만, 여기서는 간략화해 나타냈습니다.

이는 조금 전 함수열의 경우와 마찬가지로 충분히 큰 n을 취하면 그것으로부터 앞의 a_n은 서로의 차이가 얼마든지 작게 할 수 있음을 의미하고, $\{a_n\}$이 코시열인 것은 이것이 수렴하기 위한 필요충분조건이 됩니다. 이것을 **코시판정법**이라고 합니다 정리 40 .

수렴열이 코시열이 되는 것은 삼각부등식으로 간단하게 보여줄 수 있지만, $\{a_n\}$이 a에 수렴하는 것으로 하는 경우 임의의 $\epsilon > 0$에 대해 어떤 $N > 0$이 있어서 다음이 성립합니다.

$$n > N \Rightarrow |a_n - a| < \epsilon$$

따라서 p, $q > N$일 때 다음이 성립합니다.

$$|a_p - a_q| = |(a_p - a) - (a_q - a)| \le |a_p - a| + |a_q - a| < 2\epsilon$$

이것은 $\{a_n\}$이 코시열임을 의미합니다.

$$p, q > N \Rightarrow |a_p - a_q| < \epsilon$$

반대로 코시열이 수렴열이 된다는 것을 증명하려면 좀 더 깊게 연구해야 합니다. 우선 어떤 $\epsilon > 0$에 대해 다음을 만족하는 $N > 0$이 결정되지만

$$n > N \Rightarrow |a_n - a| < \epsilon$$

이때 임의의 $n > N$에 대해 $|a_{N+1} - a_n| < \epsilon$으로 되기 때문에 $a_n \, (n = N+1, N+2, \cdots)$은 반드시 $a_{N+1} \pm \epsilon$의 범위에 수렴합니다. 이것은 수열 $\{a_n\}$이 유계임을 의미합니다. 전반 부분의 $\{a_1, \cdots, a_N\}$은 원소가 유한개이므로 반드시 유계가 된다는 점에 유의하세요. 다시 말해 수열 $\{a_n\}$의 임의의 부분열에 대해 상한과 하한이 존재한다는 것입니다.

거기서 n을 고정하는 경우 a_n 이하의 원소만을 모은 집합 $A_n = \{a_k \mid k \ge n\}$을 생각해 이 집합의 하한과 상한을 각각 α_n 및 β_n이라고 합니다. 이때 n이 커지면 집합 A_n의 원소 수는 감소하므로 그 하한이 이전보다 작아지지는 않고, 다음 관계가 성립합니다.

$$\alpha_1 \le \alpha_2 \le \alpha_3 \le \cdots$$

상한에 대해서도 마찬가지로 다음과 같이 됩니다.

$$\beta_1 \ge \beta_2 \ge \beta_3 \ge \cdots$$

이는 바꿔 말하면 $I_n = [\alpha_n, \beta_n]$에서 폐구간의 열 $I_1, I_2, \cdots$을 정할 때 다음과 같은 포함 관계가 성립하는 것입니다.

$$I_1 \supset I_2 \supset I_3 \supset \cdots \tag{5-18}$$

그래서 이때 $\{a_n\}$이 코시열이라는 조건으로부터 임의의 $\epsilon > 0$에 대해 어떤 $N > 0$이 있어서 임의의 $p, q > N$에 대해 $|a_p - a_q| < \epsilon$이 됩니다. 다시 말해 A_n의 상한과 하한의 차이는 ϵ 이하, 즉 다음이 성립하는 것입니다.

$$n > N \Rightarrow \beta_n - \alpha_n \leq \epsilon \tag{5-19}$$

그 이유는 다음과 같습니다. 만약 $\beta_n - \alpha_n > \epsilon$이라고 하면 $\delta = (\beta_n - \alpha_n) - \epsilon > 0$으로 하고, $\beta_n' = \beta_n - \dfrac{\delta}{2}$, $\alpha_n' = \alpha_n + \dfrac{\delta}{2}$ 라고 하면 상한, 하한의 정의에 의해 $\beta_n \geq a_p > \beta_n'$, $\alpha_n' > a_q \geq \alpha_n$이 되는 a_p, a_q가 존재합니다. 이때 $|a_p - a_q| > \beta_n' - \alpha_n' = \beta_n - \alpha_n - \delta = \epsilon$으로 되고, 이것은 코시열이라는 전제 조건에 모순됩니다. 따라서 n을 충분히 크게 하면 폐구간 I_n의 폭은 얼마든지 작아집니다. 그러므로 어떤 점 a가 존재하고 다음이 성립합니다.

$$I = \bigcap_{n=1}^{\infty} I_n = \{a\}$$

만약 I가 복수의 다른 점 a, b를 포함한다고 하면 I_n의 폭은 $|a - b|$ 이하가 될 수 없기 때문입니다. (5-18)의 포함 관계에 의해 I가 공집합이 될 수도 없습니다.

그래서 a가 $\{a_n\}$이 수렴하는 점이 됩니다. 임의의 $\epsilon > 0$에 대해 (5-19)를 만족하는 $N > 0$을 취하면 $n > N$의 경우 a_n과 a는 양쪽 모두 구간 I_n에 포함되므로 다음이 성립하기 때문입니다.

$$|a_n - a| \leq \beta_n - \alpha_n \leq \epsilon \tag{5-20}$$

따라서 $\lim\limits_{n \to \infty} a_n = a$가 됩니다.

또한, (5-20)의 마지막 부등호가 $<$가 아니라 $\leq$인 것이 신경 쓰일지 모르지만, 이는 문제가 안 됩니다. (5-19)의 ϵ은 임의이므로, 예를 들어 주어진 ϵ에 대해 다음 관계를 만족하는 N을 선택하면

$$n > N \Rightarrow \beta_n - \alpha_n \leq \frac{\epsilon}{2}$$

같은 논의에 의해 다음이 성립합니다.

$$n > N \Rightarrow |a_n - a| \leq \frac{\epsilon}{2} < \epsilon$$

여기서는 코시판정법을 이용해 (5-17)을 증명할 것입니다. 우선 균등수렴하면 (5-17)이 성립함을 보여줍니다. 이는 코시판정법과 마찬가지로 삼각부등식으로 간단히 증명할 수 있습니다. 우선 $\{f_n(x)\}$가 $f(x)$에 균등수렴하는 경우 임의의 $\epsilon > 0$에 대해 어떤 $N > 0$이 존재해서 다음이 성립합니다.

$$n > N \Rightarrow \sup_{x \in I} |f_n(x) - f(x)| < \epsilon$$

이때 $p, q > N$에 대해 다음이 성립합니다.

$$\begin{aligned}
\sup_{x \in I} |f_p(x) - f_q(x)| &= \sup_{x \in I} |(f_p(x) - f(x)) - (f_q(x) - f(x))| \\
&\leq \sup_{x \in I} \{|f_p(x) - f(x)| + |f_q(x) - f(x)|\} \\
&\leq \sup_{x \in I} |f_p(x) - f(x)| + \sup_{x \in I} |f_q(x) - f(x)| < 2\epsilon
\end{aligned} \tag{5-21}$$

ϵ이 임의이므로 ϵ을 $\frac{\epsilon}{2}$으로 치환하면 (5-17)을 얻을 수 있습니다.

Note ≡ **sup 내의 삼각부등식**

본문 (5-2)의 식 변환에는 상한 sup의 계산과 삼각부등식이 숨어 있습니다. 만약을 대비해 각각의 식 변환이 어떻게 성립하는지를 정확하게 설명해봅니다. 우선 1번 행에서 2번 행으로의 변환에는 상한 sup 내에서 삼각부등식을 이용하고 있습니다. 우선 내부의 식에 대해 다음 부등식이 성립합니다.

$$|(f_p(x) - f(x)) - (f_q(x) - f(x))| \leq |f_p(x) - f(x)| + |f_q(x) - f(x)|$$

이 양변에 대한 상한을 생각할 때 우변의 상한 쪽이 반드시 커진다는 것을 말할 수 있으면 2번 행으로의 식 변환이 성립합니다. 이것은 다음과 같이 보여줄 수 있습니다. 좌변과 우변, 각각의 상한을 a 및 a'라고 할 때 a는 좌변의 상한의 최솟값이므로, 임의의 $\epsilon > 0$에 대해 다음을 만족하는 x가 존재합니다.

$$a - \epsilon < |(f_p(x) - f(x)) - (f_q(x) - f(x))|$$

여기서 $a > a'$로 가정하면 $a - \epsilon > a'$를 만족하는 충분히 작은 $\epsilon > 0$에 대해 다음과 같이 되고

$$a' < a - \epsilon < |(f_p(x) - f(x)) - (f_q(x) - f(x))| \leq |f_p(x) - f(x)| + |f_q(x) - f(x)|$$

a'가 우변의 상한이라는 전제에 모순됩니다. 따라서 $a < a'$가 성립합니다.

계속해서 2번 행에서 3번 행으로의 변환에는 상한 sup를 두 개 항으로 배분하고 있습니다. 여기서는 다음과 같다고 할 때 $a + a' \geq a''$가 되는 것을 이용합니다.

$$a = \sup_{x \in I} |f_p(x) - f(x)|$$
$$a' = \sup_{x \in I} |f_q(x) - f(x)|$$
$$a'' = \sup_{x \in I} \{|f_p(x) - f(x)| + |f_q(x) - f(x)|\}$$

이것은 다음과 같이 증명할 수 있습니다. 우선 임의의 $x \in I$에 대해 다음과 같으므로

$$a \geq |f_p(x) - f(x)|, \ a' \geq |f_q(x) - f(x)|$$

임의의 $x \in I$에 대해 다음 식과 같이 되고

$$a + a' \geq |f_p(x) - f(x)| + |f_q(x) - f(x)|$$

이것은 $a + a'$가 $|f_p(x) - f(x)| + |f_q(x) - f(x)|$의 상계에 속함을 보여줍니다. 따라서 상계에 속하는 원소의 최솟값이 상계이므로 $a + a' \geq a''$가 됩니다.

계속해서 (5-17)이 성립하면 $\{f_n(x)\}$는 균등수렴임을 증명합니다. 우선 임의의 $x_0 \in I$를 고정하고, 무한수열 $\{f_n(x_0)\}_{n=1}^{\infty}$을 구성하면 이것이 코시열이 됩니다. (5-17)을 만족하는 $N > 0$에 대해 다음이 성립하기 때문입니다.

$$p, q > N \Rightarrow |f_p(x_0) - f_q(x_0)| \leq \sup_{x \in I} |f_p(x) - f_q(x)| < \epsilon \tag{5-22}$$

따라서 코시판정법에 의해 무한값이 존재하므로 이 값을 $f(x_0)$으로 놓습니다. 그리고 $f_n(x_0)$의 극한이 $f(x_0)$이므로 다음을 만족하는 $N' > 0$이 존재합니다.

$$n > N' \Rightarrow |f_n(x_0) - f(x_0)| < \epsilon \tag{5-23}$$

단, 이 N'는 점 x_0의 선택에 의존하므로 이것으로부터 직접적으로 균등수렴을 주장할 수는 없습니다. 거기서 다시 (5-22)를 만족하는 N(이것은 x_0에 의존하지 않습니다)을 이용해 다음 변환을 합니다.

$$\begin{aligned} p > N \Rightarrow |f_p(x_0) - f(x_0)| &= |(f_p(x_0) - f_q(x_0)) - (f_q(x_0) - f(x_0))| \\ &\leq |f_p(x_0) - f_q(x_0)| + |f_q(x_0) - f(x_0)| \\ &< 2\epsilon \end{aligned}$$

여기서 q는 N과 N' 양쪽보다 큰 임의의 자연수입니다. 즉, $|f_p(x_0) - f(x_0)|$이 ϵ 미만이 되지 않는 경우에도 충분히 큰 q를 가지면 (5-22), (5-23)에 의해 $|f_p(x_0) - f_q(x_0)|$과 $|f_q(x_0) - f(x_0)|$ 각각이 ϵ 미만이 되므로 위 부등식이 성립합니다. 이 결과는 임의의 $x_0 \in I$에 대해 성립하므로 다시 다음과 같이 표현할 수 있습니다.

$$p > N \Rightarrow \forall x \in I; \; |f_p(x) - f(x)| < 2\epsilon$$

이것에 의해 다음이 성립하고

$$p > N \Rightarrow \sup_{x \in I} |f_p(x) - f(x)| \leq 2\epsilon$$

$\{f_n(x)\}$는 $f(x)$에 균등수렴하는 것이 증명됩니다.[7]

마지막으로 수렴하는 함수열 $\{f_n(x)\}$에 대해 그것의 부정적분인 다음 식에 나오는 함수열 $\{F_n(x)\}$, 또는 도함수로부터 나오는 함수열 $\{f'_n(x)\}$를 생각해봅시다.

$$F_n(x) = \int_c^x f_n(t)\,dt$$

부정적분의 하단 c는 정의역 I에 포함된 값을 하나로 고정시킨 것으로 생각합니다. 조금 전 설명한 바와 같이 함수열의 수렴에는 점별수렴과 균등수렴이 있지만, $\{f_n(x)\}$가 어느 쪽의 의미로 수렴하는가에 따라 $\{F_n(x)\}$와 $\{f'_n(x)\}$의 수렴 행태가 변합니다.

우선, 부정적분 $\{F_n(x)\}$에 대해 $\{f_n(x)\}$가 $f(x)$에 균등수렴한다고 하면 $\{F_n(x)\}$도 균등수렴하고 $f(x)$의 부정적분인 다음 식과 일치합니다.

$$F(x) = \int_c^x f(t)\,dt$$

이전에 정의했던 균등수렴의 기호를 사용하면

$$f_n(x) \rightrightarrows f(x) \; (n \to \infty) \tag{5-24}$$

---

7 상한 sup를 적용하면 부등호 < 2ϵ이 ≤ 2ϵ으로 변하는 점에 대해서는 1.4절(연습 문제)의 **문제 4**를 참조하세요.

이 경우 다음과 같이 된다고 할 수 있습니다.

$$F_n(x) \rightrightarrows F(x) \ (n \to \infty) \tag{5-25}$$

단, $F_n(x)$의 정의역은 유계인 구간 I에 한정됩니다 **정리 42**. 이는 다음 계산으로 확인할 수 있습니다. 우선 $I \subset [a, b]$로 하면 다음이 성립합니다.

$$\begin{aligned} |F_n(x) - F(x)| &= \left| \int_c^x f_n(t) \, dt - \int_c^x f(t) \, dt \right| \\ &= \left| \int_c^x \{f_n(t) - f(t)\} \, dt \right| \\ &\leq \sup_{t \in [c,x]} |f_n(t) - f(t)| \times |x - c| \\ &\leq \sup_{t \in I} |f_n(t) - f(t)| \times (b - a) \end{aligned}$$

마지막 표현식은 x와 관계없으므로 양변에 $\sup\limits_{x \in I}$를 취하면 다음과 같습니다.

$$\sup_{x \in I} |F_n(x) - F(x)| \leq \sup_{t \in I} |f_n(t) - f(t)| \times (b - a)$$

위 식에 $n \to \infty$의 극한을 취하면 (5-24)에 의해 다음을 얻을 수 있습니다.[8]

$$\lim_{n \to \infty} \sup_{x \in I} |F_n(x) - F(x)| \leq \lim_{n \to \infty} \sup_{t \in I} |f_n(t) - f(t)| \times (b - a) = 0$$

이것으로 (5-25)가 증명되었습니다.

한편 도함수 $\{f'_n(x)\}$는 상황이 조금 다릅니다. $\{f_n(x)\}$가 점별수렴과 균등수렴 중 어느 쪽의 의미로 수렴해도 $\{f'_n(x)\}$도 수렴한다고는 할 수 없습니다. 도함수에 대해 말할 수 있는 것은 최소한 $\{f_n(x)\}$가 $f(x)$에 점별수렴하고, 더 나아가 $\{f'_n(x)\}$ 자신이 무엇인가의 함수로 균등수렴한다면 이 수렴값은 $f'(x)$에 일치한다는 것입니다. 여기서도 $f'_n(x)$의 정의역은 유계인 구간 I에 한정합니다 **정리 43**. 실제로 다음의 경우

$$f'_n(x) \rightrightarrows g(x) \ (n \to \infty)$$

---

8 부등식의 양변에 $n \to \infty$의 극한을 취한 연산에 대해서는 1.4절(연습 문제)의 **문제 9**를 참조하세요.

이러한 부정적분에 대해 조금 전에 살펴봤던 결과를 적용해 다음을 얻을 수 있습니다.

$$\int_c^x f_n'(t)\, dt \rightrightarrows G(x) = \int_c^x g(t)\, dt \ (n \to \infty)$$

한편 좌측의 부정적분을 직접 계산하면 다음 식을 얻을 수 있으므로

$$\int_c^x f_n'(t)\, dt = f_n(x) - f_n(c)$$

다음과 같습니다.

$$f_n(x) - f_n(c) \rightrightarrows G(x) \ (n \to \infty) \tag{5-26}$$

이 결과로부터 다음이 성립합니다.

$$f(x) - f(c) = G(x) \tag{5-27}$$

$f_n(x)$가 $f(x)$에 점별수렴하는 것과 (5-26)이 성립하는 것으로부터 임의의 ϵ에 대해 충분히 큰 n을 취하면 다음이 성립하고

$$|f(x) - f_n(x)| < \epsilon$$
$$|f(c) - f_n(c)| < \epsilon$$
$$|G(x) - (f_n(x) - f_n(c))| < \epsilon$$

이것을 근거로 해서 삼각부등식을 적용하면 다음 결과를 얻을 수 있습니다.[9]

$$
\begin{aligned}
|f(x) - f(c) - G(x)| &= |\{f(x) - f_n(x)\} - \{f(c) - f_n(c)\} - \{G(x) - (f_n(x) - f_n(c))\}| \\
&\leq |f(x) - f_n(x)| + |f(c) - f_n(c)| + |G(x) - (f_n(x) - f_n(c))| \\
&< 3\epsilon
\end{aligned}
$$

이때 (5-27)이 성립하지 않는다면 앞의 내용을 만족하지 않는 $\epsilon > 0$이 존재하게 되어 모순이 생깁니다. 마지막으로 다시 (5-27)의 양변을 x로 미분하면 다음을 얻을 수 있습니다.

---

9 $|a - b| = |a + (-b)| \leq |a| + |-b| = |a| + |b|$에 의해 $|a - b| \leq |a| + |b|$가 성립한다는 점에 주의하세요.

$$f'(x) = G'(x) = g(x)$$

$G(x)$가 미분가능함에 따라 $f(x)$도 미분가능하다고 할 수 있다는 점에 주의하세요. 이것으로 $\{f'_n(x)\}$의 수렴값 $g(x)$는 $f'(x)$와 일치한다는 것을 증명했습니다.

5.2.2 함수항 급수

앞 절에서는 일반적인 함수열 $\{f_n(x)\}$에 대해 점별수렴과 균등수렴을 정의했지만, 여기서는 특히 (5-16)과 같이 n개 함수의 합으로서 $f_n(x)$가 표현되는 경우를 고려합니다. 일반적으로 I를 정의역으로 하는 함수열 $\{u_n(x)\}_{n=1}^{\infty}$을 이용해 다음 식으로 정의된 함수열 $\{f_n(x)\}_{n=1}^{\infty}$을 **함수항급수**라 합니다 정의 17 .

$$f_n(x) = u_1(x) + u_2(x) + \cdots + u_n(x) \ (n = 1, 2, \cdots) \tag{5-28}$$

즉, 다음의 형태로 정의된 무한수열 $\{S_n\}_{n=1}^{\infty}$은 **무한급수**라고 부릅니다.

$$S_n = a_1 + a_2 + \cdots + a_n \ (n = 1, 2, \cdots)$$

무한급수의 함수 버전이 함수항급수입니다.

그리고 어떤 함수항급수가 균등수렴이라는 것을 확인하는 방법으로 유명한 **바이어슈트라스의 우급수정리**가 있습니다. 이는 다음과 같을 때

$$\overline{u}_n = \sup_{x \in I} |u_n(x)|$$

다음에 정의되는 무한수열 $\{S_n\}_{n=1}^{\infty}$이 수렴하면 (5-28)의 함수항급수 $\{f_n(x)\}$는 I에서 균등수렴 한다는 것입니다.

$$S_n = \sum_{k=1}^{n} \overline{u}_k \tag{5-29}$$

더 나아가 이 조건에서는 임의의 $x_0 \in I$에 대해 다음으로 정의된 무한급수 $\{\overline{S}_n\}_{n=1}^{\infty}$이 수렴한다고 말할 수 있습니다.

$$\overline{S}_n = |u_1(x_0)| + |u_2(x_0)| + \cdots + |u_n(x_0)| \ (n = 1, 2, \cdots)$$

이 두 결과를 합해 함수항급수 $\{f_n(x)\}$는 I에서 **절대균등수렴**한다고 합니다 정리 45. 이 정리는 균등수렴하기 위한 충분조건이므로 이 조건을 만족하지 않는 경우에도 균등수렴하는 것이 있을 수 있다는 점에 유의해주세요.

그리고 이것을 증명하는 데는 앞 절에서 살펴본 코시판정법과 (5-17)의 조건을 이용합니다. 우선 (5-29)의 무한급수 S_n이 수렴하는 것으로부터 코시판정법을 적용할 수 있고, 임의의 $\epsilon > 0$에 대해 어떤 $N > 0$이 있어서 다음이 성립합니다.

$$p, q > N \Rightarrow |S_p - S_q| < \epsilon$$

여기서 (5-29)의 정의를 떠올리면 $p < q$인 경우 다음과 같으므로

$$|S_p - S_q| = S_q - S_p = \overline{u}_{p+1} + \overline{u}_{p+2} + \cdots + \overline{u}_q$$

결국 다음이 성립합니다.

$$q > p > N \Rightarrow \overline{u}_{p+1} + \overline{u}_{p+2} + \cdots + \overline{u}_q < \epsilon$$

이에 의해 (5-17)의 조건이 만족되는 것을 알 수 있습니다. 실제로 (5-28)의 정의에 의해 $q > p > N$이라고 하면 다음이 성립합니다.

$$\begin{aligned}
\sup_{x \in I} |f_p(x) - f_q(x)| &= \sup_{x \in I} |u_{p+1}(x) + u_{p+2}(x) + \cdots + u_q(x)| \\
&\leq \sup_{x \in I} |u_{p+1}(x)| + \sup_{x \in I} |u_{p+2}(x)| + \cdots + \sup_{x \in I} |u_q(x)| \\
&= \overline{u}_{p+1} + \overline{u}_{p+2} + \cdots + \overline{u}_q < \epsilon
\end{aligned}$$

따라서 (5-17)은 확실히 만족하고, $\{f_n(x)\}$는 균등수렴합니다. 또한, 이와 마찬가지로 다음이 성립합니다.

$$|u_{p+1}(x_0)| + |u_{p+2}(x_0)| + \cdots + |u_q(x_0)| \leq \sup_{x \in I}|u_{p+1}(x)| + \sup_{x \in I}|u_{p+2}(x)| + \cdots + \sup_{x \in I}|u_q(x)|$$
$$= \overline{u}_{p+1} + \overline{u}_{p+2} + \cdots + \overline{u}_q < \epsilon$$

이는 $\overline{S}_n$이 코시열인 것을 나타내며, 코시판정법에 의해 $\{\overline{S}_n\}$은 수렴합니다.

또한, 일반적으로 $S_n = \sum_{k=1}^{n} a_k$에 정의된 무한급수 $\{S_n\}_{n=1}^{\infty}$에 대해

$$\overline{S}_n = \sum_{k=1}^{n} |a_k|$$

위 식으로 정의된 무한급수 $\{\overline{S}_n\}_{n=1}^{\infty}$이 $n \to \infty$으로 수렴할 때 $\{S_n\}$은 **절대수렴**한다고 합니다. 그리고 절대수렴하는 무한급수는 반드시 수렴한다고 말할 수 있습니다 정리 44 . 이것은 코시판정법과 삼각부등식의 조합으로 증명할 수 있습니다. 우선 $\{\overline{S}_n\}$이 수렴하는 것으로부터 코시판정법에 의해 임의의 $\epsilon > 0$에 대해 어떤 $N > 0$이 있어서 다음이 성립합니다.

$$q > p > N \Rightarrow |\overline{S}_p - \overline{S}_q| = |a_{p+1}| + |a_{p+2}| + \cdots + |a_q| < \epsilon$$

이때 다음과 같이 되므로

$$q > p > N \Rightarrow |S_p - S_q| = |a_{p+1} + a_{p+2} + \cdots + a_q| \leq |a_{p+1}| + |a_{p+2}| + \cdots + |a_q| < \epsilon$$

$\{S_n\}$은 코시열이고 코시판정법으로부터 수렴하는 것을 알 수 있습니다.

5.2.3 정급수

이 절에서는 함수항급수 중에서도 특히 다음 형태로 표현되는 **정급수** $\{f_n(x)\}_{n=1}^{\infty}$을 다룹니다.

$$f_n(x) = a_0 + a_1(x - x_0) + a_2(x - x_0)^2 + \cdots + a_n(x - x_0)^n$$

위 식에 포함된 상수 x_0을 정급수의 중심이라고 합니다. 그리고 이후의 논의에 의해 x_0을 중심으로 하는 정급수가 수렴해 함수 $f(x)$와 일치하는 경우, 그 계수 a_n은 테일러 공식에서 계산된 $\frac{1}{n!}f^{(n)}(x_0)$과 일치함을 증명합니다. 이는 다시 말해 함수 $f(x)$가 정급수로 표현된다면 테일러 공식에서 $n \to \infty$의 극한을 취한 것과 다름없다는 의미입니다.

또한, 정급수가 수렴하는 조건은 조금 후에 설명하는 **코시–아다마르 정리**에 의해 주어집니다. 여기서는 간단히 표기하기 위해 중심 x_0이 0인 경우로 한정해 논의하지만, x를 $x - x_0$으로 치환하면 일반적인 x_0의 경우에도 똑같은 논의가 적용됩니다.

또한, 간편하게 다음 식으로 정의된 정급수 $\{f_n(x)\}_{n=1}^{\infty}$의 극한을

$$f_n(x) = a_0 + a_1 x + a_2 x^2 + \cdots + a_n x^n$$

다음과 같이 표시합니다.

$$f(x) = \sum_{n=0}^{\infty} a_n x^n \tag{5-30}$$

단, 실제로 극한이 존재하는지 여부는 별도의 문제고, 극한이 존재하는 경우에도 점별수렴인지 균등수렴인지를 구별해야 한다는 점에 주의하세요.

그러면 코시–아다마르 정리를 설명하겠습니다. 우선 주어진 정급수에 대해 다음 값을 계산합니다.

$$l = \lim_{N \to \infty} \sup_{n \geq N} \sqrt[n]{|a_n|} \tag{5-31}$$

이것은 $N > 0$을 고정하고 $l_N = \sup\{\sqrt[n]{|a_n|} \mid n \geq N\}$을 계산한 후에 $l = \lim_{N \to \infty} l_N$을 계산한다는 의미입니다. N이 커지면 $n \geq N$의 조건을 만족하는 a_n의 개수는 감소하므로 $\{l_N\}$은 단조감소라는 점에 유의하세요. 더 나아가 $\sqrt[n]{|a_n|} \geq 0$이므로 $\{l_N\}$은 하방으로 유계고, 3.3절의 정리 19 로부터 극한 l는 반드시 존재합니다. 유일한 예외로 임의의 N에 대해 l_N이 $+\infty$가 되는 경우가 있지만, 이 경우는 $l = +\infty$로 정의해 놓습니다.

그리고 이 l의 값에 의해 정급수의 수렴 조건이 결정된다는 것이 코시–아다마르 정리입니다. 구체적으로는 $l = 0$이면 임의의 실수 x에 대해 무한급수((5-32))가 수렴합니다.

$$\sum_{n=0}^{\infty} |a_n x^n| \tag{5-32}$$

이는 x를 고정할 때의 정급수인 다음 식이 절대수렴한다는 것과 같습니다.

$$\sum_{n=0}^{\infty} a_n x^n$$

이전에 증명한 바와 같이 절대수렴하는 무한급수는 반드시 수렴하므로, 이것으로부터 (5-30)도 수렴하는 것을 알 수 있습니다. x를 고정해 생각하므로 함수열의 수렴이라는 의미에서 이것은 점별수렴이 됩니다. 조금 복잡하게 이야기하지만, 이와 같이 x를 고정했을 때 (5-32)가 수렴하는 것을 '(5-30)은 점별수렴의 의미로 절대수렴한다'고 말합니다. 그리고 반대로 $l = +\infty$의 경우 임의의 $x \neq 0$에 대해 (5-30)은 발산하게 됩니다. 또한, 일반적인 $0 < l < +\infty$의 경우 다음 식이 이 수렴과 발산의 경계가 되고, $|x| < r$에서 점별수렴의 의미로 절대수렴하며, $|x| > r$에서 발산하게 됩니다 정리 46 .

$$r = \frac{1}{l} \tag{5-33}$$

$|x| = r$에서의 수렴 여부는 일의적으로 결정되지 않고, 발산하는 경우와 수렴하는 경우가 있습니다.[10]

그러면 우선 $|x| < r$에서 절대수렴하는 것을 증명합니다. 먼저 (5-31), (5-33)에 의해 다음과 같이 되고

$$\lim_{N \to \infty} \sup_{n \geq N} \sqrt[n]{|a_n|} = \frac{1}{r}$$

$|x_0| < r$을 만족하는 $x = x_0$을 하나로 고정해 $|x_0|$을 양변에 곱하면 다음을 얻을 수 있습니다.

$$\lim_{N \to \infty} \sup_{n \geq N} \sqrt[n]{|a_n x_0^n|} = \frac{|x_0|}{r}$$

이때 극한의 정의를 떠올려보면 임의의 $\epsilon > 0$에 대해 어떤 $N_0 > 0$이 있어서 다음이 성립합니다.

$$N > N_0 \Rightarrow \sup_{n \geq N} \sqrt[n]{|a_n x_0^n|} < \frac{|x_0|}{r} + \epsilon$$

---

10 '$|x| = r$이 수렴하는 경우와 발산하는 경우의 예는 5.2.4절(해석함수와 테일러 전개)의 마지막 예인 (5-47)을 참조하세요.

이 경우 $\dfrac{|x_0|}{r} < 1$이고, 특히 $c = \dfrac{|x_0|}{r} + \epsilon < 1$을 만족하는 ϵ, 예를 들면 $\epsilon = \dfrac{1}{2}\left(1 - \dfrac{|x_0|}{r}\right)$을 취할 수 있으며 이 경우 다음이 성립합니다.

$$N > N_0 \Rightarrow \sup_{n \geq N} \sqrt[n]{|a_n x_0^n|} < c < 1$$

특히 $N = N_0 + 1$인 경우를 고려하면 다음과 같이 되지만

$$\sup_{n \geq N_0 + 1} \sqrt[n]{|a_n x_0^n|} < c < 1$$

이것은

$$n \geq N_0 + 1 \Rightarrow \sqrt[n]{|a_n x_0^n|} < c < 1$$

즉, 다음 식임을 의미합니다.

$$n \geq N_0 + 1 \Rightarrow |a_n x_0^n| < c^n \tag{5-34}$$

거기서 $b_n = |a_n x_0^n|$으로 하고 급수 $S_n = \displaystyle\sum_{k=0}^{n} b_k$를 고려하면 코시열이 되는 것을 알 수 있습니다. 실제로 $q > p \geq N_0 + 1$로 하면 등비수열의 공식을 이용해 다음과 같이 되고 $c < 1$이므로

$$|S_q - S_p| = b_{p+1} + b_{p+2} + \cdots + b_q < c^{p+1} + c^{p+2} + \cdots + c^q = \frac{c^{p+1}(1 - c^{q-p})}{1-c} < \frac{c^{p+1}}{1-c}$$

p를 충분히 크게 하면 $|S_q - S_p|$는 얼마든지 작게 할 수 있습니다. 따라서 다음 무한급수는 수렴합니다.

$$\sum_{n=0}^{\infty} b_n = \sum_{n=0}^{\infty} |a_n x_0^n|$$

이는 $x = x_0$에서 (5-30)이 절대수렴하는 것과 같습니다.

반대로 $|x| > r$인 경우를 고려하면 앞서 해온 논의에 의해 $|x_0| > r$을 만족하는 $x = x_0$에 대해 다음이 성립합니다.

$$\lim_{N \to \infty} \sup_{n \geq N} \sqrt[n]{|a_n x_0^n|} = \frac{|x_0|}{r} > 1$$

이는 앞과 똑같은 논리에 의해 충분히 큰 N_0에 대해

$$n \geq N_0 + 1 \Rightarrow \sqrt[n]{|a_n x_0^n|} > 1$$

즉, 다음이 성립함을 의미합니다.

$$n \geq N_0 + 1 \Rightarrow |a_n x_0^n| > 1$$

이때 $b'_n = a_n x_0^n$으로 하고 급수 $S_n = \sum_{k=0}^{n} b'_k$를 고려하면 $n \geq N_0$에서 다음과 같이 되므로

$$|S_{n+1} - S_n| = |a_{n+1} x_0^{n+1}| > 1$$

이 급수는 코시열의 조건을 만족할 수 없습니다. 따라서 다음 무한급수는 발산합니다.

$$\sum_{n=0}^{\infty} b'_n = \sum_{n=0}^{\infty} a_n x_0^n$$

이는 $x = x_0$에서 (5-30)이 발산하는 것과 같습니다.

지금까지의 내용은 $0 < l < +\infty$인 경우의 논의지만, $l = 0$ 또는 $l = +\infty$에 대해서는 위의 논의로 $r \to \infty$ 또는 $r \to +0$인 경우를 고려하면 문제없습니다. 이로써 코시-아다마르 정리를 증명했습니다.

또한, 위의 논리에서는 $|x| < r$에서 (5-30)이 점별수렴하는 것을 증명했지만, x의 범위를 좀 더 제한하면 절대균등수렴하는 것도 말할 수 있습니다. 구체적으로는 임의의 $0 < r' < r$에 대해 폐구간 $[-r', r']$에서 절대균등수렴합니다. 즉, 개구간 $(-r, r)$을 조금 작게 한 폐구간에서 절대균등수렴하는 것입니다 정리 47 .

이는 이전 절에서 보여준 우급수정리를 이용해 증명할 수 있습니다. 이 경우 우급수정리의 전제 조건으로, 무한급수 $\{S_n\}_{n=0}^{\infty}$을 다음 식으로 정의할 때 이것이 수렴함을 보여줘야 합니다.

$$\overline{u}_n = \sup_{x \in [-r',\, r']} |a_n x^n| = |a_n r'^n|$$

$$S_n = \sum_{k=0}^{n} \overline{u}_k \tag{5-35}$$

(5-35)의 두 번째 등호에서 함수 $|x^n|$은 $x \in [-r',\, r']$의 범위에서 $x = \pm r'$의 최댓값 $|r'^n|$을 취하는 것을 이용하고 있습니다.

우선 (5-34)에서 특히 $x_0 = r' < r$의 경우를 고려하면 다음을 얻을 수 있습니다.

$$n \geq N_0 + 1 \Rightarrow |a_n r'^n| < c^n$$

따라서 (5-35)에 의해 다음이 성립합니다.

$$n \geq N_0 + 1 \Rightarrow \overline{u}_n < c^n \tag{5-36}$$

더 나아가 $c < 1$인 것에 유의해 무한등비급수의 공식을 이용하면 다음을 얻을 수 있습니다.

$$\sum_{n=N_0+1}^{\infty} c^n = \frac{c^{N_0+1}}{1-c}$$

이는 무한급수 $S'_n = \displaystyle\sum_{k=0}^{n} \overline{u}'_k$를 다음 식으로 정의하면 $\{S'_n\}$은 수렴하는 것을 의미합니다.

$$\overline{u}'_k = \begin{cases} \overline{u}_k & (k = 0, 1, \cdots, N_0) \\ c^k & (k = N_0 + 1, \cdots) \end{cases} \tag{5-37}$$

$n = 0, 1, \cdots, N_0$ 부분은 유한개 원소의 합이므로 반드시 유한값이 되고 그 뒤의 무한개 원소의 합은 $\dfrac{c^{N_0+1}}{1-c}$에 수렴하기 때문입니다.

이때 $\{S'_n\}$은 단조증가하므로 그 수렴값을 C로 하면 임의의 n에 대해 $S'_n \leq C$가 성립합니다. 그리고 더 나아가 (5-36), (5-37)에 의해 모든 n에 대해 다음의 관계인 것으로부터 $S_n \leq S'_n \leq C$를 얻을 수 있습니다.

$$\overline{u}_n \leq \overline{u}'_n$$

이에 의해 $\{S_n\}$은 단조증가하면서 유계인 수열이고, 확실하게 수렴하는 것을 알 수 있습니다.

지금까지의 설명으로부터 정급수는 $(-r,\ r)$의 구간에서 잘 수렴하는 특성이 있다는 것을 알았습니다. 일반적으로 이 r을 정급수의 **수렴반경**이라고 말합니다.[11] 더 나아가 정급수의 극한으로 얻을 수 있는 함수 $f(x)$에는 수렴반경의 내부에서 무한번미분가능하다는 잘 알려진 특성이 있습니다. 이것은 다음을 미분해 얻어지는

$$f_n(x) = a_0 + a_1 x + a_2 x^2 + \cdots + a_n x^n$$

다음 정급수의 수렴반경을 생각하면 알 수 있습니다.

$$f_n'(x) = a_1 + 2a_2 x + 3a_3 x^2 \cdots + n a_n x^{n-1}$$

먼저 원래 정급수의 수렴반경의 역수 l는 다음과 같이 계산합니다.

$$l = \lim_{N \to \infty} \sup_{n \geq N} \sqrt[n]{|a_n|} \tag{5-38}$$

한편 미분한 쪽의 정급수에 대해서는 다음과 같이 계산합니다.[12]

$$l' = \lim_{N \to \infty} \sup_{n \geq N} \sqrt[n]{|n a_n|} = \lim_{N \to \infty} \sup_{n \geq N} (p_n q_n) \tag{5-39}$$

여기서 $p_n = \sqrt[n]{n}$, $q_n = \sqrt[n]{|a_n|}$으로 놓습니다. 이때 바로 뒤에서 보여주듯이 다음 식이 성립하므로

$$\lim_{n \to \infty} p_n = \lim_{n \to \infty} \sqrt[n]{n} = 1 \tag{5-40}$$

임의의 $\epsilon > 0$에 대해 $N' > 0$이 존재하고, $n > N'$에 대해 다음이 성립합니다.

$$1 - \epsilon < p_n < 1 + \epsilon$$

---

11 변수 x가 복소수 z인 경우에도 같은 특성이 성립한다고 알려져 있으며, $|z| < r$이라는 조건으로 수렴 범위가 결정됩니다. 이를 수렴반경이라고 하는데 복소수 평면에서 반지름(반경) r인 원이 되기 때문입니다.

12 엄밀하게는 $\sqrt[n]{|n a_n|}$이 아니라 $\sqrt[n-1]{|n a_n|}$으로 해야 하지만, $\sup_{n \geq N} \sqrt[n-1]{|n a_n|} = \sup_{n \geq N} (\sqrt[n]{|n a_n|})^{\frac{n}{n-1}}$에 의해 $N \to \infty$ 극한에서 이들은 일치합니다.

각 변에 $q_n > 0$을 곱하면 다음과 같이 되고

$$q_n(1 - \epsilon) < p_n q_n < q_n(1 + \epsilon)$$

여기서 $N > N'$가 되는 N을 이용해 $\sup\limits_{n \geq N}$이라는 상한을 고려하면 다음이 성립합니다(이 절 마지막 부분의 '부등식과 상한의 관계' Note를 참조하세요).

$$\sup_{n \geq N} \{q_n(1 - \epsilon)\} \leq \sup_{n \geq N} (p_n q_n) \leq \sup_{n \geq N} \{q_n(1 + \epsilon)\} \tag{5-41}$$

더 나아가 일반적으로 수열 $\{a_n\}$과 상수 c에 대해 $\sup\limits_{n}(ca_n) = c \times \sup\limits_{n} a_n$이 성립하는 것에 주의하면, 이는 다음과 같이 바꿔 쓸 수 있습니다.

$$(1 - \epsilon) \sup_{n \geq N} q_n \leq \sup_{n \geq N} (p_n q_n) \leq (1 + \epsilon) \sup_{n \geq N} q_n$$

마지막으로 각 변에 $N \to \infty$의 극한을 취하고 (5-38), (5-39)를 이용하면 다음을 얻을 수 있습니다.

$$l(1 - \epsilon) \leq l' \leq l(1 + \epsilon) \tag{5-42}$$

이것은 임의의 ϵ에 대해 성립해야만 하는 관계식이므로, 결국 $l' = l$이 됩니다. 만약 $l' \neq l$이라면 충분히 작은 $\epsilon > 0$에 대해 (5-42)가 성립하지 않기 때문입니다.

지금까지 살펴본 내용에 의해 $\{f'_n(x)\}$는 원래의 정급수와 수렴반경이 $r = \dfrac{1}{l}$로 같으며, 임의의 $0 < r' < r$에 대해 $[-r', r']$에서 절대균등수렴한다고 말할 수 있습니다. 이때 앞 절의 정리 43 에 의해 이 수렴값의 함수는 $f'(x)$에 일치하게 됩니다. 임의의 $x \in (-r, r)$에 대해 $x \in [-r', r']$로 되는 $r' < r$을 취할 수 있으므로 $(-r, r)$ 전체에서 $f_n(x)$는 $f(x)$에 점별수렴한다는 점을 주의하세요. 이후 $f'(x)$를 새로이 $f(x)$로 간주해 같은 논의를 반복하면 결국 같은 수렴반경 r 내부에서 $f(x)$는 몇 번이라도 미분가능한 것이 됩니다 정리 48 .

Note ☰　**부등식과 상한의 관계**

만약을 위해 본문 (5-41)과 (5-42)의 식 변환을 정확하게 설명해봅니다. (5-41)에 대해서는 일반적으로 다음을 만족하는 수열 $\{a_n\}$, $\{b_n\}$에 대해

$$a_n < b_n \ (n = 1, 2, \cdots)$$

다음이 성립한다는 사실을 이용합니다.

$$\sup_n a_n \le \sup_n b_n$$

이것은 다음과 같이 증명할 수 있습니다. 이제 $a = \sup_n a_n$, $b = \sup_n b_n$이라고 하면 a는 $\{a_n\}$의 상계의 최솟값이므로, 임의의 $\epsilon > 0$에 대해 다음을 만족하는 a_n이 존재합니다.

$$a - \epsilon < a_n$$

이때 다음과 같이 됩니다.

$$a - \epsilon < a_n < b_n \le b$$

만약 $a > b$라고 하면 충분히 작은 $\epsilon > 0$에 대해 이 관계가 성립하지 않습니다. 따라서 $a \le b$가 될 수밖에 없습니다.

(5-42)는 극한을 취하기 전의 식에 상한의 계산을 포함하고 있으며, 일견 복잡해 보이지만 다음과 같이 치환하면 보통 수열의 극한과 같습니다.

$$a_N = \sup_{n \ge N} q_n(1 - \epsilon)$$

일반적으로 다음을 만족하는 수열 $\{a_n\}$, $\{b_n\}$에 대해

$$a_n \le b_n \ (n = 1, 2, \cdots)$$

다음이 성립한다는 사실을 이용합니다[13].

$$\lim_{n \to \infty} a_n \le \lim_{n \to \infty} b_n$$

그러면 마지막으로 (5-40)을 증명합니다. 우선 n이 2 이상의 자연수일 때 $\sqrt[n]{n} > 1$인 점을 주의하세요. 만약 $\sqrt[n]{n} \le 1$이라고 하면 양변에 n제곱했을 때 $n \le 1$이 되므로, n이 2 이상이라는 전제에 모순되기 때문입니다. 그래서 다음과 같이 놓습니다.

$$\sqrt[n]{n} = 1 + \Delta_n \ (\Delta_n > 0) \tag{5-43}$$

13　1.4절(연습 문제)의 **문제 9**를 참조하세요.

양변을 n제곱하고, 이항 전개 공식으로 우변을 전개하면 다음과 같습니다.

$$n = (1 + \Delta_n)^n = 1 + n\Delta_n + \frac{n(n-1)}{2}\Delta_n^2 + \cdots$$

여기서 우변의 각 항은 모두 양의 값이고, 합계가 n이 되기 때문에 각각의 항은 반드시 n 미만입니다. 특히 3번 항에 주목하면 다음을 얻을 수 있습니다.

$$\frac{n(n-1)}{2}\Delta_n^2 < n$$

이를 변환하면 다음과 같이 됩니다.

$$0 < \Delta_n < \sqrt{\frac{2}{n-1}}$$

우변은 $n \to \infty$의 극한에서 수렴하므로 샌드위치 정리에 의해 $\triangle_n$도 0에 수렴합니다. 따라서 (5-43)에 의해 다음을 얻을 수 있습니다.

$$\lim_{n \to \infty} \sqrt[n]{n} = 1$$

5.2.4 해석함수와 테일러 전개

앞 절에서는 $x_0 = 0$인 경우를 고려했는데, 새롭게 일반적인 x_0의 경우로 이야기를 정리해봅시다. 다음의 정급수는 수렴반경을 r로 하면 $(x_0 - r, \ x_0 + r)$ 구간에서 무한번미분가능합니다.

$$f(x) = a_0 + a_1(x - x_0) + a_2(x - x_0)^2 + \cdots = \sum_{n=0}^{\infty} a_n(x - x_0)^n \qquad \text{(5-44)}$$

일반적으로 어떤 함수 $f(x)$가 $r > 0$의 수렴반경을 가진 정급수로 (5-44)와 같이 표현되는 경우, 이 함수를 $x = x_0$에서 **해석적인 함수** 또는 **해석함수**라고 합니다. 이 경우 (5-44)에 $f(x)$가 해석적으로 정의되었을 뿐 아니라, 그 함수는 수렴반경 내부에서 무한번미분가능인 것이 보증됩니다.

그러면 기존 함수 $f(x)$에 대해 어떤 수렴반경 r에서 (5-44)가 성립하는 경우, 즉 $f(x)$가 해석적인 경우 우변의 정급수 계수 $\{a_n\}$은 어떻게 결정되는 것일까요? 그 결정 절차는 다음과 같습니다. 우선 (5-44)에 $x = x_0$을 대입하면 다음 식을 얻을 수 있습니다.

$$a_0 = f(x_0)$$

이어서 (5-44)의 양변을 x로 미분한 후에 $x = x_0$을 대입하면 다음을 얻을 수 있습니다.

$$a_1 = f'(x_0)$$

앞 절의 논의에서 정급수의 도함수는 각 항을 개별적으로 미분해 얻을 수 있는 다음의 정급수로 주어진다는 점에 주의하세요.

$$f'(x) = a_1 + 2a_2(x - x_0) + 3a_3(x - x_0)^2 + \cdots = \sum_{n=1}^{\infty} na_n(x - x_0)^{n-1}$$

더 나아가 이것을 x로 미분하면 다음과 같고

$$f''(x) = 2a_2 + 3 \cdot 2a_3(x - x_0) + \cdots = \sum_{n=2}^{\infty} n(n-1)a_n(x - x_0)^{n-2}$$

$x = x_0$을 대입하면 다음을 얻을 수 있습니다.

$$a_2 = \frac{f''(x_0)}{2}$$

이 연산을 여러 번 반복하면 일반적으로 다음 관계를 얻게 됩니다.

$$a_n = \frac{f^{(n)}(x_0)}{n!}$$

테일러 공식 (5-11)의 계수와 일치함을 알 수 있습니다. 즉, 해석함수 $f(x)$는 테일러 공식에 의한 전개를 무한히 계속할 때 수렴반경 내부에서 정확하게 원래 함수에 수렴해 다음이 성립되는 것으로 이해할 수 있습니다.

$$f(x) = \sum_{n=0}^{\infty} \frac{f^{(n)}(x_0)}{n!}(x - x_0)^n \qquad (5\text{-}45)$$

이때 (5-45)를 함수 $f(x)$의 **테일러 전개**라고 부릅니다 정리 49 . 특히 $x_0 = 0$의 경우는 **매클로린 전개**라고 부르기도 합니다.

또한, 어떤 함수 $f(x)$가 $x = x_0$에서 해석적인지 여부를 알아보기 위해서는 그 점에서의 테일러 공식 잉여항 $R(x)$가 $n \to \infty$에서 0에 수렴하는 것을 확인하면 충분합니다. 실제로 다음의 테일러 공식을

$$f(x) = \sum_{k=0}^{n-1} \frac{f^{(k)}(x_0)}{k!}(x - x_0)^k + R(x)$$

다음 식으로 변환하면

$$\sum_{k=0}^{n-1} \frac{f^{(k)}(x_0)}{k!}(x - x_0)^k = f(x) - R(x)$$

위 식의 좌변이 $n \to \infty$에서 $f(x)$에 수렴하는 것과 $R(x)$가 0에 수렴하는 것은 동치임을 알 수 있습니다. $R(x)$는 n에 대응해 변하는 점에 주의하세요.

그러면 몇 가지 함수에 대해 실제로 테일러 전개가 수렴하는지 확인해봅시다. 여기서는 $x_0 = 0$이라 하고, 원점의 주변에서 전개하는 경우를 생각합니다.

우선 이해하기 쉬운 예를 살펴보면 $f(x) = e^x$가 있습니다. 이 함수는 임의의 $n \in \mathbf{N}$에 대해 $f^{(n)}(x) = e^x$에 의해 $f^{(n)}(0) = 1$로 됩니다. 따라서 다음과 같고

$$a_n = \frac{1}{n!}$$

테일러 공식은 다음과 같이 됩니다.

$$e^x = \sum_{k=0}^{n-1} \frac{1}{k!} x^k + e^\xi \frac{x^n}{n!}$$

여기서 ξ는 0과 x 사이의 값이 되므로 잉여항에 대해 다음이 성립합니다.

$$|R(x)| = \left| e^\xi \frac{x^n}{n!} \right| \leq \max(e^0, e^x) \left| \frac{x^n}{n!} \right|$$

1.4절(연습 문제)의 **문제 7**에서 보여준 바와 같이 $\lim\limits_{n \to \infty} \dfrac{x^n}{n!} = 0$이 성립하므로, 이것에 의해 임의의 x에 대해 $\lim\limits_{n \to \infty} R(x) = 0$으로 되고 임의의 x에 대해 다음이 성립합니다.

$$e^x = \sum_{n=0}^{\infty} \frac{1}{n!} x^n$$

이는 바꿔 말하면 테일러 전개의 수렴반경이 $r = +\infty$임을 나타냅니다.

수렴반경에 대해서는 코시-아다마르 정리로부터 직접 계산해 확인할 수 있습니다.[14] 지금의 경우 수렴반경의 역수는 다음과 같이 되므로

$$l = \lim_{N \to \infty} \sup_{n \geq N} \sqrt[n]{|a_n|} = \lim_{N \to \infty} \sup_{n \geq N} \frac{1}{\sqrt[n]{n!}}$$

잠시 후에 보여주듯이 다음과 같습니다.

$$\lim_{n \to \infty} \frac{1}{\sqrt[n]{n!}} = 0 \tag{5-46}$$

따라서 $l = 0$을 얻을 수 있습니다. 좀 더 정확하게 설명하면 (5-46)에 의해 임의의 $\epsilon > 0$에 대해 $N' > 0$이 존재해서 다음이 성립하므로

$$n > N' \Rightarrow 0 < \frac{1}{\sqrt[n]{n!}} < \epsilon$$

다음과 같다고 말할 수 있습니다.[15]

$$N > N' \Rightarrow \sup_{n \geq N} \frac{1}{\sqrt[n]{n!}} \leq \epsilon$$

---

14 이 예의 경우 5.4절(연습 문제)의 **문제 6**에서 보여준 함수식 $l = \lim\limits_{n \to \infty} \left| \dfrac{a_n}{a_{n-1}} \right|$을 이용해 계산할 수 있습니다.

15 상한 sup를 이용하면 부등호 $< \epsilon$이 $\leq \epsilon$으로 변하는 점에 대해서는 1.4절(연습 문제)의 **문제 4**를 참조하세요.

이것은 $\lim\limits_{N \to \infty} \sup\limits_{n \geq N} \dfrac{1}{\sqrt[n]{n!}} = 0$과 같습니다. 따라서 수렴반경은 $r = +\infty$임을 알 수 있습니다.

같은 논의에 의해 삼각함수 $\sin x$, $\cos x$도 해석적이며, 테일러 전개의 수렴반경은 $r = +\infty$이 되는 것을 알 수 있습니다. 예를 들어 사인함수에 대한 테일러 공식은 5.1.1절(연속미분가능함수)의 (5-2) 결과를 이용해 다음과 같이 주어집니다.

$$\sin x = x - \frac{1}{3!}x^3 + \frac{1}{5!}x^5 - \frac{1}{7!}x^7 + \cdots + R(x) = \sum_{k=1}^{n-1} \frac{(-1)^{k-1}}{(2k-1)!}x^{2k-1} + \frac{(-1)^{n-1}\cos\xi}{(2n-1)!}x^{2n-1}$$

따라서 잉여항에 대해 다음이 성립합니다.

$$|R(x)| = \left| \frac{(-1)^{n-1}\cos\xi}{(2n-1)!}x^{2n-1} \right| \leq \left| \frac{x^{2n-1}}{(2n-1)!} \right|$$

조금 전 지수함수의 예에서 이용한 관계인 $\lim\limits_{n \to \infty} \dfrac{x^n}{n!} = 0$에 의해 $\lim\limits_{n \to \infty} \dfrac{x^{2n-1}}{(2n-1)!} = 0$이 성립하므로, 임의의 x에 대해 $\lim\limits_{x \to \infty} R(x) = 0$이 됩니다. 따라서 임의의 x에 대해 다음이 성립합니다.

$$\sin x = \sum_{k=1}^{\infty} \frac{(-1)^{k-1}}{(2k-1)!}x^{2k-1}$$

여기서 조금 전에 사용했던 (5-46)의 증명은 다음과 같습니다. 우선 로그함수의 기본 공식에 의해 다음이 성립합니다.

$$\log_e \sqrt[n]{n!} = \frac{1}{n}\log_e n! = \frac{1}{n}\sum_{k=1}^{n}\log_e k$$

그리고 그림 5-4의 그래프에서 $[1,\, n]$의 범위에 대해 막대그래프의 면적과 로그함수 $y = \log_e x$의 그래프 면적을 비교하면 다음 부등식이 성립합니다.

$$\sum_{k=1}^{n}\log_e k > \int_1^n \log_e x \, dx = [x(\log_e x - 1)]_1^n = n(\log_e n - 1) + 1$$

우변의 적분을 계산할 때는 4.1.3절(지수함수·로그함수의 도함수)의 (4-18)에서 구한 $\log_e x$의 부정적분을 이용합니다. 이에 의해 다음이 성립합니다.

$$\log_e \sqrt[n]{n!} > \frac{1}{n}\left\{n(\log_e n - 1) + 1\right\} = (\log_e n - 1) + \frac{1}{n}$$

여기서 양변을 지수함수 e^x에 대입하고, 더 나아가 역수를 취하면 다음을 얻을 수 있습니다.

$$0 < \frac{1}{\sqrt[n]{n!}} < \frac{1}{e^{(\log_e n - 1) + \frac{1}{n}}} = \frac{1}{ne^{-1 + \frac{1}{n}}}$$

$n \to \infty$의 극한에서 우변은 0에 수렴하므로 샌드위치 정리에 의해 (5-46)이 성립합니다.

▼ 그림 5-4 $\displaystyle\sum_{k=1}^{n}\log_e k$와 $y = \log_e x$의 면적 비교

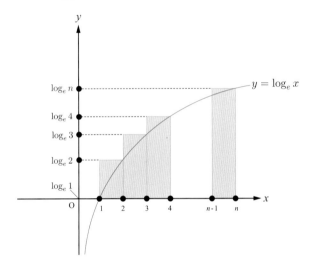

한편 다음은 수렴반경이 유한이 되는 예입니다.

$$\frac{1}{1 - x} = 1 + x + x^2 + x^3 + \cdots$$

이것은 무한등비수열의 공식에서 얻을 수 있는 결과지만, 잘 알려져 있는 바와 같이 이 결과는 $|x| < 1$의 경우에만 성립합니다. 즉, 이 정급수의 수렴반경은 $r = 1$로 주어집니다. 좀 더 엄밀하게는 다음 논의가 성립합니다. 우선 항수 n이 유한인 경우에는 등비급수의 공식으로부터 x의 값에 의하지 않고 다음 관계가 성립합니다.

$$1 + x + x^2 + \cdots + x^{n-1} = \frac{1 - x^n}{1 - x}$$

이것을 변환하면 다음을 얻을 수 있습니다.

$$\frac{1}{1-x} - (1 + x + x^2 + \cdots + x^{n-1}) = \frac{x^n}{1-x}$$

이 우변은 $\frac{1}{1-x}$의 $x = 0$에서 테일러 공식의 잉여항에 해당합니다.[16] 여기서 $n \to \infty$의 극한을 고려하면 $|x| < 1$의 경우 우변은 0에 수렴하므로 다음이 성립합니다.

$$\frac{1}{1-x} = \lim_{n \to \infty} (1 + x + x^2 + \cdots + x^{n-1})$$

한편 $|x| > 1$의 경우 우변은 발산하므로 이 관계는 성립하지 않습니다. $\frac{1}{1-x}$이라는 함수는 $|x| > 1$이어도 정의되지만 $x = 0$을 중심으로 하는 정급수로 표현할 수 있는 것은 $|x| < 1$의 경우로 한정됩니다.

마지막으로 여기서는 수렴반경상에서의 움직임에 대해 구체적인 예를 들어보겠습니다. 코시-아다마르 정리에서는 수렴반경의 점 $|x| = r$에서 정급수의 수렴과 발산에 대해 결정할 수 없으며 양쪽의 경우가 있을 수 있다고 설명했습니다. 이와 관련한 재미있는 예로 다음 정급수를 들 수 있습니다.

$$f(x) = \sum_{n=1}^{\infty} \frac{(-1)^n}{n} x^n \tag{5-47}$$

이 경우 $a_n = \frac{(-1)^n}{n}$에 의해 수렴반경 r의 역수는 다음과 같이 주어집니다.

$$l = \lim_{N \to \infty} \sup_{n \geq N} \sqrt[n]{|a_n|} = \lim_{N \to \infty} \sup_{n \geq N} \frac{1}{\sqrt[n]{n}}$$

여기서 앞 절의 (5-40)에서 보여준 $\lim_{n \to \infty} \sqrt[n]{n} = 1$이라는 관계를 상기하면 $l = 1$, 즉 수렴반경은 $r = \frac{1}{l} = 1$로 결정됩니다. 그러면 수렴반경의 점 $|x| = 1$에서 (5-47)의 값은 어떻게 되는 것일까요? $x = \pm 1$로 나눠서 구체적으로 표현하면 다음과 같습니다.

---

16 도함수를 계산하고 테일러 공식을 써도 결과는 같습니다.

$$f(1) = \sum_{n=1}^{\infty} \frac{(-1)^n}{n} \tag{5-48}$$

$$f(-1) = \sum_{n=1}^{\infty} \frac{1}{n} \tag{5-49}$$

그래서 결론부터 말하면 (5-48)은 수렴하고, (5-49)는 발산합니다. 즉, 동일한 급수에 대해 수렴 반경의 양쪽 점에서 수렴과 발산 모두가 일어나는 것입니다.

구체적인 계산은 다음과 같이 됩니다. 우선 (5-49)에 대해서는 정적분과 비교하는 방법으로 발산하는 것을 보여줍니다. 그림 5-5에서 막대그래프의 면적과 함수 $y = \frac{1}{x}$의 면적을 비교해 다음 관계를 얻게 되지만

▼ 그림 5-5 $\sum_{k=1}^{n} \frac{1}{k}$과 $y = \frac{1}{x}$의 면적 비교

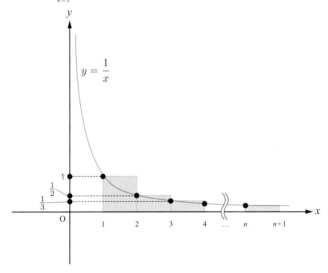

$$\sum_{k=1}^{n} \frac{1}{k} > \int_{1}^{n+1} \frac{1}{x}\, dx = [\log_e x]_1^{n+1} = \log_e(n+1)$$

위 식의 우변은 $n \to \infty$의 극한에서 $+\infty$로 발산합니다. 따라서 좌변도 동일하게 발산합니다.

한편 (5-48)은 다음의 식으로 수열 $\{S_n\}_{n=1}^{\infty}$의 극한으로서 주어진 것이 되지만

$$S_n = \sum_{k=1}^{n} \frac{(-1)^k}{k}$$

예를 들어 홀수 번만 뽑은 수열 $\{S_{2n-1}\}_{n=1}^{\infty}$을 고려하면 다음과 같이 정리할 수 있고

$$S_{2n-1} = -1 + \left(\frac{1}{2} - \frac{1}{3}\right) + \left(\frac{1}{4} - \frac{1}{5}\right) + \cdots + \left(\frac{1}{2n-2} - \frac{1}{2n-1}\right)$$

위 식의 괄호 안은 모두 양의 값이므로 $\{S_{2n-1}\}$은 단조증가가 됩니다. 더 나아가 이와 동일한 것을 다음 식으로 정리하면

$$S_{2n-1} = -\left(1 - \frac{1}{2}\right) - \left(\frac{1}{3} - \frac{1}{4}\right) - \cdots - \left(\frac{1}{2n-3} - \frac{1}{2n-2}\right) - \frac{1}{2n-1}$$

역시 괄호 안이 모두 양의 값이므로 $S_{2n-1} < 0$임을 알 수 있습니다. 따라서 $\{S_{2n-1}\}$은 위로 유계인 단조증가고, 어떤 값 S에 수렴합니다(3.3절의 정리 19). 한편 짝수 번 항만 뽑은 수열은 다음과 같이 쓸 수 있으므로

$$S_{2n} = S_{2n-1} + \frac{1}{2n}$$

양변에 $n \to \infty$의 극한을 취하면 동일한 값 S에 수렴하는 것을 알 수 있습니다. 따라서 $\lim_{n \to \infty} S_n = S$가 성립합니다.[17]

---

17 1.4절(연습 문제)의 문제 8을 참조하세요.

5.3 주요 정리 요약

여기서는 이 장에서 살펴본 주요한 사실을 정리 또는 정의로 요약합니다.

정의 12 연속미분가능한 함수

구간 I의 각 점에서 m번미분가능한 함수고, m계도함수 $f^{(m)}(x)$가 I상의 연속함수일 때 I에서 m번연속미분가능한 함수, 또는 C^m-급의 함수라고 부릅니다.

또한, I에서 C^m-급의 함수를 모아 놓은 집합을 $C^m(I)$라고 하면 다음 포함 관계가 성립합니다.

$$C^0(I) \supset C^1(I) \supset C^2(I) \supset \cdots \supset C^m(I)$$

여기서 $C^0(I)$는 I의 연속함수를 모아 놓은 집합입니다.

정의 13 무한미분가능한 함수

다음 집합에 포함된 함수 $f(x)$를 I에서 무한미분가능한 함수, 또는 C^∞-급의 함수라고 부릅니다.

$$C^\infty(I) = \bigcap_{m=0}^{\infty} C^m(I)$$

이것은 I에서 몇 번이라도 미분가능한 함수를 모아 놓은 집합입니다.

정의 14 동위인 무한소와 동치인 무한소

$x \to x_0$의 극한에서 0에 수렴하는 함수 $f(x)$는 $x = x_0$에서 무한소라 하고, $f(x)$와 $g(x)$가 $x \to x_0$에서 무한소인 함수로서 다음과 같이 되는 경우 $f(x)$와 $g(x)$는 동위인 무한소라 하며

$$\lim_{x \to x_0} \frac{f(x)}{g(x)} = \alpha \neq 0$$

특히 $\alpha = 1$인 경우 $f(x)$와 $g(x)$는 동치인 무한소라 합니다.

$f(x)$와 $g(x)$가 동치인 무한소인 것을 다음과 같은 기호로 나타냅니다.

$$f(x) \sim g(x) \ (x \to x_0)$$

무시가능한 무한소

$f(x)$와 $g(x)$를 $x \to x_0$에서 무한소인 함수로서 다음과 같이 되는 경우

$$\lim_{x \to x_0} \frac{f(x)}{g(x)} = 0$$

$f(x)$는 $g(x)$에 대해 무시가능한 무한소라 말하고, 이 사실을 다음 기호로 나타냅니다.

$$f(x) = o(g(x)) \ (x \to x_0)$$

또는 $f(x)$가 $g(x)$에 대해 무시가능하거나 $g(x)$와 동위인 무한소인 경우 이 사실을 다음 기호로 나타냅니다.

$$f(x) = O(g(x)) \ (x \to x_0)$$

정리 39 **테일러 공식**

폐구간 $[x_0, \ x]$ 또는 $[x, \ x_0]$에서 $f^{(n-1)}(x)$가 연속이고, 게다가 $f^{(n)}(x)$가 존재할 때 $n = 1, 2, \cdots$ 에 대해 다음 관계가 성립합니다.

$$f(x) = \sum_{k=0}^{n-1} \frac{f^{(k)}(x_0)}{k!}(x - x_0)^k + R(x)$$
$$R(x) = o\left((x - x_0)^{n-1}\right)$$

특히 $(x_0, \ x)$ 또는 $(x, \ x_0)$에 포함되는 값 ξ를 이용하면 다음이 성립하고

$$R(x) = \frac{f^{(n)}(\xi)}{n!}(x - x_0)^n$$

이것을 테일러 공식의 잉여값이라 호칭합니다. 이때 ξ의 값은 x에 의존해 변화합니다.

정의 16 **함수열의 수렴**

구간 I에서 정의된 함수열 $\{f_n(x)\}_{n=1}^{\infty}$에서 임의의 $x_0 \in I$에 대해 다음이 성립할 때

$$\lim_{n \to \infty} f_n(x_0) = f(x)$$

함수열 $\{f_n(x)\}$는 함수 $f(x)$에 I에서 점별수렴한다고 말합니다. 더 나아가 다음이 성립할 때

$$\lim_{n \to \infty} \sup_{x \in I} |f_n(x) - f(x)| = 0$$

함수열 $\{f_n(x)\}$는 함수 $f(x)$에 I에서 균등수렴한다고 말하며, 이 사실을 다음 기호로 나타냅니다.

$$f_n(x) \rightrightarrows f(x) \ (n \to \infty)$$

균등수렴하는 함수는 반드시 점별수렴하지만, 그 역은 반드시 성립하지 않습니다.

정리 40 코시판정법

무한수열 $\{a_n\}_{n=1}^{\infty}$이 다음 조건을 만족할 때 $\{a_n\}$은 코시열이라고 말합니다.

$$\forall \epsilon > 0; \ \exists N \in \mathbf{N} \ \text{s.t.} \ \forall p, q \in \mathbf{N}; \ p, q > N \Rightarrow |a_p - a_q| < \epsilon$$

$\{a_n\}$이 코시열인 것은 이것이 수렴할 필요충분조건입니다.

정리 41 균등수렴의 판정법

다음은 I를 정의역으로 하는 함수열 $\{f_n(x)\}$가 I에서 균등수렴하기 위한 필요충분조건입니다.

$$\forall \epsilon > 0; \ \exists N \in \mathbf{N} \ \text{s.t.} \ \forall p, q \in \mathbf{N}; \ p, q > N \Rightarrow \sup_{x \in I} |f_p(x) - f_q(x)| < \epsilon$$

정리 42 함수열의 부정적분

유계인 구간 I를 정의역으로 하는 함수열 $\{f_n(x)\}$에 대해 그 부정적분인 다음 식으로부터 나온 함수열 $\{F_n(x)\}$를 생각합니다.

$$F_n(x) = \int_c^x f_n(t) \, dt$$

이때 $\{f_n(x)\}$가 $f(x)$에 균등수렴하면 $\{F_n(x)\}$도 균등수렴하고, $f(x)$의 부정적분인 다음과 일치합니다.

$$F(x) = \int_c^x f(t) \, dt$$

여기서 부정적분 하단의 c는 I에 포함된 하나의 값을 고정한 것입니다.

정리 43 함수열의 도함수

유계인 구간 I를 정의역으로 하는 함수열 $\{f_n(x)\}$에 대해 그 도함수로부터 나온 함수 열 $\{f'_n(x)\}$를 생각합니다. 이때 $\{f'_n(x)\}$가 균등수렴한다고 하면 그 수렴값은 $f'(x)$와 일치합니다. 여기서 $\{f_n(x)\}$는 $f(x)$에 점별수렴하고 있다고 말합니다.

정리 44 무한급수의 절대수렴

무한수열 $\{a_n\}_{n=1}^{\infty}$을 이용해 다음에 정의된 무한수열 $\{S_n\}_{n=1}^{\infty}$을 무한급수라고 부릅니다.

$$S_n = \sum_{k=1}^{n} a_k$$

더 나아가 다음 식으로 정의한 무한수열 $\{\overline{S}_n\}_{n=1}^{\infty}$이 $n \to \infty$에서 수렴할 때 $\{S_n\}$은 절대수렴한다고 말합니다.

$$\overline{S}_n = \sum_{k=1}^{n} |a_k|$$

절대수렴하는 무한급수는 반드시 수렴합니다.

정의 17 함수항급수

I를 정의역으로 하는 함수열 $\{u_n(x)\}_{n=1}^{\infty}$을 이용해 다음 식으로 정의된 함수열 $\{f_n(x)\}_{n=1}^{\infty}$을 함수항급수라고 부릅니다.

$$f_n(x) = u_1(x) + u_2(x) + \cdots + u_n(x) \ (n = 1, 2, \cdots)$$

정리 45 바이어슈트라스의 우급수정리

I를 정의역으로 하고 다음에 정의된 함수항급수 $\{f_n(x)\}$를 생각해봅니다.

$$f_n(x) = u_1(x) + u_2(x) + \cdots + u_n(x) \ (n = 1, 2, \cdots)$$

이때 다음에 정의된 무한급수 $\{S_n\}_{n=1}^{\infty}$이 수렴하면 함수항급수 $\{f_n(x)\}$는 I에서 균등수렴합니다.

$$S_n = \sum_{k=1}^{n} \overline{u}_k$$
$$\overline{u}_n = \sup_{x \in I} |u_n(x)|$$

더 나아가 이 조건에서 임의의 $x_0 \in I$에 대해 다음에 정의된 무한급수 $\{\overline{S}_n\}_{n=1}^{\infty}$이 수렴합니다.

$$\overline{S}_n = |u_1(x_0)| + |u_2(x_0)| + \cdots + |u_n(x_0)| \ (n = 1, 2, \cdots)$$

이 두 결과를 합해 함수항급수 $\{f_n(x)\}$는 I에서 절대수렴한다고 말합니다.

정리 46 코시-아다마르 정리

다음 형태로 표현되는 함수항급수 $\{f_n(x)\}_{n=0}^{\infty}$을 정급수라고 부릅니다.

$$f_n(x) = a_0 + a_1(x - x_0) + a_2(x - x_0)^2 + \cdots + a_n(x - x_0)^n \ (n = 0, 1, 2, \cdots)$$

이 정급수의 수렴반경 r은 다음 식으로 계산된 l를 이용해 $r = \dfrac{1}{l}$로 주어집니다.

$$l = \lim_{N \to \infty} \sup_{n \geq N} \sqrt[n]{|a_n|}$$

이때 $\{f_n(x)\}$는 $|x - x_0| < r$에서 점별수렴의 의미로 절대수렴하고, $|x - x_0| > r$에서 발산합니다. $l = 0$ 또는 $l = +\infty$의 경우 $r = +\infty$ 및 $r = 0$으로 정의합니다.

'점별수렴의 의미로 절대수렴한다'는 x를 고정할 때 $\displaystyle\sum_{n=0}^{\infty} |a_n(x - x_0)^n|$이 수렴한다는 것이며, 이 때 정리 44 에 의해 $\{f_n(x)\}$는 점별수렴한다고 말할 수 있습니다.

정리 47 정급수의 균등수렴

수렴반경 r의 정급수는 임의의 $0 < r' < r$에 대해 $|x - x_0| \leq r'$로 정의된 폐구간에서 절대균등수렴합니다.

정급수는 수렴반경 내부에서 무한번미분가능하고, 그 도함수는 항별 미분에 의해 주어집니다.

$$f(x) = a_0 + a_1(x - x_0) + a_2(x - x_0)^2 + \cdots = \sum_{n=0}^{\infty} a_n(x - x_0)^n$$

즉, 위 식에 대해 다음 관계가 성립합니다.

$$f'(x) = a_1 + 2a_2(x - x_0) + 3a_3(x - x_0)^2 + \cdots = \sum_{n=1}^{\infty} na_n(x - x_0)^{n-1}$$

$$f''(x) = 2a_2 + 3 \cdot 2a_3(x - x_0) + 4 \cdot 3a_4(x - x_0)^2 + \cdots = \sum_{n=2}^{\infty} n(n-1)a_n(x - x_0)^{n-2}$$

$$\vdots$$

정리 49 해석함수

함수 $f(x)$가 수렴반경 $r > 0$을 지닌 정급수에 의해 수렴반경 내부에서 다음과 같이 표현되는 경우

$$f(x) = a_0 + a_1(x - x_0) + a_2(x - x_0)^2 + \cdots = \sum_{n=0}^{\infty} a_n(x - x_0)^n$$

함수 $f(x)$는 $x = x_0$에서 해석적인 함수 또는 해석함수라고 합니다. 이때 각 계수는 다음 식에 의해 주어지고

$$a_n = \frac{f^{(n)}(x_0)}{n!}$$

수렴반경 내부에서 다음이 성립합니다.

$$f(x) = \sum_{n=0}^{\infty} \frac{f^{(n)}(x_0)}{n!}(x - x_0)^n$$

이것을 함수 $f(x)$의 테일러 전개라고 합니다.

5.4 연습 문제

문제 1 무한수열 $\{a_n\}_{n=1}^{\infty}$에서 무한급수 $S = \sum_{n=1}^{\infty} a_n$이 수렴한다면 $\lim_{n \to \infty} a_n = 0$이 되는 것을 증명하세요.

문제 2 **달랑베르의 판정법**

무한수열 $\{a_n\}_{n=1}^{\infty}$에서 어떤 번호 n_0 이후의 모든 n에 대해 다음이 성립합니다.

$$\left| \frac{a_n}{a_{n-1}} \right| \leq q$$

여기서 q는 $0 < q < 1$을 만족하는 상수입니다. 이때 무한급수 $\sum_{n=1}^{\infty} |a_n|$이 수렴하는 것을 증명하세요. 또는 다음이 성립하는 경우 $\sum_{n=1}^{\infty} |a_n|$이 발산하는 것을 증명하세요.

$$\left| \frac{a_n}{a_{n-1}} \right| \geq 1$$

힌트 $\sum_{n=1}^{\infty} |a_n| = \sum_{n=1}^{N} |a_n| + \sum_{n=N+1}^{\infty} |a_n|$에서 우변 1번 항은 유한개의 합이므로 반드시 유한의 값이 됩니다. 따라서 $n = N + 1$ 이후의 항에 대해 새롭게 $n = 1, 2, \cdots$라고 번호를 고친다는 것을 고려하면 $n_0 = 1$로 해도 일반성을 잃지 않습니다. 또한, 다음 관계가 성립하는 것에 주의하세요.

$$\frac{a_n}{a_1} = \frac{a_2}{a_1} \cdot \frac{a_3}{a_2} \cdots \frac{a_n}{a_{n-1}}$$

문제 3 $f(x)$와 $g(x)$는 모두 $I = [a,\ b]$에서 연속, 개구간 $(a,\ b)$에서 미분가능한 함수입니다. 더 나아가 $g(a) \neq g(b)$ 또는 $f'(x)$와 $g'(x)$는 동시에 0이 되지 않는다는 조건이 있을 때 다음을 만족하는 $c \in (a,\ b)$가 존재하는 것을 증명하세요.

$$\frac{f(b) - f(a)}{g(b) - g(a)} = \frac{f'(c)}{g'(c)}$$

힌트 다음 함수에 대해 평균값의 정리를 적용합니다.

$$F(x) = \{g(b) - g(a)\}\, f(x) - \{f(b) - f(a)\}\, g(x)$$

문제 4   로피탈 정리

$f(x)$와 $g(x)$는 **문제 3**과 조건이 동일하고 더 나아가 다음을 만족합니다.

$$f(a) = \lim_{x \to a+0} f(x) = 0$$

$$g(a) = \lim_{x \to a+0} g(x) = 0$$

이때 $\displaystyle \lim_{x \to a+0} \frac{f'(x)}{g'(x)}$가 존재한다면 $\displaystyle \lim_{x \to a+0} \frac{f(x)}{g(x)}$도 존재하고 다음과 같이 되는 것을 증명하세요.

$$\lim_{x \to a+0} \frac{f(x)}{g(x)} = \lim_{x \to a+0} \frac{f'(x)}{g'(x)}$$

문제 5   **문제 4**의 결과를 이용해 다음 극한을 계산하세요.

(1) $\displaystyle \lim_{x \to +0} \frac{e^x - 1}{x}$

(2) $\displaystyle \lim_{x \to +0} \frac{e^x - e^{-x}}{\sin x}$

(3) $\displaystyle \lim_{x \to +0} \frac{e^x - e^{\sin x}}{x - \sin x}$

문제 6   정급수 $S = \displaystyle\sum_{n=0}^{\infty} a_n x^n$에서 다음 식이 ($+\infty$를 포함해) 존재할 때

$$l = \lim_{n \to \infty} \left| \frac{a_n}{a_{n-1}} \right|$$

$r = \dfrac{1}{l}$은 코시-아다마르 정리에서의 수렴반경과 일치하는, 즉 $|x| < r$에서 S는 절대수렴하고 $|x| > r$에서 S는 발산한다는 것을 증명하세요.

힌트 **문제 2**의 결과(달랑베르의 판정법)를 이용합니다.

문제 7 다음 함수는 $x = 0$에서 어떤 수렴반경을 지닌 해석함수입니다. 각각의 매클로린 전개($x = 0$에서의 테일러 전개)를 구한 후 수렴반경을 계산하세요($\sinh x$와 $\cosh x$의 정의는 4.4절(연습 문제)의 **문제 4**를 참조하세요). 이때 **문제 6**의 결과와 $\lim\limits_{n \to \infty} \dfrac{1}{\sqrt[n]{n!}} = 0$을 이용해도 좋습니다.

(1) $f(x) = \sinh x$

(2) $f(x) = \cosh x$

(3) $f(x) = \log_e(1 + x) \ (x > -1)$

6^장

다변수함수

이 장에서는 변수가 여러 개인 함수의 미분과 적분을 알아봅니다. 간단히 설명하기 위해 이변수함수 $z = f(x, y)$를 다뤄볼 텐데, 변수의 수가 증가해도 내용 면에서 본질적인 차이가 없다고 생각해도 문제없습니다. 여기서는 변수 x와 y 각각이 임의의 실숫값을 취하고, 두 실수의 조합 (x, y)를 모두 모은 집합을 다음과 같은 기호로 나타냅니다.

$$\mathbf{R}^2 = \{(x, y) \mid x, y \in \mathbf{R}\}$$

또한, $\mathbf{R}^2$에 포함되어 있는 연결 개집합 Ω(오메가)에서 함수 $f(x, y)$가 정의된다고 합시다. 연결이란 Ω의 임의의 두 점에 대해 Ω 내에서 둘을 연결하는 곡선을 그릴 수 있다는 의미입니다. 또 개집합이란 임의의 $\alpha \in \Omega$에 대해 Ω에서 충분히 작은 $\epsilon > 0$을 취하면 α를 중심으로 하는 반지름 ϵ의 원이 모두 Ω에 포함된다는 것을 나타냅니다. 그림 6-1의 예로 말하면

$$\Omega = \{(x, y) \mid x^2 + y^2 < 1\}$$

위 집합은 원점을 중심으로 하는 반지름 1인 원을 나타내는데, $x^2 + y^2 = 1$을 만족하는 원주상의 점을 포함하지 않는 개집합입니다.

$$\Omega = \{(x, y) \mid x^2 + y^2 \leq 1\}$$

위 집합은 원주상의 점에 대해서도 위에 서술한 조건이 성립되기 때문에 개집합이 아닙니다.

❤ 그림 6-1 2차원 평면에서 표현한 개집합과 폐집합

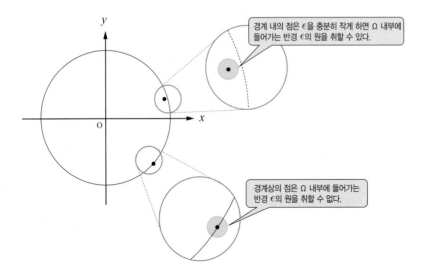

6.1 다변수함수의 미분

6.1.1 전미분과 편미분

3.1.1절(미분계수와 도함수)의 앞부분에서 일변수함수 $y = f(x)$의 미분을 정의할 때 $x = x_0$ 주변에서 $f(x)$의 값을 다음 일차함수로 근사한다는 개념을 사용했습니다.

$$y = f(x_0) + \alpha(x - x_0)$$

따라서 근사에서의 오차를 $g(x)$로 해서 다음과 같이 표현할 때

$$f(x) = f(x_0) + \alpha(x - x_0) + g(x)$$

다음이 성립한다는 조건을 부여하면

$$\lim_{x \to x_0} \frac{g(x)}{x - x_0} = 0 \tag{6-1}$$

일차함수의 계수 α가 다음 미분계수와 일치한다는 결과를 얻을 수 있습니다.

$$f'(x_0) = \lim_{x \to x_0} \frac{f(x) - f(x_0)}{x - x_0}$$

이제 이러한 개념을 확장해 이변수함수 $z = f(x, y)$에 대한 미분을 정의할 것입니다.

우선, 함수 $f(x, y)$의 정의역 Ω에 속하는 점 (x_0, y_0)을 생각해 이 주변에서 $f(x, y)$의 값을 x, y 각각의 일차함수로 근사합니다.

$$z = f(x_0, y_0) + \alpha(x - x_0) + \beta(y - y_0)$$

이때 발생하는 오차를 $g(x, y)$로 하면 다음과 같습니다.

$$f(x, y) = f(x_0, y_0) + \alpha(x - x_0) + \beta(y - y_0) + g(x, y) \tag{6-2}$$

이때 점 (x, y)가 (x_0, y_0)에 근접한다면 $g(x, y)$는 0에 근접해야 하므로 (6-1)의 확장으로서 다음과 같은 조건을 생각해보겠습니다.

$$\lim_{(x, y) \to (x_0, y_0)} \frac{g(x, y)}{\sqrt{(x - x_0)^2 + (y - y_0)^2}} = 0 \tag{6-3}$$

(6-1)에서는 $g(x)$와 $x - x_0$, 즉 수직선에서 x와 x_0의 거리를 비교했지만, 여기서는 2차원 평면에서 (x, y)와 (x_0, y_0)의 거리 $\sqrt{(x - x_0)^2 + (y - y_0)^2}$에 치환합니다.

이때 (x, y)가 (x_0, y_0)에 근접한다고 말해도 2차원 평면상의 이야기이므로 가지각색의 방향에서 접근근한다는 점에 주의해야 합니다. (6-3)에서의 극한 $(x, y) \to (x_0, y_0)$은 ϵ-δ 논법으로 나타내면 다음과 같습니다.

$$\forall \epsilon > 0; \ \exists \delta > 0 \text{ s.t. } \forall x, y \in \mathbf{R}; \ \sqrt{(x - x_0)^2 + (y - y_0)^2} < \delta \Rightarrow \left| \frac{g(x, y)}{\sqrt{(x - x_0)^2 + (y - y_0)^2}} \right| < \epsilon$$

즉, 어느 방향에서 근접하는지에 관계없이 평면에서 (x, y)와 (x_0, y_0)의 거리가 충분히 작아질 때 $g(x, y)$는 $\sqrt{(x - x_0)^2 + (y - y_0)^2}$보다도 빠르게 0에 수렴해야 합니다. 이와 같은 조건을 만족하는 상수 α, β가 존재하는 경우에 함수 $f(x, y)$는 점 (x_0, y_0)에서 **전미분가능**하다고 정의합니다 정의 19 .

근접하는 방향에 상관없이 (6-3)이 성립하는지를 확인하는 것은 큰일처럼 보이지만, 만약 그와 같은 조건을 만족하는 함수 $f(x, y)$가 있다면 상수 α, β의 값을 구체적으로 계산하는 것이 그 정도로 어렵지는 않습니다. 근접하는 방향에 상관없이 성립한다는 전제이므로, 예를 들어 $y = y_0$으로 고정하고, x축 방향으로 $x \to x_0$이라는 극한을 취한 경우를 생각하면 (6-2)와 (6-3)은 다음과 같이 바꿔 쓸 수 있습니다.

$$f(x, y_0) = f(x_0, y_0) + \alpha(x - x_0) + g(x, y_0)$$
$$\lim_{x \to x_0} \frac{g(x, y_0)}{|x - x_0|} = 0$$

이것은 $f(x, y_0)$을 변수 x의 일변수함수로 간주할 때 $x = x_0$으로 미분가능하고, 그 미분계수가 α에 일치함을 의미합니다. 따라서 α의 값은 다음 식으로 계산할 수 있습니다.

$$\alpha = \lim_{x \to x_0} \frac{f(x, y_0) - f(x_0, y_0)}{x - x_0} \tag{6-4}$$

똑같이 $x = x_0$으로 고정하고 $y \to y_0$의 극한을 취하면 다음을 얻을 수 있습니다.

$$\beta = \lim_{y \to y_0} \frac{f(x_0, y) - f(x_0, y_0)}{y - y_0} \qquad (6\text{-}5)$$

이와 같이 이변수함수 $f(x, y)$에서 한쪽 값을 상수로 고정하고 일변수함수로 간주해 미분하는 것을 **편미분**이라고 부릅니다. 더 정확하게 말하면 (6-4), (6-5)를 **편미분계수**라 하고, 다음 기호로 나타냅니다.

$$\alpha = \frac{\partial f}{\partial x}(x_0, y_0)$$

$$\beta = \frac{\partial f}{\partial y}(x_0, y_0)$$

∂는 편미분기호라고 부르며 '델'이라고 읽습니다. 더 나아가 위 식에서 다시 (x_0, y_0)을 변수로 간주하면 다음과 같이 두 종류의 새로운 함수를 얻을 수 있습니다.

$$z = \frac{\partial f}{\partial x}(x, y)$$

$$z = \frac{\partial f}{\partial y}(x, y)$$

이러한 함수를 $f(x, y)$의 **편도함수**라고 부릅니다. **정의 18**.

또한, α, β를 앞서 말한 편미분계수라고 할 때 일차함수에 의한 근사식 (6-6)은 도형적으로는 (x, y, z) 공간의 평면을 표현하며

$$z = f(x_0, y_0) + \alpha(x - x_0) + \beta(y - y_0) \qquad (6\text{-}6)$$

$z = f(x, y)$가 그린 곡면에 대해 점 (x_0, y_0)에서의 접평면이 된다고 해석할 수 있습니다. 예를 들면 다음의 함수에 대해

$$z = f(x, y) = \frac{1}{2}\left(x^2 + y^2\right)$$

편도함수는 아래와 같은 식으로 주어집니다.

$$\frac{\partial f}{\partial x}(x, y) = x$$
$$\frac{\partial f}{\partial y}(x, y) = y$$

그래서 특히 점 (-1, -1)에서의 편미분계수를 계산하면 그 값은 어느 쪽도 -1이 되고 (-1, -1)에서의 접평면의 방정식은 다음과 같이 결정됩니다.

$$z = f(-1, -1) - \{x - (-1)\} - \{y - (-1)\} = -1 - x - y$$

실제로 그래프를 그리면 그림 6-2와 같습니다.

▼ 그림 6-2 $z = \frac{1}{2}(x^2 + y^2)$의 접평면 예

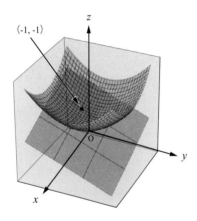

또한, (6-6)으로 결정하는 접평면 방정식에 다음 식으로 새로운 좌표를 도입하면

$$dz = z - f(x_0, y_0)$$
$$dx = x - x_0$$
$$dy = y - y_0$$

(6-6)은 아래와 같이 표현할 수 있습니다.

$$dz = \alpha dx + \beta dy$$

또한, 편도함수의 기호를 사용하면 다음과 같이 표기하고

$$df(x,y) = \frac{\partial f}{\partial x}(x,y)\,dx + \frac{\partial f}{\partial y}(x,y)\,dy$$

이를 함수 $f(x,\ y)$의 **전미분**이라 부르기도 합니다.

여기서 함수 $f(x,\ y)$가 $(x_0,\ y_0)$에서 전미분가능하다는 것과 편미분계수를 계산할 수 있다는 것은 동치가 아니라는 점을 다시 확인해둡니다. 지금까지의 논의를 통해 $f(x,\ y)$가 점 $(x_0,\ y_0)$에서 전미분가능하다면 (6-2), (6-3)을 만족하는 계수 α, β는 (6-4), (6-5)에 의해 계산될 수 있다는 것을 알았습니다 정리 50 . 어떤 함수 $f(x,\ y)$에 대해 (6-4), (6-5)의 극한이 존재해 형식적으로 편미분계수 α, β가 구해질 수 있다고 해도, 반드시 $f(x,\ y)$가 $(x_0,\ y_0)$에서 전미분가능한 것은, 즉 (6-2), (6-3)이 성립하는 것은 아닙니다. 다소 작위적인 예지만, 다음 함수를 생각해봅시다.

$$f(x,y) = \sqrt{|xy|}$$

이 함수를 그래프로 그리면 그림 6-3과 같고 $x = 0$ 또는 $y = 0$의 경우, 즉 x축과 y축 위에서는 항상 $f(x,\ y) = 0$이 성립합니다. (6-4), (6-5)의 정의에 따라 원점 $(0,\ 0)$에서의 편미분계수를 계산하면 $\alpha = 0$, $\beta = 0$이 됩니다. 만약 이 함수 $f(x,\ y)$가 원점에서 전미분가능하다고 하면 (6-2)에 의해

$$f(x,y) = f(0,0) + 0 \times (x-0) + 0 \times (y-0) + g(x,y)$$

즉, 다음 식으로 (6-3)이 성립해야만 합니다.

$$g(x,y) = f(x,y) = \sqrt{|xy|}$$

하지만 지금 경우는 이 조건을 만족하지 않습니다. 예를 들어 $y = t$, $x = t(t \geq 0)$라는 선분의 점을 생각하면 다음과 같이 되므로

$$\frac{g(x,y)}{\sqrt{(x-0)^2 + (y-0)^2}} = \frac{\sqrt{|t^2|}}{\sqrt{2t^2}} = \frac{1}{\sqrt{2}}$$

이것은 $t \to +0$에서 0으로 수렴하지 않습니다. 즉, 함수 $f(x,\ y)$는 원점에 대해 전미분이 가능하지 않습니다 .

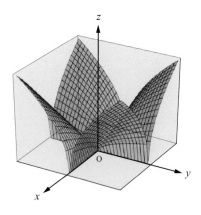

좀 더 알기 쉬운 예로 다음 함수를 들 수 있습니다.

$$f(x, y) = \begin{cases} 1 & (x = y, \ (x, y) \neq (0, 0)) \\ 0 & (\text{그 외의 경우}) \end{cases}$$

이 또한 x축과 y축 위에서는 항상 $f(x, y) = 0$이 성립하므로 원점 $(0, 0)$에서의 편미분계수는 $\alpha = 0$, $\beta = 0$이 됩니다. 하지만 $y = x$의 방향을 생각하면 원점에서 불연속이 되기 때문에 이 방향에서 접근하는 경우 원점에서의 미분계수는 무한대로 발산해버립니다. 다음 절에서는 이러한 부분이 발생하지 않고 함수 $f(x, y)$가 전미분가능하기 위한 충분조건에 대해 생각해보겠습니다. 또한, 이 후부터는 함수 $f(x, y)$가 점 (x_0, y_0)에서 전미분가능한지 상관하지 않고 (6-4), (6-5)의 극한이 존재해 형식적으로 편미분계수 α, β를 구할 수 있는 경우 함수 $f(x, y)$는 점 (x_0, y_0)에서 **편미분가능**하다고 말합니다. 특히 (6-4)와 (6-5)의 극한을 개별적으로 고려하는 경우에는 x에 대해 편미분가능 또는 y에 대해 편미분가능하다고 말합니다.

덧붙여서 조금 전의 예와 같이 점 (x_0, y_0)을 통하는 선분에서 (x_0, y_0)에 접근할 때의 미분계수를 **방향미분계수**라고 부릅니다. 일반적으로 점 (x_0, y_0)에서 출발해 x축과 이룬 각을 θ의 방향으로 늘어놓은 선분은 다음과 같은 형태로 표현할 수 있습니다.

$$x = x_0 + t\cos\theta, \ y = y_0 + t\sin\theta \ (t \geq 0) \tag{6-7}$$

이때 점 (x, y)와 점 (x_0, y_0)의 거리는 다음과 같이 되므로

$$\sqrt{(x - x_0)^2 + (y - y_0)^2} = \sqrt{t^2(\cos^2\theta + \sin^2\theta)} = t$$

(x, y, z) 공간에서 점 $(x_0, y_0, f(x_0, y_0))$과 점 $(x, y, f(x, y))$를 연결한 직선의 기울기는 다음과 같이 주어집니다.

$$\frac{f(x_0 + t\cos\theta, y_0 + t\sin\theta) - f(x_0, y_0)}{t} \tag{6-8}$$

이 $t \to +0$의 극한에서의 값이 방향미분계수 l가 됩니다.

함수 $f(x, y)$가 (x_0, y_0)에서 전미분인 경우 방향미분계수는 다음과 같이 계산할 수 있습니다. 우선 전미분가능이라는 조건에서

$$f(x, y) = f(x_0, y_0) + \alpha(x - x_0) + \beta(y - y_0) + g(x, y)$$
$$\alpha = \frac{\partial f}{\partial x}(x_0, y_0)$$
$$\beta = \frac{\partial f}{\partial y}(x_0, y_0)$$

위와 같이 되고, 다음이 성립합니다.

$$\lim_{(x, y) \to (x_0, y_0)} \frac{g(x, y)}{\sqrt{(x - x_0)^2 + (y - y_0)^2}} = 0$$

위의 극한은 (x_0, y_0)에 근접하는 방향에 의존하지 않으므로 특히 (6-7)의 경우를 고려하면 다음이 성립합니다.

$$\lim_{t \to +0} \frac{g(x, y)}{t} = 0 \tag{6-9}$$

또한 이때 다음이 성립하고

$$g(x, y) = \{f(x, y) - f(x_0, y_0)\} - \{\alpha(x - x_0) + \beta(y - y_0)\}$$
$$= \{f(x_0 + t\cos\theta, y_0 + t\sin\theta) - f(x_0, y_0)\} - \{\alpha t\cos\theta + \beta t\sin\theta\}$$

우변의 첫 번째 항은 (6-8)의 분자와 일치합니다. 이것을 (6-8)에 대입해 정리하면 (6-9)를 이용해 다음을 얻을 수 있습니다.

$$\lim_{t \to +0} \frac{f(x_0 + t\cos\theta, y_0 + t\sin\theta) - f(x_0, y_0)}{t} = \alpha\cos\theta + \beta\sin\theta$$

이것은 아까 설명한 방향미분계수의 정의와 같습니다. 따라서 방향미분계수는 다음 식으로 결정됩니다.

$$l = \alpha \cos \theta + \beta \sin \theta$$
$$= \frac{\partial f}{\partial x}(x_0, y_0) \times \cos \theta + \frac{\partial f}{\partial y}(x_0, y_0) \times \sin \theta \qquad \text{(6-10)}$$

이 결과에서 알 수 있듯이 점 (x_0, y_0)에서 전미분가능하다면 편미분계수에 의해 모든 방향에서 점 (x_0, y_0)에 근접할 때의 방향미분계수가 결정됩니다.

그럼 이 결과를 이용해 방향미분계수가 최대가 되는 방향을 구하면 어떻게 될까요? $l = \alpha \cos \theta + \beta \sin \theta$는 두 벡터 (α, β)와 $(\cos\theta, \sin\theta)$의 내적의 형태이므로 $(\cos\theta, \sin\theta)$가 (α, β)와 평행이 되는 경우에 최댓값 $\sqrt{\alpha^2 + \beta^2}$을 취합니다. 즉, 편미분계수를 늘어놓을 수 있는 벡터 (α, β)는 방향편미분계수가 최대가 되는 방향을 나타냅니다. 일반적으로 이 벡터를 **그래디언트 벡터**라 부르고, 다음과 같은 기호로 나타냅니다[1] 정리 52 .

$$\nabla f(x_0, y_0) = \left(\frac{\partial f}{\partial x}(x_0, y_0), \frac{\partial f}{\partial y}(x_0, y_0) \right) \qquad \text{(6-11)}$$

직감적으로 말하면 그래디언트 벡터는 함수 $f(x, y)$의 값이 가장 급격하게 증가하는 방향을 나타내며, 그래디언트의 크기가 그 방향의 기울기에 대응하는 것입니다.

6.1.2 전미분가능 조건

이변수함수 $f(x, y)$가 전미분가능한 충분조건으로서 편도함수의 연속성이 있습니다. 일반적으로 연결 개집합 Ω의 각 점에서 $f(x, y)$가 편미분가능하고, 편도함수 $\frac{\partial f}{\partial x}(x, y)$, $\frac{\partial f}{\partial y}(x, y)$가 모두 연속함수인 경우 $f(x, y)$는 **연속미분가능** 또는 **C¹-급**이라고 말합니다. 또한, Ω에서 연속미분가능한 함수를 모아 놓은 집합을 $C^1(\Omega)$로 표현합니다. 그리고 $C^1(\Omega)$에 속하는 함수는 모두 Ω의 각 점에서 전미분가능합니다. 구체적인 증명은 다음과 같습니다.

---

1 기호 ∇은 '델'이라고 읽습니다.

여기서는 (x_0, y_0)을 Ω에 속하는 점 중 하나로 하고, 이후 논의에서의 (x, y)는 모두 Ω의 범위 내에서 고려한 것으로 합니다. 또한, $f(x, y)$가 점 (x_0, y_0)에서 전미분가능이라는 것은 다음 식으로 함수 $g(x, y)$를 정의할 때

$$f(x, y) = f(x_0, y_0) + \frac{\partial f}{\partial x}(x_0, y_0)(x - x_0) + \frac{\partial f}{\partial y}(x_0, y_0)(y - y_0) + g(x, y) \quad \text{(6-12)}$$

다음이 성립한다는 것이었습니다.

$$\lim_{(x,y) \to (x_0, y_0)} \frac{g(x, y)}{\sqrt{(x - x_0)^2 + (y - y_0)^2}} = 0 \quad \text{(6-13)}$$

이것이 Ω에 속하는 임의의 점 (x_0, y_0)에 대해 성립하는 것을 증명하겠습니다.

우선 $f(x, y)$가 x에 대해 편미분가능하기 때문에 $y = y_0$을 고정하면 다음이 성립합니다.

$$f(x, y_0) = f(x_0, y_0) + \frac{\partial f}{\partial x}(x_0, y_0)(x - x_0) + h(x) \quad \text{(6-14)}$$

$$\lim_{x \to x_0} \frac{h(x)}{x - x_0} = 0 \quad \text{(6-15)}$$

똑같이 $f(x, y)$가 y에 대해 편미분가능하기 때문에 x를 임의로 고정해 $\varphi(y) = f(x, y)$를 y에서의 일변수함수로 간주하면, 이것은 y에 대해 미분가능하고 $\varphi'(y) = \frac{\partial f}{\partial y}(x, y)$입니다. x를 고정시키면 $\varphi(y)$의 도함수 계산식은 편미분함수 $\frac{\partial f}{\partial y}(x, y)$의 계산식과 일치한다는 점을 주의하세요. 또한, 도함수 $\varphi'(y)$가 존재함에 따라 $\varphi(y)$와 같은 범위에서 연속이 됩니다.[2] 따라서 평균값의 정리(3.3절 정리 23)에 의해 다음을 만족하는 c가 y_0과 y 사이에 존재합니다.

$$\varphi(y) - \varphi(y_0) = \varphi'(c)(y - y_0)$$

이것을 원래의 $f(x, y)$에 고쳐 써 넣어서 다음 식을 도출한 후

$$f(x, y) = f(x, y_0) + \frac{\partial f}{\partial y}(x, c)(y - y_0)$$

---

2   3.4절(연습 문제)의 **문제 4**를 참조하세요.

우변 첫 번째 항에 (6-14)를 대입하면 다음을 얻을 수 있습니다.

$$f(x, y) = f(x_0, y_0) + \frac{\partial f}{\partial x}(x_0, y_0)(x - x_0) + h(x) + \frac{\partial f}{\partial y}(x, c)(y - y_0) \qquad (6\text{-}16)$$

(6-12)와 (6-16)을 비교하면 다음 식을 얻을 수 있으므로

$$g(x, y) = h(x) + \frac{\partial f}{\partial y}(x, c)(y - y_0) - \frac{\partial f}{\partial y}(x_0, y_0)(y - y_0)$$

이에 의해 다음 관계가 성립합니다.

$$\frac{g(x, y)}{\sqrt{(x - x_0)^2 + (y - y_0)^2}} = \frac{x - x_0}{\sqrt{(x - x_0)^2 + (y - y_0)^2}} \frac{h(x)}{x - x_0}$$
$$+ \frac{y - y_0}{\sqrt{(x - x_0)^2 + (y - y_0)^2}} \left(\frac{\partial f}{\partial y}(x, c) - \frac{\partial f}{\partial y}(x_0, y_0) \right) \qquad (6\text{-}17)$$

여기서 피타고라스의 정리(그림 6-4)에 의해 성립하는

$$|x - x_0| \le \sqrt{(x - x_0)^2 + (y - y_0)^2}, \ |y - y_0| \le \sqrt{(x - x_0)^2 + (y - y_0)^2}$$

▼ 그림 6-4 피타고라스의 정리

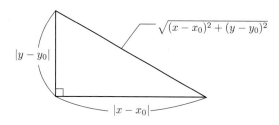

즉, 다음과 같은 관계를 생각하면

$$\left| \frac{x - x_0}{\sqrt{(x - x_0)^2 + (y - y_0)^2}} \right| \le 1, \ \left| \frac{y - y_0}{\sqrt{(x - x_0)^2 + (y - y_0)^2}} \right| \le 1$$

(6-17)의 우변에 있는 위의 (절댓값 기호의 내부) 항은 $(x, y) \to (x_0, y_0)$의 극한에서 유한값에 머무르고, (6-15)의 조건으로부터 (6-17)의 우변 첫 번째 항은 $(x, y) \to (x_0, y_0)$의 극한에서 0에 수렴합니다. 또한, c는 y_0과 y의 사이에 있기 때문에 $y \to y_0$의 극한에서 $c \to y_0$이 되어 다음이 성립합니다.

$$\lim_{y \to y_0} \frac{\partial f}{\partial y}(x, c) = \frac{\partial f}{\partial y}(x, y_0)$$

여기서는 $\frac{\partial f}{\partial y}(x, y)$가 연속함수라는 조건을 사용하고 있습니다. 따라서 (6-17)의 우변 두 번째 항도 $(x, y) \to (x_0, y_0)$의 극한에서 0에 수렴합니다. 이에 의해 (6-13)이 성립하는 것을 증명했습니다.

이것으로 C^1-급의 함수는 전미분가능하다는 것을 알았습니다만, 위의 증명 내용을 잘 보면 편도함수가 연속이라는 조건은 $\frac{\partial f}{\partial y}(x, y)$에 대해서만 사용하고 있습니다. 즉, 더 엄밀하게는 $f(x, y)$에 대해 두 편미분함수 어느 쪽이든 간에 한 쪽이 연속이면 $f(x, y)$는 전미분가능합니다 정리 51.

덧붙여서 이전에 원점에서 전미분가능이 아닌 함수의 예로 $f(x, y) = \sqrt{|xy|}$를 들었습니다. 이 함수는 앞서 설명한 전미분가능이 되는 조건은 만족하지 않지만, 실제로 그렇게 될까요? 우선 $y = 0$에서는 $f(x, 0) = 0$이기 때문에 $\frac{\partial f}{\partial x}(0, 0) = 0$이 성립합니다. 하지만 $y \neq 0$의 경우 예를 들어 $x > 0$으로 하면 다음과 같이 되므로

$$\frac{\partial f}{\partial x}(x, y) = \sqrt{|y|}\left(x^{\frac{1}{2}}\right)' = \frac{1}{2}\sqrt{|y|}x^{-\frac{1}{2}} = \frac{\sqrt{|y|}}{2\sqrt{x}}$$

$(0, y)$에서 편도함수 $\frac{\partial f}{\partial x}(x, y)$는 무한대로 발산합니다. 이 때문에 $\frac{\partial f}{\partial x}(x, y)$는 원점에서 연속이 아닙니다. $\frac{\partial f}{\partial y}(x, y)$에 대해서도 마찬가지이므로 확실히 이전에 증명했던 조건을 만족하지 않는다는 것을 알 수 있습니다. 한편 $f(x, y) = xy$라는 함수를 고려하면 다음과 같이 되므로

$$\frac{\partial f}{\partial x}(x, y) = y, \ \frac{\partial f}{\partial y}(x, y) = x$$

어느 쪽의 편도함수도 $\mathbf{R}^2$ 전체에서 연속함수가 됩니다. 따라서 $\mathbf{R}^2$ 전체에서 전미분가능합니다.

6.1.3 고차편미분함수

함수 $f(x, y)$의 편도함수 $\frac{\partial f}{\partial x}(x,y)$, $\frac{\partial f}{\partial y}(x,y)$가 영역 Ω의 각 점에서 다시 전미분가능할 때 이들의 편도함수로서 다음 네 종류의 함수를 얻을 수 있습니다.

$$\frac{\partial^2 f}{\partial x^2} = \frac{\partial}{\partial x}\left(\frac{\partial f}{\partial x}\right), \ \ \frac{\partial^2 f}{\partial y \partial x} = \frac{\partial}{\partial y}\left(\frac{\partial f}{\partial x}\right),$$

$$\frac{\partial^2 f}{\partial x \partial y} = \frac{\partial}{\partial x}\left(\frac{\partial f}{\partial y}\right), \ \ \frac{\partial^2 f}{\partial y^2} = \frac{\partial}{\partial y}\left(\frac{\partial f}{\partial y}\right)$$

이들을 **2차 편도함수**라고 부릅니다 정의 20 . 예를 들어 $f(x, y) = \sin(2x + 3y)$의 경우 2차 편도함수는 다음과 같이 계산됩니다.

$$\frac{\partial^2 f}{\partial x^2} = \frac{\partial}{\partial x}\{2\cos(2x+3y)\} = -4\sin(2x+3y)$$

$$\frac{\partial^2 f}{\partial y \partial x} = \frac{\partial}{\partial y}\{2\cos(2x+3y)\} = -6\sin(2x+3y)$$

$$\frac{\partial^2 f}{\partial x \partial y} = \frac{\partial}{\partial x}\{3\cos(2x+3y)\} = -6\sin(2x+3y)$$

$$\frac{\partial^2 f}{\partial y^2} = \frac{\partial}{\partial y}\{3\cos(2x+3y)\} = -9\sin(2x+3y)$$

이 결과를 보면 $\frac{\partial^2 f}{\partial y \partial x} = \frac{\partial^2 f}{\partial x \partial y}$라는 관계가 성립되는 것을 알 수 있는데, 이 관계는 항상 성립하는 것일까요? 이 관계가 성립하는 충분조건의 하나로 $f(x, y)$가 **두번연속미분가능**이라는 조건이 있습니다. 이 조건은 2차 편도함수가 모두 영역 Ω의 연속함수라는 의미로 C^2-급의 함수라고도 합니다 정리 53 . C^2-급의 함수 $f(x, y)$에 대해 영역 Ω의 각 점에서 편미분의 순서를 교환할 수 있음은 다음과 같이 증명할 수 있습니다.

우선 조금은 낯설고 갑작스럽지만, 다음 함수를 생각해봅시다.

$$g(x,y) = \{f(x,y) - f(x_0,y)\} - \{f(x,y_0) - f(x_0,y_0)\}$$

여기서 x와 x_0을 고정하고, $\varphi(y) = f(x,y) - f(x_0,y)$라는 함수를 생각하면 $g(x,y) = \varphi(y) - \varphi(y_0)$이라는 관계가 성립합니다. 그리고 함수 $\varphi(y)$에 대해 평균값의 정리를 적용하면 다음을 만족하는 c_1이 y와 y_0 사이에 존재합니다.

$$g(x, y) = \varphi(y) - \varphi(y_0) = \varphi'(c_1)(y - y_0) \tag{6-18}$$

여기서 $\varphi'(y)$를 계산할 때는 x를 고정하기 때문에 다음과 같이 됩니다.

$$\varphi'(y) = \frac{\partial f}{\partial y}(x, y) - \frac{\partial f}{\partial y}(x_0, y)$$

이것을 (6-18)에 대입하면 다음을 얻을 수 있습니다.

$$g(x, y) = \left\{ \frac{\partial f}{\partial y}(x, c_1) - \frac{\partial f}{\partial y}(x_0, c_1) \right\} (y - y_0) \tag{6-19}$$

다음으로 위 식에 포함된 $\frac{\partial f}{\partial y}(x, c_1)$을 x의 함수로 간주하고 평균값의 정리를 적용하면 다음을 만족하는 c_2가 x와 x_0 사이에 존재합니다.

$$\frac{\partial f}{\partial y}(x, c_1) - \frac{\partial f}{\partial y}(x_0, c_1) = \frac{\partial^2 f}{\partial x \partial y}(c_2, c_1)(x - x_0)$$

이것을 (6-19)에 대입해 최종적으로 다음을 얻을 수 있습니다.

$$g(x, y) = \frac{\partial^2 f}{\partial x \partial y}(c_2, c_1)(x - x_0)(y - y_0)$$

한편 $g(x, y)$는 항의 순서를 바꿔서 다음과 같이 쓸 수 있습니다.

$$g(x, y) = \{f(x, y) - f(x, y_0)\} - \{f(x_0, y) - f(x_0, y_0)\}$$

여기서 조금 전과 마찬가지로 우선 x에 대해 평균값 정리를 적용하고, 그 후 y에 대해 평균값 정리를 적용하면 다음을 얻을 수 있습니다.

$$g(x, y) = \frac{\partial^2 f}{\partial y \partial x}(c_3, c_4)(x - x_0)(y - y_0)$$

여기서 c_3과 c_4는 각각 x와 x_0 및 y와 y_0 사이에 존재하는 값입니다. 이에 의해 결국 다음과 같은 관계를 얻을 수 있습니다.

$$\frac{\partial^2 f}{\partial x \partial y}(c_2, c_1) = \frac{\partial^2 f}{\partial y \partial x}(c_3, c_4)$$

이제 $f(x, y)$는 C^2-급이라는 전제이므로 $\dfrac{\partial^2 f}{\partial x \partial y}$와 $\dfrac{\partial^2 f}{\partial y \partial x}$ 중 어느 쪽도 연속함수입니다. 그래서 $(x, y) \to (x_0, y_0)$의 극한을 취하면 $c_2,\ c_3 \to x_0$ 및 $c_1,\ c_4 \to y_0$이 되어 다음을 얻을 수 있습니다.

$$\frac{\partial^2 f}{\partial x \partial y}(x_0, y_0) = \frac{\partial^2 f}{\partial y \partial x}(x_0, y_0)$$

더 나아가 C^2-급의 함수에서 2차 도함수가 모두 연속이라는 것은 1차 편도함수는 모두 전미분가능하다는 의미도 됩니다. 3차 이상의 편도함수에 대해서도 똑같이 정의되고, 일반적으로 m차까지의 편도함수가 모두 연속함수가 되는 것을 **m번연속미분가능**, 또는 **C^m-급**의 함수라고 합니다. 조금 전의 논의를 반복해 적용하는 것으로 C^m-급의 함수에서는 m차까지의 모든 편도함수에서 편미분의 순서를 임의로 교체할 수 있음을 알 수 있습니다. 또한 C^m-급의 함수에서 $m - 1$차까지의 편도함수는 모두 전미분가능합니다.

6.1.4 다변수함수의 테일러 공식

5.1.3절(테일러 공식)에서는 함수 $f(x)$의 값을 $x = x_0$ 주변의 다항식 전개로 근접한다는 개념으로 설명했습니다. 이는 다변수함수에도 마찬가지로 적용할 수 있습니다. 예를 들어 영역 Ω에 정의된 이변수함수 $z = f(x, y)$에서 두 점 (x_0, y_0)과 (x_1, y_1)을 정해 다음 관계를 생각합니다.

$$\varphi(t) = f(x_0 + t(x_1 - x_0), y_0 + t(y_1 - y_0)) \ (0 \le t \le 1) \tag{6-20}$$

이는 (x_0, y_0)과 (x_1, y_1)을 연결하는 선분에서 $f(x, y)$의 값을 표현하는 함수입니다. 여기서 선분의 점은 모두 Ω에 포함된다고 합니다. 이것이 $0 \le t \le 1$에서 C^n-급의 함수라 가정하고 $t = 0$에서 테일러 공식 (5-11), (5-12)를 적용하면 다음을 만족하는 $0 < \xi < t$가 존재하게 됩니다.

$$\varphi(t) = \sum_{k=0}^{n-1} \frac{\varphi^{(k)}(0)}{k!} t^k + R(t) \tag{6-21}$$

$$R(t) = \frac{\varphi^{(n)}(\xi)}{n!} t^n \tag{6-22}$$

(6-21)의 우변에서 $\varphi(0)$은 $k = 0$의 항에 포함되어 있습니다.

그리고 $f(x, y)$가 영역 Ω에서 C^n-급인 경우 실제로 $\varphi(t)$는 C^n-급이 됩니다. 이것은 실제로 미분계수를 계산해 확인할 수 있습니다. 우선 $t = 0$에서의 미분계수 $\varphi'(0)$은 (6-20)에 의해 다음 식으로 계산되지만

$$\varphi'(0) = \lim_{t \to 0} \frac{f(x_0 + t(x_1 - x_0), \, y_0 + t(y_1 - y_0)) - f(x_0, \, y_0)}{t}$$

위의 극한을 취한 대상의 식은 6.1.1절(전미분과 편미분)에서 방향미분계수를 계산할 때의 (6-8)과 형태가 같습니다. 따라서 (6-8)의 $(\cos\theta, \, \sin\theta)$를 $(x_1 - x_0, \, y_1 - y_0)$으로 치환해 같은 논의를 적용하면 (6-10)에 상응하는 관계로 다음과 같은 결과를 얻을 수 있습니다.

$$\varphi'(0) = \frac{\partial f}{\partial x}(x_0, \, y_0)(x_1 - x_0) + \frac{\partial f}{\partial y}(x_0, \, y_0)(y_1 - y_0)$$

또는 변수 t를 t_0만큼 이동해 다음과 같은 함수를 고려하고

$$\tilde{\varphi}(t) = \varphi(t + t_0) = f(x_0 + t_0(x_1 - x_0) + t(x_1 - x_0), \, y_0 + t_0(y_1 - y_0) + t(y_1 - y_0))$$

이것에 같은 논의를 적용하면 다음 관계를 얻을 수 있습니다.

$$\begin{aligned}
\tilde{\varphi}'(0) = \varphi'(t_0) &= \frac{\partial f}{\partial x}(x_0 + t_0(x_1 - x_0), \, y_0 + t_0(y_1 - y_0))(x_1 - x_0) \\
&\quad + \frac{\partial f}{\partial y}(x_0 + t_0(x_1 - x_0), \, y_0 + t_0(y_1 - y_0))(y_1 - y_0) \\
&= \left\{ (x_1 - x_0)\frac{\partial}{\partial x} + (y_1 - y_0)\frac{\partial}{\partial y} \right\} f(x_0 + t_0(x_1 - x_0), \, y_0 + t_0(y_1 - y_0))
\end{aligned} \tag{6-23}$$

마지막 행은 바로 앞 행을 보기 쉽게 표기한 것으로 생각해주세요. 마지막으로 (6-23)의 t_0을 일반적인 t로 치환하면 $\varphi(t)$의 도함수는 다음과 같이 주어지는 것을 알 수 있습니다.

$$\varphi'(t) = \left\{ (x_1 - x_0)\frac{\partial}{\partial x} + (y_1 - y_0)\frac{\partial}{\partial y} \right\} f(x_0 + t(x_1 - x_0), \, y_0 + t(y_1 - y_0))$$

여기서 새로운 이변수함수를 다음 식으로 정의하면

$$g(x, y) = \left\{ (x_1 - x_0) \frac{\partial}{\partial x} + (y_1 - y_0) \frac{\partial}{\partial y} \right\} f(x, y)$$

조금 전의 도함수는 다음과 같이 표현할 수 있습니다.

$$\varphi'(t) = g(x_0 + t(x_1 - x_0), y_0 + t(y_1 - y_0)) \ (0 \le t \le 1)$$

$f(x, y)$가 C^n-급이기 때문에 $g(x, y)$는 C^{n-1}-급이고, 지금까지 살펴본 논의의 $f(x, y)$를 $g(x, y)$로 치환할 수 있으므로 $\varphi''(t)$가 다음과 같이 계산됩니다.

$$\varphi''(t) = \left\{ (x_1 - x_0) \frac{\partial}{\partial x} + (y_1 - y_0) \frac{\partial}{\partial y} \right\} g(x_0 + t(x_1 - x_0), y_0 + t(y_1 - y_0))$$
$$= \left\{ (x_1 - x_0) \frac{\partial}{\partial x} + (y_1 - y_0) \frac{\partial}{\partial y} \right\}^2 f(x_0 + t(x_1 - x_0), y_0 + t(y_1 - y_0))$$

여기서도 마지막 행은 바로 앞 행을 보기 쉽게 표기한 것으로 이해해주세요. 같은 논의를 반복함으로써 일반적으로 $k = 1, 2, \cdots, n$에 대해 다음이 성립합니다.

$$\varphi^{(k)}(t) = \left\{ (x_1 - x_0) \frac{\partial}{\partial x} + (y_1 - y_0) \frac{\partial}{\partial y} \right\}^k f(x_0 + t(x_1 - x_0), y_0 + t(y_1 - y_0)) \qquad (6\text{-}24)$$

이 마지막 표현식은 함수 $f(x, y)$에 대해 $(x_1 - x_0) \frac{\partial}{\partial x} + (y_1 - y_0) \frac{\partial}{\partial y}$라는 미분 연산을 k번 반복해 얻은 함수의 마지막 인수 (x, y)에 $(x_0 + t(x_1 - x_0), y_0 + t(y_1 - y_0))$을 대입한 것으로 해석해주세요.

(6-24)에 $t = 0$으로 한 것을 (6-21)에 대입하면 결국 다음을 얻을 수 있는데

$$f(x_0 + t(x_1 - x_0), y_0 + t(y_1 - y_0)) = \sum_{k=0}^{n-1} \frac{t^k}{k!} \left\{ (x_1 - x_0) \frac{\partial}{\partial x} + (y_1 - y_0) \frac{\partial}{\partial y} \right\}^k f(x_0, y_0) + R(t)$$

여기서 더 나아가 $t = 1$로 합니다.

$$f(x_1, y_1) = \sum_{k=0}^{n-1} \frac{1}{k!} \left\{ (x_1 - x_0)\frac{\partial}{\partial x} + (y_1 - y_0)\frac{\partial}{\partial y} \right\}^k f(x_0, y_0) + R(x_1, y_1) \quad \text{(6-25)}$$

마지막 잉여항 $R(x_1, y_1)$은 조금 전의 $R(t)$에서 $t = 1$로 한 것으로 (6-22)와 (6-24)에 의해 다음 식으로 주어집니다.

$$R(x_1, y_1) = \frac{1}{n!} \left\{ (x_1 - x_0)\frac{\partial}{\partial x} + (y_1 - y_0)\frac{\partial}{\partial y} \right\}^n f(x_0 + \xi(x_1 - x_0), y_0 + \xi(y_1 - y_0)) \quad \text{(6-26)}$$

(6-25)는 정확히 $f(x_1, y_1)$의 값을 (x_0, y_0) 주변의 다항식으로 표현한 것이 되며, 이는 이변수함수에 대한 테일러 공식입니다.

더 나아가 (6-25)에서 (x_1, y_1)을 일반적인 (x, y)로 치환하면 다음과 같이 표기됨을 알 수 있지만, 이 경우 편미분을 계산할 때 주의가 필요합니다.

$$f(x, y) = \sum_{k=0}^{n-1} \frac{1}{k!} \left\{ (x - x_0)\frac{\partial}{\partial x} + (y - y_0)\frac{\partial}{\partial y} \right\}^k f(x_0, y_0) + R(x, y) \quad \text{(6-27)}$$

(6-27)에 포함된 편미분 계산은 어디까지나 함수 $f(x, y)$로부터 유래된 변수에 대한 것이므로, 다항식을 나타내는 $x - x_0$, $y - y_0$에 포함된 문자까지 미분할 필요는 없습니다. 편미분의 순서를 자유롭게 바꿀 수 있기 때문에 $\left\{ (x - x_0)\frac{\partial}{\partial x} + (y - y_0)\frac{\partial}{\partial y} \right\}^k$를 형식적으로 이항 전개하면 다음 식으로 다시 쓴 후에 계산해도 결과는 같습니다 정리 54 .

$$\left\{ (x - x_0)\frac{\partial}{\partial x} + (y - y_0)\frac{\partial}{\partial y} \right\}^k = \sum_{i=0}^{k} {}_kC_i (x - x_0)^i (y - y_0)^{k-i} \frac{\partial^k}{\partial x^i \partial y^{k-i}} \quad \text{(6-28)}$$

$k = 2, 3$ 정도의 간단한 경우에 시도해보면 확실하게 일치함을 확인할 수 있습니다. 그래서 이후에는 (6-28)을 이용해 계산합니다.

마지막으로 구체적인 예로서 다음을 원점 주변에서 3차 항까지 전개해봅니다.

$$f(x, y) = e^y \sin x$$

우선 3차까지의 편도함수를 모두 계산하면 다음과 같습니다.

$$\frac{\partial f}{\partial x}(x,y) = e^y \cos x, \quad \frac{\partial f}{\partial y}(x,y) = e^y \sin x$$

$$\frac{\partial^2 f}{\partial x^2}(x,y) = -e^y \sin x, \quad \frac{\partial^2 f}{\partial x \partial y}(x,y) = e^y \cos x, \quad \frac{\partial^2 f}{\partial y^2}(x,y) = e^y \sin x$$

$$\frac{\partial^3 f}{\partial x^3}(x,y) = -e^y \cos x, \quad \frac{\partial^3 f}{\partial x^2 \partial y}(x,y) = -e^y \sin x,$$

$$\frac{\partial^3 f}{\partial x \partial y^2}(x,y) = e^y \cos x, \quad \frac{\partial^3 f}{\partial y^3}(x,y) = e^y \sin x$$

따라서 원점에서의 편미분계수는 다음과 같습니다.

$$\frac{\partial f}{\partial x}(0,0) = 1, \quad \frac{\partial f}{\partial y}(0,0) = 0$$

$$\frac{\partial^2 f}{\partial x^2}(0,0) = 0, \quad \frac{\partial^2 f}{\partial x \partial y}(0,0) = 1, \quad \frac{\partial^2 f}{\partial y^2}(0,0) = 0$$

$$\frac{\partial^3 f}{\partial x^3}(0,0) = -1, \quad \frac{\partial^3 f}{\partial x^2 \partial y}(0,0) = 0, \quad \frac{\partial^3 f}{\partial x \partial y^2}(0,0) = 1, \quad \frac{\partial^3 f}{\partial y^3}(0,0) = 0$$

한편 조금 전 설명했던 이항 전개 방법을 이용해 테일러 공식을 3차까지 전개하면 다음과 같습니다.

$$\begin{aligned}
f(x,y) \simeq\ & f(0,0) + x\frac{\partial f}{\partial x}(0,0) + y\frac{\partial f}{\partial y}(0,0) \\
& + \frac{1}{2}\left\{ x^2\frac{\partial^2 f}{\partial x^2}(0,0) + 2xy\frac{\partial^2 f}{\partial x \partial y}(0,0) + y^2\frac{\partial^2 f}{\partial y^2}(0,0) \right\} \\
& + \frac{1}{3!}\left\{ x^3\frac{\partial^3 f}{\partial x^3}(0,0) + 3x^2 y\frac{\partial^3 f}{\partial x^2 \partial y}(0,0) + 3xy^2\frac{\partial^3 f}{\partial x \partial y^2}(0,0) + y^3\frac{\partial^3 f}{\partial y^3}(0,0) \right\}
\end{aligned}$$

여기에 조금 전 계산했던 편미분계수를 대입하면 다음과 같은 결과를 얻을 수 있습니다.

$$f(x,y) \simeq x + xy - \frac{1}{6}x^3 + \frac{1}{2}xy^2$$

그림 6-5는 원래 함수와 위의 근사 결과를 각각 그래프로 그린 것입니다. 그래프의 중앙 부분이 원점이 되고, 원점에서 멀어질수록 근사의 정밀도는 하락하는 형태입니다.

▼ 그림 6-5 이변수함수에서 다항식 근사의 예

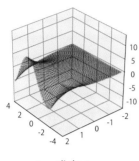

$$z = e^y \sin x$$

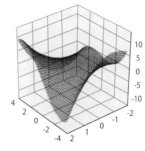

$$z = x + xy - \frac{1}{6}x^3 + \frac{1}{2}xy^2$$

6.2 / 사상의 미분

6.2.1 평면에서 평면으로의 사상

앞 절에서 본 이변수함수를 사상으로 파악할 수 있다면 $\mathbf{R}^2 \to \mathbf{R}$, 즉 (x, y) 평면의 점을 하나의 실수에 투사한 것으로 생각할 수 있습니다. 그러면 이를 확장해 $\mathbf{R}^2 \to \mathbf{R}^2$, 즉 평면의 점을 다른 평면의 점에 투사하는 사상을 만들 수 있을까요? $\mathbf{R}^2 \to \mathbf{R}$에 상응하는 두 개의 이변수함수를 준비하면 구현할 수 있습니다.

우선 알기 쉬운 기호를 사용해 사상으로 투사한 원래 좌표를 $(x_1,\ x_2)$, 투사된 평면의 좌표를 $(y_1,\ y_2)$로 합니다. 그리고 다음과 같이 두 함수를 준비하면 이것으로 $\mathbf{R}^2 \to \mathbf{R}^2$에 상응하는 사상이 가능합니다.

$$y_1 = f_1(x_1,\ x_2) \tag{6-29}$$

$$y_2 = f_2(x_1,\ x_2) \tag{6-30}$$

엄밀하게는 사상의 정의역과 치역이 $\mathbf{R}^2$ 전체가 되지 않는 경우도 있지만, 여기서는 기호의 의미를 느슨하게 해석해 그러한 경우도 포함하는 것으로 합니다.

또한, 벡터 기호를 사용해 나타내기도 합니다. 우선, 사상으로 이동한 전후의 좌표를 다음과 같이 표현합니다.[3]

$$\mathbf{x} = \begin{pmatrix} x_1 \\ x_2 \end{pmatrix},\ \mathbf{y} = \begin{pmatrix} y_1 \\ y_2 \end{pmatrix}$$

그리고 (6-29), (6-30)의 관계를 정리해 다음 식으로 표기합니다.

$$\mathbf{y} = \mathbf{f}(\mathbf{x})$$

이 $\mathbf{f}$는 무엇인가 특별한 존재는 아니고, 어디까지나 (6-29), (6-30)을 간략하게 표기하는 것으로 생각해도 상관없습니다. 이 절에서는 일반적으로 이와 같은 $\mathbf{f}$를 사상이라고 부릅니다.

---

3   이후에 행렬을 이용한 계산을 하기 위해 여기서는 세로로 값을 늘어놓고 벡터 표기를 사용합니다.

(6-29), (6-30)이 모두 일차함수인 경우에는 좀 더 구체적으로 고쳐 쓸 수 있습니다. 예를 들어 다음 경우를 생각해봅시다.

$$y_1 = a_{11}x_1 + a_{12}x_2 + b_1$$
$$y_2 = a_{21}x_1 + a_{22}x_2 + b_2$$

이 경우 계수를 늘어놓은 행렬 $\mathbf{M}$과 상수항을 늘어놓은 벡터 $\mathbf{b}$를 다음과 같이 해놓으면

$$\mathbf{M} = \begin{pmatrix} a_{11} & a_{12} \\ a_{21} & a_{22} \end{pmatrix}, \ \mathbf{b} = \begin{pmatrix} b_1 \\ b_2 \end{pmatrix}$$

다음 관계가 성립합니다.

$$\mathbf{y} = \mathbf{M}\mathbf{x} + \mathbf{b}$$

바꿔 말하면 조금 전의 $\mathbf{f}$는 다음 식으로 표기할 수 있습니다.

$$\mathbf{f}(\mathbf{x}) = \mathbf{M}\mathbf{x} + \mathbf{b} \tag{6-31}$$

(6-31)의 사상은 일반적으로 **어파인 변환**이라고 부르며, 그림 6-6에서 보여주는 확대, 축소, 전단, 회전, 평행이동을 조합한 변환입니다. 이 그림에서는 (x_1, x_2) 평면의 정사각형 영역을 (6-31)로 (y_1, y_2) 평면에 사상할 때 이동할 도형이 어떻게 되는지를 나타내고 있습니다. 예를 들어 다음과 같이 하면

$$\mathbf{M} = \begin{pmatrix} 1 & 0 \\ 0 & 1 \end{pmatrix}, \ \mathbf{b} = \begin{pmatrix} a \\ b \end{pmatrix}$$

x_1축 방향과 x_2축 방향으로 각각 a와 b만큼 평행이동한 사상이 됩니다. 또 다음과 같이 하면

$$\mathbf{M} = \begin{pmatrix} p & 0 \\ 0 & q \end{pmatrix}, \ \mathbf{b} = \begin{pmatrix} 0 \\ 0 \end{pmatrix}$$

x_1축 방향과 x_2축 방향으로 각각 p배와 q배로 확대하는 사상이 됩니다. 또 원점을 중심으로 각 θ 만큼 회전하는 사상은 다음과 같이 주어집니다.

$$\mathbf{M} = \begin{pmatrix} \cos\theta & -\sin\theta \\ \sin\theta & \cos\theta \end{pmatrix}, \ \mathbf{b} = \begin{pmatrix} 0 \\ 0 \end{pmatrix}$$

마지막 회전의 예는 점 $(1, 0)$과 점 $(0, 1)$이 이동할 곳을 계산하면 각각 $(\cos\theta, \sin\theta)$와 $(-\sin\theta, \cos\theta)$로 되므로, 그림 6-7과 같이 이해할 수 있습니다.

▼ 그림 6-6 어파인 변환의 기본 요소

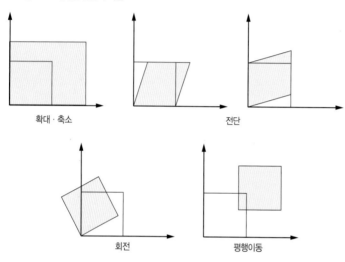

확대 · 축소   전단

회전   평행이동

▼ 그림 6-7 어파인 변환에 의한 도형의 회전

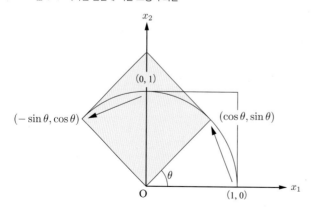

6.2.2 어파인 변환에 의한 사상의 근사

앞 절의 (6-29), (6-30)에서 $f_1(x_1, x_2)$와 $f_2(x_1, x_2)$는 양쪽 모두 점 (x_{10}, x_{20})에서 미분가능하다고 합니다. 이때 전미분가능의 정의 (6-12), (6-13)으로부터 다음 관계가 성립합니다.

$$f_1(x_1, x_2) = f_1(x_{10}, x_{20}) + \frac{\partial f_1}{\partial x_1}(x_{10}, x_{20})(x_1 - x_{10})$$
$$+ \frac{\partial f_1}{\partial x_2}(x_{10}, x_{20})(x_2 - x_{20}) + g_1(x_1, x_2)$$

$$f_2(x_1, x_2) = f_2(x_{10}, x_{20}) + \frac{\partial f_2}{\partial x_1}(x_{10}, x_{20})(x_1 - x_{10})$$
$$+ \frac{\partial f_2}{\partial x_2}(x_{10}, x_{20})(x_2 - x_{20}) + g_2(x_1, x_2)$$

$$\lim_{(x_1, x_2) \to (x_{10}, x_{20})} \frac{g_1(x_1, x_2)}{\sqrt{(x_1 - x_{10})^2 + (x_2 - x_{20})^2}} = 0$$

$$\lim_{(x_1, x_2) \to (x_{10}, x_{20})} \frac{g_2(x_1, x_2)}{\sqrt{(x_1 - x_{10})^2 + (x_2 - x_{20})^2}} = 0$$

언뜻 복잡한 식처럼 보이지만, 행렬 및 벡터를 이용하면 다음과 같이 간결하게 정리할 수 있습니다.

$$\mathbf{f}(\mathbf{x}) = \mathbf{f}(\mathbf{x}_0) + \mathbf{M}(\mathbf{x} - \mathbf{x}_0) + \mathbf{g}(\mathbf{x}) \tag{6-32}$$

$$\lim_{\mathbf{x} \to \mathbf{x}_0} \frac{\mathbf{g}(\mathbf{x})}{|\mathbf{x} - \mathbf{x}_0|} = \mathbf{0} \tag{6-33}$$

여기서는 기호를 다음과 같이 정의합니다. $\mathbf{0}$은 모든 성분이 0인 벡터를 표시합니다.

$$\mathbf{M} = \begin{pmatrix} \frac{\partial f_1}{\partial x_1}(x_{10}, x_{20}) & \frac{\partial f_1}{\partial x_2}(x_{10}, x_{20}) \\ \frac{\partial f_2}{\partial x_1}(x_{10}, x_{20}) & \frac{\partial f_2}{\partial x_2}(x_{10}, x_{20}) \end{pmatrix}, \ \mathbf{x} = \begin{pmatrix} x_1 \\ x_2 \end{pmatrix}, \ \mathbf{x}_0 = \begin{pmatrix} x_{10} \\ x_{20} \end{pmatrix}$$

$$\mathbf{f}(\mathbf{x}) = \begin{pmatrix} f_1(x_1, x_2) \\ f_2(x_1, x_2) \end{pmatrix}, \ \mathbf{f}(\mathbf{x}_0) = \begin{pmatrix} f_1(x_{10}, x_{20}) \\ f_2(x_{10}, x_{20}) \end{pmatrix}, \ \mathbf{g}(\mathbf{x}) = \begin{pmatrix} g_1(x_1, x_2) \\ g_2(x_1, x_2) \end{pmatrix}$$

(6-32), (6-33)이 성립하는 것을 놓고, 사상 $\mathbf{f}(\mathbf{x})$는 점 $\mathbf{x}_0$에서 미분가능하다고 정의합니다. 또한, 편미분계수를 늘어놓은 행렬 $\mathbf{M}$은 특히 다음과 같이 표기하고

$$\mathbf{M} = \frac{\partial \mathbf{f}}{\partial \mathbf{x}}(\mathbf{x}_0)$$

사상 $\mathbf{f}(\mathbf{x})$의 점 $\mathbf{x}_0$에서의 **자코비안 행렬**이라 부릅니다 정의 21.

(6-32)를 앞 절의 (6-31)과 비교하면 알 수 있듯이 사상의 미분이라는 것은 $\mathbf{f}(\mathbf{x})$의 값을 점 $\mathbf{x}_0$ 주변의 어파인 변환으로 다음과 같이 근사하는 것으로 생각할 수 있습니다.

$$\mathbf{f}(\mathbf{x}) \simeq \mathbf{f}(\mathbf{x}_0) + \mathbf{M}(\mathbf{x} - \mathbf{x}_0)$$

(6-33)이 성립한다는 의미로 가장 잘 근사하는 계수 $\mathbf{M}$이 앞서 보여준 자코비안 행렬로 주어지는 것입니다.

여기서 사상의 미분을 응용한 예로 뉴턴법의 확장을 생각해봅시다. 우선 기본 형태의 뉴턴법은 실수에서 미분가능한 일변수함수 $y = f(x)$에 대해 $f(x) = 0$이 되는 x를 수치 계산으로 구하는 방법입니다. 우선 임의의 점 $x = x_0$을 정하고, 함수 $f(x)$를 점 x_0 주변에서 1차 근사하면 다음을 얻을 수 있습니다.

$$f(x) \simeq \tilde{f}(x) = f(x_0) + f'(x_0)(x - x_0)$$

이것은 $x = x_0$에서의 접선에 해당합니다. 여기서 $f'(x_0) \neq 0$으로 가정해 $f(x) = 0$ 대신 $\tilde{f}(x) = 0$의 해를 구하면 다음을 얻을 수 있습니다.

$$x = x_0 - \frac{f(x_0)}{f'(x_0)}$$

여기서 얻어진 x를 조금 전의 x_0으로 하고, 같은 절차를 반복하면 다음의 점화식으로 결정된 무한 수열 $\{x_n\}_{n=0}^{\infty}$을 얻을 수 있습니다.

$$x_{n+1} = x_n - \frac{f(x_n)}{f'(x_n)}$$

함수 $f(x)$가 특성이 좋은 함수면 그림 6-8에서 이해할 수 있듯이 이 수열은 $f(x) = 0$의 해에 수렴합니다.[4] 따라서 충분히 큰 n에 대해 x_n을 계산하면 그것이 $f(x) = 0$의 근사해가 됩니다.

▼ 그림 6-8 뉴턴법의 원리

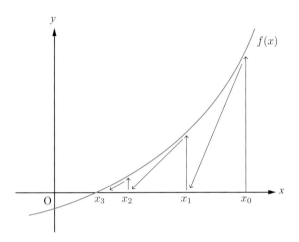

6

다변수함수

간단한 예로 $f(x) = x^2 - 2$인 경우를 생각해보면 $f'(x) = 2x$이므로 무한수열 $\{x_n\}_{n=0}^{\infty}$의 점화식은 다음과 같습니다.

$$x_{n+1} = x_n - \frac{x_n^2 - 2}{2x_n}$$

이 경우 $f(x) = 0$의 해는 $x = \pm\sqrt{2}$지만, 예를 들어 $x_0 = 9.0$으로 하고 수치 계산을 하면 다음과 같이 $x = \sqrt{2}$에 값이 근접해간다는 것을 알 수 있습니다.

$$x_1 = 4.61111111111$$
$$x_2 = 2.52242302544$$
$$x_3 = 1.65765572129$$
$$x_4 = 1.4320894349$$
$$x_5 = 1.41432512902$$
$$x_6 = 1.41421356677$$
$$\vdots$$

---

4   여기서는 이것이 해에 수렴하기 위한 엄밀한 조건에 대해 논의하지 않습니다.

마찬가지로 $x_0 = -9.0$으로 하면 $x = -\sqrt{2}$에 근접해갑니다.

그러면 이 방법을 $\mathbf{R}^2 \to \mathbf{R}^2$의 사상 $\mathbf{y} = \mathbf{f}(\mathbf{x})$에 적용하면 어떻게 될까요? 우선 임의의 점 $\mathbf{x}_0$을 정하고, $\mathbf{f}(\mathbf{x})$를 점 $\mathbf{x}_0$ 주변에서의 어파인 변환으로 근사하면 다음을 얻을 수 있습니다.

$$\mathbf{f}(\mathbf{x}) \simeq \tilde{\mathbf{f}}(\mathbf{x}) = \mathbf{f}(\mathbf{x}_0) + \frac{\partial \mathbf{f}}{\partial \mathbf{x}}(\mathbf{x}_0)(\mathbf{x} - \mathbf{x}_0)$$

그리고 자코비안 행렬 $\frac{\partial \mathbf{f}}{\partial \mathbf{x}}(\mathbf{x}_0)$의 역행렬이 존재한다고 가정하면 $\tilde{\mathbf{f}}(\mathbf{x}) = 0$의 해는 다음과 같이 결정됩니다.

$$\mathbf{x} = \mathbf{x}_0 - \left\{ \frac{\partial \mathbf{f}}{\partial \mathbf{x}}(\mathbf{x}_0) \right\}^{-1} \mathbf{f}(\mathbf{x}_0) \tag{6-34}$$

이로부터 결정되는 $\mathbf{x}$를 다시 $\mathbf{x}_0$으로 해서 같은 계산을 반복함으로써 $\mathbf{f}(\mathbf{x}) = 0$의 해를 근사적으로 구할 수 있습니다.[5]

이 방법은 이변수함수의 최솟값 문제를 풀 때 이용합니다. 예를 들어 이변수함수 $h(x_1, x_2) = x_1^2 + x_2^2 + x_1 x_2 + x_1 + x_2$의 최솟값을 취하는 점 (x_1, x_2)를 구하는 문제를 생각해봅시다. 우선 이 함수의 그래디언트 벡터를 계산하면 다음과 같습니다.

$$\nabla h(x_1, x_2) = \begin{pmatrix} \dfrac{\partial h}{\partial x_1} \\ \dfrac{\partial h}{\partial x_2} \end{pmatrix} = \begin{pmatrix} 2x_1 + x_2 + 1 \\ x_1 + 2x_2 + 1 \end{pmatrix}$$

6.1.1절(전미분과 편미분)의 (6-11)에서 본 바와 같이 그래디언트 벡터는 함수 $h(x_1, x_2)$가 가장 급격히 증가하는 방향을 표현하고, 그 방향의 기울기(방향미분계수)가 그래디언트 벡터의 크기입니다. $h(x_1, x_2)$가 최솟값을 취하는 부분에서는 모든 방향에 대해 방향미분계수가 0이 되기 때문에 그래디언트 벡터도 $\mathbf{0}$이 됩니다.[6] 엄밀하게는 최솟값을 취하는 점에서 함수 $h(x_1, x_2)$가 전미분가능이어야 하지만, 이 예에서 $h(x_1, x_2)$는 임의의 점에서 전미분가능하므로 이 조건을 만족합니다. 즉,

---

5 뉴턴법과 마찬가지로 여기서는 이것이 성립하기 위한 엄밀한 조건을 논의하지 않습니다.

6 이에 대해서는 6.3.2절(이변수함수의 극값 문제)에서 자세히 설명합니다.

$\mathbf{f}(\mathbf{x}) = \nabla h(\mathbf{x})$로 간주하고, $\mathbf{f}(\mathbf{x}) = \mathbf{0}$이 되는 $\mathbf{x}$를 구하면 그것이 $h(x_1, x_2)$의 최솟값을 주는 점입니다. 단, 일반적으로는 최솟값 이외에도 그래디언트 벡터가 0이 되는 점(최댓값 등)은 존재하므로 어디까지나 필요조건이고 충분조건은 아닙니다.[7]

특히 이 예에서는 $\mathbf{f}(\mathbf{x}) = \nabla h(\mathbf{x})$ 자신이 어파인 변환이 되므로

$$\mathbf{M} = \begin{pmatrix} 2 & 1 \\ 1 & 2 \end{pmatrix}, \ \mathbf{b} = \begin{pmatrix} 1 \\ 1 \end{pmatrix}$$

위와 같이 하면 임의의 $\mathbf{x}_0$에 대해

$$\mathbf{f}(\mathbf{x}) = \mathbf{M}\mathbf{x} + \mathbf{b} = \mathbf{M}(\mathbf{x} - \mathbf{x}_0) + (\mathbf{M}\mathbf{x}_0 + \mathbf{b})$$

즉, 다음 식으로 나타낼 수 있습니다.

$$\mathbf{f}(\mathbf{x}) = \mathbf{M}(\mathbf{x} - \mathbf{x}_0) + \mathbf{f}(\mathbf{x}_0) \tag{6-35}$$

그리고 $\mathbf{f}(\mathbf{x}) = \mathbf{0}$을 (6-35)에 대입해 변환하면 다음을 얻을 수 있는데, 이는 (6-34)와 같은 식입니다.

$$\mathbf{x} = \mathbf{x}_0 - \mathbf{M}^{-1}\mathbf{f}(\mathbf{x}_0)$$

즉, 지금의 경우 (6-34)를 반복해 적용할 필요는 없고, 한 번만 적용하면 엄밀한 해가 얻어집니다. 한번 $\mathbf{f}(\mathbf{x}_0) = \mathbf{0}$을 달성하면 (6-34)를 적용해도 $\mathbf{x}$ 값은 변화하지 않는다는 점에 주의하세요. 더 일반적인 함수인 $h(x_1, x_2)$의 경우 뉴턴법과 마찬가지로 (6-34)를 반복해 적용하면 그래디언트 벡터가 0이 되는 점을 발견할 수 있습니다.

---

7 이 해에서 $h(x_1, x_2)$는 하방으로 볼록한 함수이므로 그래디언트 벡터가 0이 되는 점은 극솟값을 취한 점에 한정됩니다.

6.3 극값 문제

6.3.1 일변수함수의 극값 문제

앞 절에서는 그래디언트 벡터가 **0**이 되는 점을 계산하는 방법을 소개했는데, 일반적으로 그래디언트 벡터가 **0**이 되는 점은 극대점, 극소점이나 어느 쪽도 아닌 점으로 분류됩니다. 이번 절에서는 이변수함수에 대해 어떤 점이 극대점 또는 극소점인지를 판별하는 방법을 설명합니다. 여기서는 그 준비로 일변수함수의 극값 문제를 정리합니다.

일변수함수 $y = f(x)$의 극대점 또는 극소점은 그림 6-9와 같이 어떤 x_0의 부근, 즉 x_0을 포함하는 충분히 작은 개구간을 고려할 때 그 개구간 내 점 x_0에서 $f(x)$가 최대 또는 최소가 되는 점을 말합니다. 함수 전체 값에서 최대 · 최소일 필요는 없고, 주변의 매우 작은 구간(미소 구간)에서 최대 · 최소인 조건입니다. 또한, 극대점 또는 극소점에서 $f(x)$의 값을 극댓값 또는 극솟값이라고 부릅니다. 함수의 정의역 전체에서는 일반적으로 여러 개의 극대점, 극소점이 존재할 가능성이 있습니다. 또한, 여기서는 극대점, 극소점을 고려할 때 정의역의 끝점은 제외합니다.

▼ 그림 6-9 일변수함수의 정류점

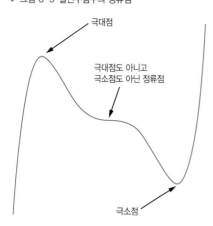

극대점

극대점도 아니고
극소점도 아닌 정류점

극소점

우선 한 가지 잘 알려진 사실을 말해보면 함수 $y = f(x)$의 극대점 또는 극소점을 x_0으로 할 때 점 x_0에서 $f(x)$가 미분가능이면 $f'(x_0) = 0$이 성립합니다. 이 사실은 롤의 정리를 증명할 때 사용했던 논의로써 증명할 수 있습니다. 예를 들어 $x = x_0$에서 극댓값을 취한다고 가정하면 x_0 부근의 점 x에 대해 $f(x_0) - f(x) \geq 0$이 되므로 $x \to x_0 + 0$의 극한을 고려하면 $x_0 < x$에 의해 다음과 같이 됩니다.

$$\lim_{x \to x_0 + 0} \frac{f(x_0) - f(x)}{x_0 - x} \leq 0$$

마찬가지로 $x \to x_0 - 0$의 극한을 고려하면 $x_0 > x$에 의해 다음과 같이 됩니다.

$$\lim_{x \to x_0 - 0} \frac{f(x_0) - f(x)}{x_0 - x} \geq 0$$

$f(x)$는 $x = x_0$에서 미분가능하므로 위의 두 극한은 일치해야 합니다. 따라서 다음을 얻을 수 있습니다.

$$f'(x_0) = \lim_{x \to x_0} \frac{f(x_0) - f(x)}{x_0 - x} = 0$$

극솟값의 경우에도 똑같은 논의가 성립합니다. 단, 조금 전의 그림 6-9에서 나타낸 바와 같이 $f'(x_0) = 0$이어도 극대점도 아니고 극소점도 아닌 경우가 있습니다. 일반적으로 $f'(x_0) = 0$을 만족하는 점 x_0을 **정류점**이라고 하는데, 정류점에는 극대점, 극소점과 그 어느 쪽도 아닌 점이 존재합니다.

정의역의 끝점 이외의 곳에서 $f'(x_0) = 0$이 성립하는 경우에 이 점이 극대점이나 극소점 중에서 어느 쪽인지 판별하는 데는 고차미분계수를 이용할 수 있습니다. 논의를 간단하게 하기 위해 $f(x)$가 x_0의 부근에서 무한번미분가능하다고 하면 테일러 공식에 의해 다음이 성립합니다.

$$f(x) = f(x_0) + f'(x_0)(x - x_0) + \frac{1}{2}f''(x_0)(x - x_0)^2 + R(x) \tag{6-36}$$

$$\lim_{x \to x_0} \frac{R(x)}{(x - x_0)^2} = 0 \tag{6-37}$$

$f''(x_0) \neq 0$으로 가정하고, $f'(x_0) = 0$을 이용해 (6-36)을 정리하면 다음을 얻을 수 있습니다.

$$f(x) - f(x_0) = \frac{1}{2}f''(x_0)(x - x_0)^2 \left\{ 1 + \frac{2}{f''(x_0)} \frac{R(x)}{(x - x_0)^2} \right\}$$

여기서 (6-37)에 의해 x가 충분히 x_0에 가까워지면 마지막 중괄호 내 두 번째 항은 충분히 작아지고, 그 결과 중괄호 내의 항은 전체가 양의 값이 됩니다. 따라서 $f''(x_0) > 0$이면 $f(x) > f(x_0)$이 성립해 x_0이 극소점이라는 것을 알 수 있습니다. 반대로 $f''(x_0) < 0$이면 x_0은 극대점이 됩니다 정리 55 .

$f''(x_0) = 0$인 경우 위의 식만으로는 판별할 수 없지만, 더 고차의 항까지($f^{(n)}(x_0)$이 0이 아닌 최초의 항까지) 테일러 공식을 써내려가려면 같은 논의가 가능합니다. 예를 들어 $f'(x_0) = 0$, $f''(x_0) = 0$이고 $f^{(3)}(x_0) \neq 0$인 경우 다음과 같이 됩니다.

$$f(x) = f(x_0) + \frac{1}{3!}f^{(3)}(x_0)(x - x_0)^3 + R(x)$$

$$\lim_{x \to x_0} \frac{R(x)}{(x - x_0)^3} = 0$$

이에 의해 다음을 얻을 수 있습니다.

$$f(x) - f(x_0) = \frac{1}{3!}f^{(3)}(x_0)(x - x_0)^3 \left\{ 1 + \frac{3!}{f^{(3)}(x_0)} \frac{R(x)}{(x - x_0)^3} \right\}$$

이 경우 x_0의 부근에서 마지막 중괄호 내의 항은 양의 값을 가지지만, 다른 한쪽에서 $(x - x_0)^3$은 x_0의 양쪽에서 양과 음의 값 모두를 취합니다. 따라서 x_0의 양쪽에서 $f(x)$와 $f(x_0)$의 대소 관계가 반전되어 점 x_0은 극대도 아니고 극소도 아닌 점이 됩니다.

일반적으로는 $m - 1$차까지의 모든 미분계수가 점 x_0에서 0이 되고, m차의 미분계수 점 x_0에서 0 이외의 값을 취하는 경우 m이 짝수일 때 $f^{(m)}(x_0) > 0$이면 극소점, $f^{(m)}(x_0) < 0$이면 극대점이 됩니다. m이 홀수면 극대점과 극소점 어느 쪽도 아닙니다.

6.3.2 이변수함수의 극값 문제

이변수함수 $z = f(x, y)$에서의 극대점, 극소점은 일변수함수와 똑같이 정의됩니다. 점 (x_0, y_0)의 부근, 즉 (x_0, y_0)을 포함하는 집합의 점 (x_0, y_0)에서 $f(x, y)$가 최대 또는 최소가 될 때 이것을 극대점 또는 극소점이라고 부릅니다. 그림으로 보면 그림 6-10과 같은 점에 상응합니다.

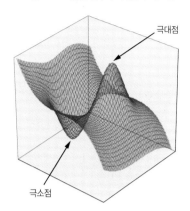

그리고 점 $(x_0,\ y_0)$을 $f(x,\ y)$의 극대점 또는 극소점이라고 할 때 이 점에서 $f(x,\ y)$가 전체 미분이라면 이 점에서의 그래디언트 벡터는 $\mathbf{0}$이 됩니다.

$$\nabla f(x_0, y_0) = \begin{pmatrix} \dfrac{\partial f}{\partial x}(x_0, y_0) \\[2mm] \dfrac{\partial f}{\partial y}(x_0, y_0) \end{pmatrix} = \mathbf{0} \tag{6-38}$$

이 사실은 다음과 같은 전미분가능의 정의로부터 확인할 수 있습니다.

$$f(x, y) = f(x_0, y_0) + \frac{\partial f}{\partial x}(x_0, y_0)(x - x_0) + \frac{\partial f}{\partial y}(x_0, y_0)(y - y_0) + g(x, y) \tag{6-39}$$

$$\lim_{(x,y) \to (x_0,y_0)} \frac{g(x, y)}{\sqrt{(x - x_0)^2 + (y - y_0)^2}} = 0 \tag{6-40}$$

예를 들면 $\dfrac{\partial f}{\partial x}(x_0, y_0) \neq 0$인 경우 $y = y_0$으로 놓고 (6-39)를 다음과 같이 변환합니다.

$$f(x, y_0) - f(x_0, y_0) = \frac{\partial f}{\partial x}(x_0, y_0)(x - x_0)\left\{ 1 + \frac{1}{\frac{\partial f}{\partial x}(x_0, y_0)} \frac{g(x, y_0)}{x - x_0} \right\}$$

이때 x를 x_0에 근접시키면 마지막 중괄호 내의 항은 양의 값을 가집니다. (6-40)에서 $y = y_0$인 경우를 생각하면 다음과 같이 되므로 중괄호의 2번 항은 얼마든지 0에 가깝게 되기 때문입니다.

$$\lim_{x \to x_0} \frac{g(x, y_0)}{|x - x_0|} = 0$$

한편 중괄호 앞에 있는 부분은 x_0의 양쪽에서 음양의 부호가 반전하므로 결국 x_0의 양쪽에서 $f(x, y_0)$과 $f(x_0, y_0)$의 대소 관계는 반전됩니다. 즉, 점 (x_0, y_0)은 극대점과 극소점 어느 쪽도 아닙니다. 반대로 말하면 점 (x_0, y_0)이 극대점 또는 극소점이라면 $\frac{\partial f}{\partial x}(x_0, y_0) = 0$일 수밖에 없습니다. 마찬가지로 $\frac{\partial f}{\partial y}(x_0, y_0) = 0$이라고도 말할 수 있으므로 (6-38)이 성립합니다.

다음으로 (6-38)을 만족하는 점을 발견한 경우에 이것이 극대점 또는 극소점 중 어느 쪽인지를 확인하기 위해 2차 편미분계수를 사용할 수 있습니다. 결론부터 미리 말하면 2차미분계수를 늘어놓은 다음 행렬을 **헤시안행렬**이라 부르고, 이것이 양정치행렬[8]이라면 점 (x_0, y_0)은 극소점, 음정치행렬[9]이면 점 (x_0, y_0)은 극대점임을 알 수 있습니다.

$$\mathbf{H} = \begin{pmatrix} \dfrac{\partial^2 f}{\partial x^2}(x_0, y_0) & \dfrac{\partial^2 f}{\partial x \partial y}(x_0, y_0) \\[2em] \dfrac{\partial^2 f}{\partial x \partial y}(x_0, y_0) & \dfrac{\partial^2 f}{\partial y^2}(x_0, y_0) \end{pmatrix}$$

여기서는 단순화하기 위해 $f(x, y)$는 점 (x_0, y_0)의 부근에서 무한번미분가능하고 편미분의 계산 순서는 신경 쓰지 않습니다. 또한, 양정치행렬이라는 것은 벡터 $\mathbf{x} = (x, y)$에 대해 다음 식으로 정의할 때 임의의 $\mathbf{x} \neq \mathbf{0}$에 대해 $H(\mathbf{x}) > 0$이 성립한다는 의미입니다.

$$H(\mathbf{x}) = x^2 \frac{\partial^2 f}{\partial x^2}(x_0, y_0) + 2xy \frac{\partial^2 f}{\partial x \partial y}(x_0, y_0) + y^2 \frac{\partial^2 f}{\partial y^2}(x_0, y_0)$$

마찬가지로 음정치행렬은 $H(\mathbf{x}) < 0$이 성립하는 것을 말합니다. 위의 $H(\mathbf{x})$를 벡터 행렬을 이용한 **2차 형식**이라고 부릅니다 정의 22.

---

8 역주 positive definite matrix

9 역주 negative definite matrix

$H(\mathbf{x})$의 정의가 복잡해 보일지도 모르지만, 이 형태는 테일러 공식으로부터 자연스럽게 나타납니다. 점 $(x_0, \, y_0)$의 부근에서 무한번미분가능하다는 전제로부터 테일러 공식 (6-27), (6-28)에서 $n = 3$인 경우를 고려하면 $f(x, \, y)$는 다음이 성립됩니다.

$$f(x,y) = \sum_{k=0}^{2} \frac{1}{k!} \left\{ (x - x_0) \frac{\partial}{\partial x} + (y - y_0) \frac{\partial}{\partial y} \right\}^k f(x_0, y_0) + R(x, y)$$

$$= f(x_0, y_0) + (x - x_0) \frac{\partial f}{\partial x}(x_0, y_0) + (y - y_0) \frac{\partial f}{\partial y}(x_0, y_0)$$

$$+ \frac{1}{2} \left\{ (x - x_0)^2 \frac{\partial^2 f}{\partial x^2}(x_0, y_0) + 2(x - x_0)(y - y_0) \frac{\partial^2 f}{\partial x \partial y}(x_0, y_0) + (y - y_0)^2 \frac{\partial^2 f}{\partial y^2}(x_0, y_0) \right\}$$

$$+ R(x, y)$$

위 식에 $\dfrac{\partial f}{\partial x}(x_0, y_0) = 0$, $\dfrac{\partial f}{\partial y}(x_0, y_0) = 0$을 대입해 정리하면 다음 관계를 얻을 수 있습니다.

$$f(x, y) - f(x_0, y_0) = \frac{1}{2} H(\mathbf{x} - \mathbf{x}_0) + R(x, y) \qquad (6\text{--}41)$$

여기서 2차 형식에 포함되는 벡터는 $\mathbf{x} - \mathbf{x}_0 = (x - x_0, \, y - y_0)$입니다.

(6-41)에서 만약 잉여항 $R(x, \, y)$가 없다면 조금 전의 주장이 성립하는 것은 자명합니다. 벡터 행렬이 양정치행렬이라면 임의의 $(x, \, y) \neq (x_0, \, y_0)$에 대해 $f(x, \, y) > f(x_0, \, y_0)$이 되므로 점 $(x_0, \, y_0)$은 극소점이라고 말할 수 있습니다. 음정치행렬의 경우도 마찬가지로 극대점이라고 말할 수 있습니다.

한편 잉여항을 포함해 논의하려면 조금 준비가 필요합니다. 우선 벡터 행렬로 한정하지 말고 다음과 같은 일반적인 대칭행렬에 대해 $\mathbf{A}$가 양정치행렬인 경우

$$\mathbf{A} = \begin{pmatrix} A_{11} & A_{12} \\ A_{21} & A_{22} \end{pmatrix} \ (A_{12} = A_{21})$$

어떤 상수 $c > 0$이 존재해 임의의 $\mathbf{x}$에 대해 다음이 성립하는 것을 증명합니다.

$$A(\mathbf{x}) \geq c|\mathbf{x}|^2 \qquad (6\text{--}42)$$

여기서 $A(\mathbf{x})$는 다음 식으로 정의되는 2차 형식입니다.

$$A(\mathbf{x}) = A_{11}x_1^2 + 2A_{12}x_1x_2 + A_{22}x_2^2$$

$\mathbf{x} = \mathbf{0}$인 경우 양변 모두 명백하게 0이 되지만, 여기서는 $\mathbf{x} \neq \mathbf{0}$의 경우를 생각합니다. 우선 단위원의 벡터의 집합 $\{\mathbf{x} \mid |\mathbf{x}| = 1\}$을 고려하고, 이 집합에서 $A(\mathbf{x})$의 값을 고려하면 3.3절의 **정리 21**에서 보여준 최댓값·최솟값의 정리에 의해 최솟값 c가 존재합니다. 최댓값·최솟값의 정리에서는 폐구간의 연속함수라는 조건이 있는데, 지금의 경우 $\mathbf{x} = (\cos\theta,\ \sin\theta)$로 놓으면 $A(\mathbf{x})$는 변수 θ에 대해 연속함수가 됩니다. 또한, θ의 범위를 폐구간 $0 \leq \theta \leq 2\pi$로 제한해 생각하면 이 범위 내에 최댓값과 최솟값이 존재하는 것이 증명됩니다. 따라서 다음이 성립합니다.

$$|\mathbf{x}| = 1 \Rightarrow A(\mathbf{x}) \geq c$$

$\mathbf{A}$가 양정치행렬이므로 이 최솟값은 양의 값 $c > 0$이 됩니다. 다음으로 단위원에 존재하지 않는 일반적인 $\mathbf{x} \neq \mathbf{0}$에 대해서는 크기를 1로 한 $\overline{\mathbf{x}} = \dfrac{\mathbf{x}}{|\mathbf{x}|}$에 조금 전의 결과를 적용하면 다음이 성립합니다.

$$A(\overline{\mathbf{x}}) \geq c \tag{6-43}$$

한편 2차 형식 $A(\mathbf{x})$의 정의를 생각해 $\mathbf{x} = (x_1,\ x_2)$로 하면 $\overline{\mathbf{x}} = \left(\dfrac{x_1}{|\mathbf{x}|},\ \dfrac{x_2}{|\mathbf{x}|} \right)$에 의해 다음과 같이 되고

$$A(\overline{\mathbf{x}}) = \frac{x_1^2}{|\mathbf{x}|^2} A_{11} + 2\frac{x_1 x_2}{|\mathbf{x}|^2} A_{12} + \frac{x_2^2}{|\mathbf{x}|^2} A_{22} = \frac{1}{|\mathbf{x}|^2} A(\mathbf{x}) \tag{6-44}$$

(6-44)를 (6-43)에 대입하면 (6-42)를 얻을 수 있습니다.

계속 $(x,\ y) \neq (x_0,\ y_0)$의 경우를 고려해 (6-41)을 다음과 같이 변환합니다.

$$f(x,y) - f(x_0, y_0) = \frac{1}{2} H(\mathbf{x} - \mathbf{x}_0) \left\{ 1 + \frac{2R(x,y)}{H(\mathbf{x} - \mathbf{x}_0)} \right\} \tag{6-45}$$

여기서 $(x,\ y)$가 $(x_0,\ y_0)$에 충분히 가까워질 때, 즉 $|\mathbf{x} - \mathbf{x}_0|$이 충분히 작아질 때 $\dfrac{2R(x,y)}{H(\mathbf{x} - \mathbf{x}_0)}$가 충분히 작아지면 위 식의 중괄호 내 항은 양의 값을 가지고, $R(x, y)$가 존재하지 않는다고 가정한 경우와 같은 논의를 적용시킬 수 있습니다. 즉 헤시안행렬이 양정치행렬 또는 음정치행렬이면 $f(x, y) > f(x_0, y_0)$ 또는 $f(x, y) < f(x_0, y_0)$이 성립합니다.

중괄호 내의 두 번째 항이 충분히 작아질 때는 다음을 보여줄 수 있습니다. 우선 (6-42)를 이용하면 다음이 성립합니다.

$$\frac{2R(x,y)}{H(\mathbf{x}-\mathbf{x_0})} \leq \frac{2}{c}\frac{R(x,y)}{|\mathbf{x}-\mathbf{x_0}|^2} \tag{6-46}$$

이어서 잉여항 $R(x,y)$는 (6-26), (6-28)에 의해 $x' = x_0 + \xi(x - x_0)$, $y' = y_0 + \xi(y - y_0)$ 으로 하면 다음 식으로 주어집니다.

$$R(x,y) = \frac{1}{3!}\left\{(x-x_0)^3\frac{\partial^3}{\partial x^3}f(x',y') + 3(x-x_0)^2(y-y_0)\frac{\partial^3}{\partial x^2 \partial y}f(x',y')\right.$$
$$\left. + 3(x-x_0)(y-y_0)^2\frac{\partial^3}{\partial x \partial y^2}f(x',y') + (y-y_0)^3\frac{\partial^3}{\partial y^3}f(x',y')\right\} \tag{6-47}$$

따라서 (6-46)에 의해 다음과 같이 됩니다.

$$\frac{2R(x,y)}{H(\mathbf{x}-\mathbf{x_0})} \leq \frac{2}{3!c}\left\{\frac{(x-x_0)^3}{|\mathbf{x}-\mathbf{x_0}|^2}\frac{\partial^3}{\partial x^3}f(x',y') + 3\frac{(x-x_0)^2(y-y_0)}{|\mathbf{x}-\mathbf{x_0}|^2}\frac{\partial^3}{\partial x^2 \partial y}f(x',y')\right.$$
$$\left. + 3\frac{(x-x_0)(y-y_0)^2}{|\mathbf{x}-\mathbf{x_0}|^2}\frac{\partial^3}{\partial x \partial y^2}f(x',y') + \frac{(y-y_0)^3}{|\mathbf{x}-\mathbf{x_0}|^2}\frac{\partial^3}{\partial y^3}f(x',y')\right\}$$

여기서 위 식의 중괄호 내 네 항은 모두 $(x, y) \to (x_0, y_0)$의 극한에서 0이 됨을 증명할 수 있습니다. 우선 $(x, y) \to (x_0, y_0)$의 경우 $(x', y') \to (x_0, y_0)$이 되지만, $f(x, y)$가 무한번미분가능하다는 전제로부터 편미분계수의 부분은 모두 (x_0, y_0)에서의 값으로 수렴합니다. 그 전의 미분계수 부분은 예를 들어 1번 항에 대해서는 다음 식에 의해 확실하게 0으로 수렴합니다.

$$\left|\frac{(x-x_0)^3}{|\mathbf{x}-\mathbf{x_0}|^2}\right| = \left|\frac{(x-x_0)^3}{(x-x_0)^2+(y-y_0)^2}\right| < \left|\frac{(x-x_0)^3}{(x-x_0)^2}\right| = |x-x_0|$$

2번 항에 대해서는 다음 식에 의해 역시 0으로 수렴합니다.

$$\left|\frac{(x-x_0)^2(y-y_0)}{|\mathbf{x}-\mathbf{x_0}|^2}\right| = \left|\frac{(x-x_0)^2(y-y_0)}{(x-x_0)^2+(y-y_0)^2}\right| = \left|\frac{y-y_0}{1+\left(\frac{y-y_0}{x-x_0}\right)^2}\right| < |y-y_0|$$

3번 항과 4번 항에 대해서도 똑같습니다. 지금까지 살펴본 내용에 의해 (x, y)가 (x_0, y_0)에 충분히 가까워질 때 (6-45)의 중괄호 내 항은 확실하게 양의 값을 가진다는 것이 증명되었습니다.

더 나아가 헤시안행렬이 양정치행렬과 음정치행렬 어느 쪽도 아닌 경우 이것만으로는 극대점, 극소점 또는 그 어느 쪽도 아닌 점을 명확하게 판단할 수 없습니다. 예를 들어 다음 두 종류의 이변수함수를 생각해봅시다.

$$f_1(x, y) = x^2 + y^4$$
$$f_2(x, y) = x^2 - y^3$$

두 함수에 대해 원점 (0, 0)에서의 헤시안행렬을 계산하면 모두 동일하게 다음과 같이 됩니다.

$$\mathbf{H} = \begin{pmatrix} 2 & 0 \\ 0 & 0 \end{pmatrix}$$

이것은 벡터 $\mathbf{x} = (0, 1)$에 대해 $H(\mathbf{x}) = 0$이 되어 양정치행렬, 음정치행렬 어느 쪽의 조건도 만족하지 않으므로 이것만으로는 판단할 수 없습니다. 실제로는 어떻게 되는지 살펴보면 $f_1(x, y)$의 값이 음이 되지는 않으며 명확하게 원점에서 최솟값 0을 취하므로 원점은 극소점이 됩니다. 한편 $f_2(x, y)$는 $x = 0$으로 하고 원점으로부터 y축 방향으로 이동하는 경우를 생각하면 양의 방향으로는 값이 감소하고 음의 방향으로는 값이 증가합니다. 즉, 원점은 극대점과 극소점 어느 쪽도 아닙니다. 이 함수를 그래프로 그리면 그림 6-11과 같은 형태입니다.

▼ 그림 6-11 $f(x, y) = x^2 - y^3$의 그래프

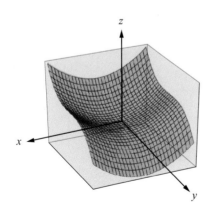

다른 한편으로 두 벡터 $\mathbf{v} = (v_1, v_2)$, $\mathbf{w} = (w_1, w_2)$가 존재해 $H(\mathbf{v}) > 0$, $H(\mathbf{w}) < 0$이 성립하는 경우라면 이때 (x_0, y_0)은 극대점과 극소점 어느 쪽도 아니라고 확실하게 말할 수 있습니다 정리 56. 이것은 $\mathbf{x} = \mathbf{x}_0 + t\mathbf{v}$ 또는 $\mathbf{x} = \mathbf{x}_0 + t\mathbf{w}$로 하고 $t \to 0$의 극한을 취하면 알 수 있습니다. 예를 들어 $\mathbf{x} = \mathbf{x}_0 + t\mathbf{v}$의 경우를 고려하면 (6-47)에 의해 잉여항은 다음과 같이 됩니다.

$$R(x, y) = \frac{t^3}{3!}\left\{ v_1^3 \frac{\partial^3}{\partial x^3}f(x', y') + 3v_1^2 v_2 \frac{\partial^3}{\partial x^2 \partial y}f(x', y')\right.$$

$$\left. + 3v_1 v_2^2 \frac{\partial^3}{\partial x \partial y^2}f(x', y') + v_2^3 \frac{\partial^3}{\partial y^3}f(x', y')\right\}$$

한편 헤시안행렬에 의한 2차 형식에 대해서는 그 정의에 의해 다음이 성립하므로

$$H(\mathbf{x} - \mathbf{x}_0) = H(t\mathbf{v}) = t^2 H(\mathbf{v})$$

6

이에 의해 다음을 얻을 수 있습니다.

$$\frac{2R(x, y)}{H(\mathbf{x} - \mathbf{x}_0)} = \frac{2t}{3!H(\mathbf{v})}\left\{ v_1^3 \frac{\partial^3}{\partial x^3}f(x', y') + 3v_1^2 v_2 \frac{\partial^3}{\partial x^2 \partial y}f(x', y')\right.$$

$$\left. + 3v_1 v_2^2 \frac{\partial^3}{\partial x \partial y^2}f(x', y') + v_2^3 \frac{\partial^3}{\partial y^3}f(x', y')\right\}$$

(6-48)

여기서 $t \to 0$의 극한을 고려하면 미분계수의 인수 부분은 $(x', y') \to (x_0, y_0)$이 되므로, 조금 전과 동일하게 각각의 편미분계수는 (x_0, y_0)에서의 값으로 수렴합니다. 한편 그 밖에 t에 의존하는 부분은 앞머리의 분자에 나오는 $2t$의 t뿐이므로 결국 $t \to 0$일 때 (6-48)은 0으로 수렴합니다. 따라서 (6-45)를 떠올려보면 t가 충분히 작을 때 중괄호 내의 항은 양이 되고, 그 전의 부분은 다음이 성립합니다.

$$\frac{1}{2}H(\mathbf{x} - \mathbf{x}_0) = \frac{1}{2}H(t\mathbf{v}) = \frac{t^2}{2}H(\mathbf{v}) > 0$$

즉, 점 (x_0, y_0)으로부터 $\mathbf{x} = \mathbf{x}_0 + t\mathbf{v}$라는 방향으로 이동하면 $f(x, y)$의 값은 반드시 증가합니다. 한편 $\mathbf{x} = \mathbf{x}_0 + t\mathbf{w}$에 대해 같은 논의를 하면 t가 충분히 작을 때 (6-45)의 중괄호 내 항이 양으로 되는 부분은 같지만, 그 전 부분에 대해서는 다음과 같이 됩니다.

$$\frac{1}{2}H(\mathbf{x} - \mathbf{x}_0) = \frac{1}{2}H(t\mathbf{w}) = \frac{t^2}{2}H(\mathbf{w}) < 0$$

즉, 점 (x_0, y_0)으로부터 $\mathbf{x} = \mathbf{x}_0 + t\mathbf{w}$의 방향으로 이동하면 $f(x, y)$의 값은 반드시 감소합니다. 따라서 점 (x_0, y_0)은 이동 방향에 따라 값이 증가하는 경우와 감소하는 경우가 있고, 극대점과 극소점 어느 쪽도 아님을 알 수 있습니다.

이러한 예로서 다음 함수를 생각할 수 있습니다.

$$f(x, y) = x^2 - y^2$$

이 함수의 원점에서의 벡터 행렬은 다음과 같으므로

$$\mathbf{H} = \begin{pmatrix} 2 & 0 \\ 0 & -2 \end{pmatrix}$$

$\mathbf{v} = (1, 0)$, $\mathbf{w} = (0, 1)$로 하면 앞에 설명한 조건을 만족합니다. 이 함수의 그래프는 그림 6-12와 같은 형태로 확실하게 $\mathbf{v}$ 방향(x축 방향)으로는 값이 증가하고, $\mathbf{w}$ 방향(y축 방향)으로는 값이 감소 하는 것을 알 수 있습니다.

❤ 그림 6-12 $f(x, y) = x^2 - y^2$의 그래프

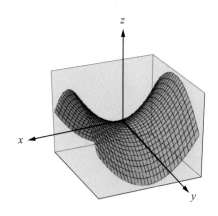

6.4 주요 정리 요약

여기서는 이 장에서 살펴본 주요한 사실을 정리 또는 정의로 요약합니다.

정의 18 편미분계수

이변수함수 $f(x, y)$에서 $y = y_0$으로 고정하고, $f(x, y_0)$을 x의 일변수함수로 간주할 때 다음과 같은 $x = x_0$에서의 미분계수를

$$\alpha = \lim_{x \to x_0} \frac{f(x, y_0) - f(x_0, y_0)}{x - x_0}$$

다음 식으로 표기합니다.

$$\alpha = \frac{\partial f}{\partial x}(x_0, y_0) \tag{6-49}$$

마찬가지로 $x = x_0$으로 고정하고, $f(x_0, y)$를 y의 일변수함수로 간주할 때 다음과 같은 $y = y_0$에서의 미분계수를

$$\beta = \lim_{y \to y_0} \frac{f(x_0, y) - f(x_0, y_0)}{y - y_0}$$

다음 식으로 표기합니다.

$$\beta = \frac{\partial f}{\partial y}(x_0, y_0) \tag{6-50}$$

이들을 $f(x, y)$의 점 (x_0, y_0)에서의 편미분계수라 부릅니다. 또한, 미분계수에서의 (x_0, y_0)을 일반적인 (x, y)로 치환해 얻는 함수를 편미분도함수라 부릅니다.

정의 19 전미분

이변수함수 $f(x, y)$에 대해 상수 α, β가 존재해서 다음 조건을 만족할 때 점 (x_0, y_0)에서 전미분가능하다고 말합니다.

$$f(x, y) = f(x_0, y_0) + \alpha(x - x_0) + \beta(y - y_0) + g(x, y)$$

$$\lim_{(x, y) \to (x_0, y_0)} \frac{g(x, y)}{\sqrt{(x - x_0)^2 + (y - y_0)^2}} = 0 \tag{6-51}$$

정리 50 전미분과 편미분계수의 관계

$f(x, y)$가 전미분가능할 때 (6-51)에 포함되는 상수 α, β는 편미분계수 (6-49), (6-50)과 일치합니다.

정리 51 전미분가능한 조건

이변수함수 $f(x, y)$의 두 편도함수가 모두 존재해 어느 한쪽이 점 (x_0, y_0)에서 연속이라면 $f(x, y)$는 점 (x_0, y_0)에서 전미분가능합니다.

정리 52 방향미분계수와 그래디언트 벡터

이변수함수 $f(x, y)$에서 점 (x_0, y_0)으로부터 $(\cos\theta, \sin\theta)$ 방향을 향한 선분 $(x_0 + t\cos\theta, y_0 + t\sin\theta)(t \geq 0)$를 생각할 때 다음이 성립합니다.

$$\lim_{t \to +0} \frac{f(x_0 + t\cos\theta, y_0 + t\sin\theta) - f(x_0, y_0)}{t} = \frac{\partial f}{\partial x}(x_0, y_0)\cos\theta + \frac{\partial f}{\partial y}(x_0, y_0)\sin\theta$$

이 값을 점 (x_0, y_0)에서의 방향미분계수라 부릅니다.

또한, $f(x, y)$의 편미분계수를 성분으로 하는 다음 벡터를 그래디언트 벡터라고 부릅니다.

$$\nabla f(x_0, y_0) = \left(\frac{\partial f}{\partial x}(x_0, y_0), \frac{\partial f}{\partial y}(x_0, y_0) \right)$$

θ를 변화시킬 때 방향미분계수가 최대가 되는 것은 $(\cos\theta, \sin\theta)$가 그래디언트 벡터와 방향이 같을 때입니다.

정의 20 고차미분계수

전미분가능한 이변수함수 $f(x, y)$의 편도함수 $\dfrac{\partial f}{\partial x}(x, y)$, $\dfrac{\partial f}{\partial y}(x, y)$가 재차 전미분가능한 경우 이들의 편도함수로 다음 네 종류의 함수를 얻을 수 있습니다.

$$\frac{\partial^2 f}{\partial x^2} = \frac{\partial}{\partial x}\left(\frac{\partial f}{\partial x}\right), \ \frac{\partial^2 f}{\partial y \partial x} = \frac{\partial}{\partial y}\left(\frac{\partial f}{\partial x}\right),$$

$$\frac{\partial^2 f}{\partial x \partial y} = \frac{\partial}{\partial x}\left(\frac{\partial f}{\partial y}\right), \ \frac{\partial^2 f}{\partial y^2} = \frac{\partial}{\partial y}\left(\frac{\partial f}{\partial y}\right)$$

이 함수를 $f(x, y)$의 2차 편도함수라고 부릅니다. 3차 이상의 편도함수에 대해서도 똑같이 정의합니다.

정리 53 편미분의 순서 교환

이변수함수 $f(x, y)$의 2차 편도함수가 모두 연속함수인 경우 $f(x, y)$를 C^2-급의 함수라고 부릅니다. C^2-급의 함수에서 다른 변수에 대해 편미분의 순서는 교환할 수 있으므로 다음이 성립합니다.

$$\frac{\partial^2 f}{\partial y \partial x} = \frac{\partial^2 f}{\partial x \partial y}$$

3차 이상의 편도함수에 대해서도 똑같습니다.

정리 54 이변수함수의 테일러 공식

$f(x, y)$가 무한번미분가능한 함수일 때 $n = 1, 2, \cdots$에 대해 다음을 만족하는 $0 < \xi < 1$이 존재합니다(ξ의 값은 n 또는 (x, y)에 의존해 변화합니다).

$$f(x, y) = \sum_{k=0}^{n-1} \frac{1}{k!}\left\{(x - x_0)\frac{\partial}{\partial x} + (y - y_0)\frac{\partial}{\partial y}\right\}^k f(x_0, y_0) + R(x, y)$$

$$R(x, y) = \frac{1}{n!}\left\{(x - x_0)\frac{\partial}{\partial x} + (y - y_0)\frac{\partial}{\partial y}\right\}^n f(x_0 + \xi(x - x_0), y_0 + \xi(y - y_0))$$

위 식에 포함되는 편미분 연산은 다음 식으로 생각할 수 있습니다.

$$\left\{(x - x_0)\frac{\partial}{\partial x} + (y - y_0)\frac{\partial}{\partial y}\right\}^k = \sum_{i=0}^{k} {}_k C_i (x - x_0)^i (y - y_0)^{k-i} \frac{\partial^k}{\partial x^i \partial y^{k-i}}$$

사상의 미분

(x_1, x_2)를 (y_1, y_2)에 투사한 아래와 같은 $\mathbf{R}^2 \to \mathbf{R}^2$의 사상에서

$$y_1 = f_1(x_1, x_2)$$
$$y_2 = f_2(x_1, x_2)$$

다음 관계가 성립할 때 이 사상은 점 (x_{10}, x_{20})에서 미분가능하다고 말합니다.

$$\mathbf{f}(\mathbf{x}) = \mathbf{f}(\mathbf{x}_0) + \mathbf{M}(\mathbf{x} - \mathbf{x}_0) + \mathbf{g}(\mathbf{x})$$
$$\lim_{\mathbf{x} \to \mathbf{x}_0} \frac{\mathbf{g}(\mathbf{x})}{|\mathbf{x} - \mathbf{x}_0|} = \mathbf{0}$$

여기서는 기호를 다음과 같이 정의합니다.

$$\mathbf{M} = \begin{pmatrix} \dfrac{\partial f_1}{\partial x_1}(x_{10}, x_{20}) & \dfrac{\partial f_1}{\partial x_2}(x_{10}, x_{20}) \\ \dfrac{\partial f_2}{\partial x_1}(x_{10}, x_{20}) & \dfrac{\partial f_2}{\partial x_2}(x_{10}, x_{20}) \end{pmatrix}, \ \mathbf{x} = \begin{pmatrix} x_1 \\ x_2 \end{pmatrix}, \ \mathbf{x}_0 = \begin{pmatrix} x_{10} \\ x_{20} \end{pmatrix}$$

$$\mathbf{f}(\mathbf{x}) = \begin{pmatrix} f_1(x_1, x_2) \\ f_2(x_1, x_2) \end{pmatrix}, \ \mathbf{f}(\mathbf{x}_0) = \begin{pmatrix} f_1(x_{10}, x_{20}) \\ f_2(x_{10}, x_{20}) \end{pmatrix}, \ \mathbf{g}(\mathbf{x}) = \begin{pmatrix} g_1(x_1, x_2) \\ g_2(x_1, x_2) \end{pmatrix}$$

또는 편미분계수를 늘어놓은 행렬 $\mathbf{M}$을 다음과 같이 표기하고

$$\mathbf{M} = \frac{\partial \mathbf{f}}{\partial \mathbf{x}}(\mathbf{x}_0)$$

사상 $\mathbf{f}(\mathbf{x})$의 점 $\mathbf{x}_0$에서의 자코비안행렬이라고 부릅니다.

정리 55 **일변수함수의 극값 문제**

미분가능한 함수 $f(x)$는 $f(x)$의 극대점 또는 극소점에서 $f'(x) = 0$이 성립합니다. 일반적으로 $f'(x) = 0$이 성립하는 점을 $f(x)$의 정류점이라고 부릅니다.

$f(x)$의 정류점 x_0에서 $f''(x_0) > 0$이라면 x_0은 극소점이 됩니다. $f''(x_0) < 0$이라면 x_0은 극대점이 됩니다.

헤시안행렬

이변수함수 $f(x,\ y)$는 점 $(x_0,\ y_0)$의 부근에서 무한번미분가능하다고 합니다. 이때 점 $(x_0,\ y_0)$에서의 2차 편미분계수를 늘어놓은 다음과 같은 행렬을 점 $(x_0,\ y_0)$에서의 헤시안행렬이라고 부릅니다.

$$\mathbf{H} = \begin{pmatrix} \dfrac{\partial^2 f}{\partial x^2}(x_0, y_0) & \dfrac{\partial^2 f}{\partial x \partial y}(x_0, y_0) \\[3mm] \dfrac{\partial^2 f}{\partial x \partial y}(x_0, y_0) & \dfrac{\partial^2 f}{\partial y^2}(x_0, y_0) \end{pmatrix}$$

또한, 벡터 $\mathbf{x} = (x,\ y)$에 대해 다음 식을 헤시안행렬을 이용한 2차 형식이라고 부릅니다.

$$H(\mathbf{x}) = x^2 \frac{\partial^2 f}{\partial x^2}(x_0, y_0) + 2xy \frac{\partial^2 f}{\partial x \partial y}(x_0, y_0) + y^2 \frac{\partial^2 f}{\partial y^2}(x_0, y_0)$$

임의의 $\mathbf{x} \neq \mathbf{0}$에 대해 $H(\mathbf{x}) > 0$이 되는 경우 헤시안행렬은 양정치행렬이라고 말합니다. 또는 $H(\mathbf{x}) < 0$이 되는 경우 헤시안행렬은 음정치행렬이라고 말합니다.

이변수함수의 극값 문제

이변수함수 $f(x,\ y)$에서 $\mathbf{x}_0 = (x_0,\ y_0)$을 $f(x,\ y)$의 극대점 또는 극소점이라 할 때 $\nabla f(\mathbf{x}_0) = \mathbf{0}$이 성립합니다. 일반적으로 $\nabla f(\mathbf{x}_0) = \mathbf{0}$이 성립하는 점을 $f(x,\ y)$의 정류점이라 부릅니다.

$f(x,\ y)$의 정류점 $\mathbf{x}_0$에서 헤시안행렬이 양정치행렬이라면 $\mathbf{x}_0$은 극소점이 됩니다. 음정치행렬이라면 $\mathbf{x}_0$은 극대점이 됩니다. 또는 $H(\mathbf{v}) > 0$인 동시에 $H(\mathbf{w}) < 0$이 되는 벡터 $\mathbf{v}$, $\mathbf{w}$가 존재하는 경우 $\mathbf{x}_0$은 극대점과 극소점 어느 것도 아닙니다.

6.5 연습 문제

문제 1 다음 함수의 도함수를 구하세요.

(1) $f(x, y) = (1 + xy)^2$

(2) $f(x, y) = \sqrt{x^2 + y^2}$

(3) $f(x, y) = \exp\left\{\dfrac{1}{2}(x^2 + y^2)\right\}$

문제 2 다음 함수의 점 $(a,\ b,\ f(a,\ b))$에서의 접평면 방정식을 구하세요.

(1) $z = f(x, y) = xy$

(2) $z = f(x, y) = \dfrac{x^2}{a^2} + \dfrac{y^2}{b^2}\ (a \neq 0,\ b \neq 0)$

문제 3 다음 함수에 대해 점 $(0,\ 0)$에서의 테일러 공식을 2차까지 전개한 근사식을 구하세요.

(1) $f(x, y) = e^{2xy}$

(2) $f(x, y) = \sin(x + y^2)$

문제 4 함수 $f(x, y) = 2x^3 + 3x^2 + xy^2 + \dfrac{1}{2}y^2 + 1$의 모든 정류점을 구하세요. 또한, 각각
이 극대점, 극소점, 혹은 극대도 극소도 아닌 점 중에서 어느 것인지 판단해보세요.

A.1 1장

문제 1　 X가 전체집합이므로 X의 임의의 부분집합 P에 대해 $P \cup P^C = X$, $P \cap X = P$인 것에 유의해서

$$A \cup (B \cap A^C) = (A \cup B) \cap (A \cup A^C) = (A \cup B) \cap X = A \cup B$$

마지막 기호는 $A \cup B$를 X의 부분집합 P로 간주해 계산하고 있습니다.

문제 2

$$
\begin{aligned}
x \in A \cup (B \cap A^C) &\Leftrightarrow x \in A \vee (x \in B \wedge x \in A^C) \\
&\Leftrightarrow x \in A \vee (x \in B \wedge \neg(x \in A)) \\
&\Leftrightarrow (x \in A \vee x \in B) \wedge (x \in A \vee \neg(x \in A)) \\
&\Leftrightarrow x \in A \vee x \in B \\
&\Leftrightarrow x \in A \cup B
\end{aligned}
$$

문제 3　 A_i의 원소를 $A_i = \{a_{i1}, a_{i2}, \cdots\}$로 하고, 이들을 $i = 1$, 2, $\cdots$에 대해 늘어놓은 것을 그림 A-1의 순서대로 세면 자연수 전체의 집합으로부터 전단사의 사상을 구성할 수 있습니다(그림 1-12에서 유리수 전체의 집합을 셀 때와 같습니다).

그림 A-1 가산무한개의 가산무한집합의 원소를 세는 방법

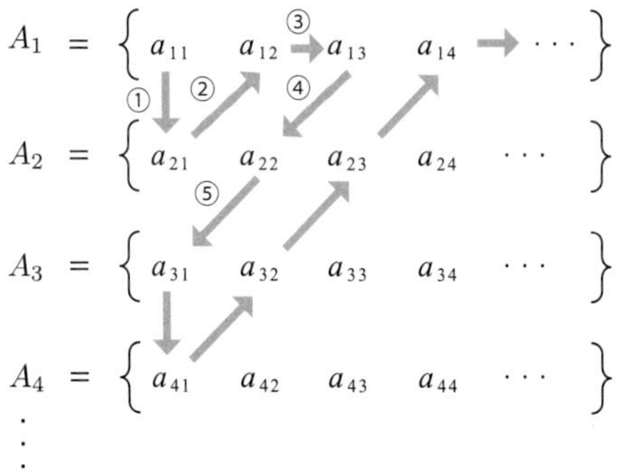

문제 4   귀류법으로 증명합니다. $a = \sup A$로 하고, $a > c$라고 가정합니다. a는 A의 상계의 최솟값이므로, 임의의 $\epsilon > 0$에 대해 $x > a - \epsilon$을 만족하는 $x \in A$가 존재합니다($a - \epsilon$도 A의 상계에 속하게 되어 a가 상계의 최솟값인 것에 모순됩니다). 그래서 $\epsilon = \dfrac{a-c}{2}$의 경우를 고려하면 $a > c$라는 가정에 의해 다음이 성립합니다(그림 4-2).

$$a - \epsilon = a - \frac{a-c}{2} = \frac{a+c}{2} > c$$

즉, $x > a - \epsilon > c$가 되는 $x \in A$가 존재하게 되어 전제 조건에 모순됩니다. 따라서 최초의 가정 $a > c$는 틀리고, $a \le c$가 성립합니다.

그림 A-2 상계 부근의 모습

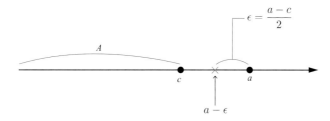

문제 5   임의의 $\epsilon > 0$에 대해 $N = \dfrac{1}{\epsilon}$로 놓으면 $n > N$에 대해 다음이 성립합니다.

$$\left| \frac{1}{n} \right| < \left| \frac{1}{N} \right| = \epsilon$$

이것을 이용해 $\displaystyle\lim_{n \to \infty} \frac{1}{n} = 0$임을 증명하면 됩니다.

문제 6 $a = \dfrac{1}{1+h}$이라고 하면 $h = \dfrac{1-a}{a} > 0$이므로

$(1+h)^n = 1 + nh + \cdots > 1 + nh$가 성립합니다($\cdots$의 부분은 $(1+h)^n$을 이항 전개할 때 h의 2차 이상의 항인데 $h > 0$에 의해 모든 항이 양의 값이 됩니다). 따라서 다음이 성립합니다.

$$0 < a^n = \frac{1}{(1+h)^n} < \frac{1}{1+nh}$$

이때 우변의 $\dfrac{1}{1+nh}$에 대해서는 임의의 $\epsilon > 0$에 대해 어떤 $N > 0$이 존재해 다음이 성립합니다.

$$n > N \Rightarrow \left| \dfrac{1}{1+nh} \right| < \epsilon$$

구체적으로는 $N \geq \dfrac{\frac{1}{\epsilon} - 1}{h}$을 만족하는 $N > 0$을 취하면 됩니다. 따라서 다음과 같이 되고

$$n > N \Rightarrow |a^n| < \left| \dfrac{1}{1+nh} \right| < \epsilon$$

이것으로 $\lim\limits_{n \to \infty} a^n = 0$이 증명됩니다.

문제 7 $n \to \infty$의 극한에서 조사하는 것으로 m을 $m > a$를 만족하는 자연수로 하고, $n > m$의 경우로 한정해 생각해도 문제없습니다. 이때 다음 관계가 성립합니다.

$$n! = \underbrace{n(n-1)\cdots(m+1)}_{n-m\,\text{항}} \times m! > m^{n-m} \times m!$$

따라서 다음을 얻을 수 있습니다.

$$0 < \dfrac{a^n}{n!} < \dfrac{a^n}{m^{n-m} \times m!} = c \left(\dfrac{a}{m} \right)^n \tag{A-1}$$

여기서 다음 식으로 놓습니다.

$$c = \dfrac{m^m}{m!}$$

c는 n에 의존하지 않는 상수이므로 $0 < \dfrac{a}{m} < 1$에 유의해서 **문제 6**과 똑같은 논의에 의해 (A-1)의 마지막 항은 $n \to \infty$의 극한에서 0에 수렴합니다. 즉, 임의의 $\epsilon > 0$에 대해 어떤 $N > 0$이 존재해 다음이 성립합니다.

$$n > N \Rightarrow \left| c \left(\frac{a}{m} \right)^n \right| < \epsilon$$

따라서 다음과 같이 되고

$$n > N \Rightarrow \left| \frac{a^n}{n!} \right| < \left| c \left(\frac{a}{m} \right)^n \right| < \epsilon$$

이것은 $\lim_{n \to \infty} \frac{a^n}{n!} = 0$을 증명합니다.

문제 8 전제 조건에 의해 임의의 $\epsilon > 0$에 대해 어떤 $N_1 > 0$이 있고 $2n > N_1$에 대해 다음이 성립합니다.

$$|a_{2n} - a| < \epsilon$$

마찬가지로 어떤 $N_2 > 0$이 있어서 $2n - 1 > N_2$에 대해 다음이 성립합니다.

$$|a_{2n-1} - a| < \epsilon$$

따라서 $N = \max(N_1, N_2)$로 하면 $n > N$에 대해 다음이 성립합니다.[1]

$$|a_n - a| < \epsilon$$

이는 $\{a_n\}$의 극한이 a인 것을 증명합니다.

문제 9 $a = \lim_{n \to \infty} a_n, b = \lim_{n \to \infty} b_n$으로 하고 임의의 $\epsilon > 0$에 대해 충분히 큰 n을 취하면 다음이 성립합니다.[2]

$$|a_n - a| < \epsilon, \ |b_n - b| < \epsilon$$

---

1 기호 $\max(a, b)$는 a와 b 중 큰 값을 선택하는 것을 나타냅니다.

2 엄밀히 말해 **문제 8**의 해답과 똑같이 $N_1 > 0$과 $N_2 > 0$을 나눠서 고려한 후에 $N = \max(N_1, N_2)$로 놓는 것이지만, 이 절차를 간략화해 '충분히 큰 n을 취한다'고 표현하고 있습니다.

이들은 a_n과 a의 거리, 또는 b_n과 b의 거리가 어느 쪽도 ϵ 미만이라는 것을 의미하므로 다음과 같이 바꿔 쓸 수 있습니다.

$$a - \epsilon < a_n < a + \epsilon$$
$$b - \epsilon < b_n < b + \epsilon$$

여기서 $a > b$라고 가정하면 $0 < \epsilon < \dfrac{a-b}{2}$를 만족하는 ϵ을 취할 수 있으므로 다음 부등식이 성립합니다(그림 A-3 참조).

$$a_n - b_n > (a - \epsilon) - (b + \epsilon) = (a - b) - 2\epsilon > 0$$

이는 전제 조건과 모순되므로 귀류법에 의해 $a \leq b$여야 합니다.

그림 A-3 $a > b$로 가정하면 $a_n > b_n$이 되는 모양

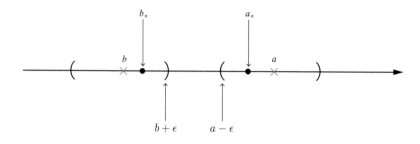

A.2 2장

문제 1 **(1)** $f(x)$는 임의의 $x_0 \in \mathbf{R}$을 동일한 x_0으로 이동하므로 명백하게 전단사입니다.[3]

(2) $f(x)$는 $x = \pm x_0$을 동일한 x_0^2으로 이동하지만 단사는 아닙니다. 또한, 음의 값을 취하지 않으므로 전사도 아닙니다.

(3) $f(x)$는 $x = x_0$과 $x = x_0 + 2n\pi$ ($n \in \mathbf{Z}$)를 동일한 값으로 이동하지만 단사는 아닙니다. 또한, 구간 $[-1, 1]$ 이외의 값을 취하지 않으므로 전사도 아닙니다.

(4) $f(x)$는 $x = n\pi$ ($n \in \mathbf{Z}$), 즉 여러 개의 x에 대해 $f(x) = 0$으로 되므로 단사는 아닙니다. 다음으로 임의의 $a \in \mathbf{R}$에 대해 $a \geq 0$으로 할 때, $x_0 = \dfrac{\pi}{2} + 2n\pi > a$가 되는 $n \in \mathbf{Z}$를 취하면 $\sin x_0 = 1$에 의해 $f(0) = 0$, $f(x_0) = x_0 > a$가 성립합니다. 따라서 중간값의 정리에 의해 $f(x) = a$가 되는 $x \in [0, x_0]$이 존재합니다. $a < 0$인 경우에는 $x_0 = \dfrac{\pi}{2} + 2n\pi < a$가 되는 $n \in \mathbf{Z}$를 취하면 $f(x_0) = x_0 < a$, $f(0) = 0$이 되므로, $f(x) = a$가 되는 $x \in [x_0, 0]$이 존재합니다. 따라서 $f(x)$는 전사입니다.

문제 2 **(1)** $x = 0$인 경우 n의 값에 의하지 않고 $\dfrac{1}{1 + 2^{nx}} = \dfrac{1}{2}$이 되므로 다음과 같이 됩니다.

$$f(0) = \frac{1}{2}$$

한편 $x > 0$의 경우 $2^x > 1$에 의해, $2^{nx} = (2^x)^n$은 n을 크게 하면 얼마든지 큰 값을 취할 수 있으므로 다음과 같이 됩니다.

$$f(x) = 0$$

마지막으로 $x < 0$인 경우 $2^x < 1$에 의해, $2^{nx} = (2^x)^n$은 n을 크게 하면 얼마든지 0에 근접하므로 다음과 같이 됩니다.

$$f(x) = 1$$

---

3 동일한 집합 사이의 사상이며, 사상 a를 동일한 원소 a로 이동하는 것을 일반적으로 **항등사상**이라고 합니다.

따라서 $f(x)$는 $x = 0$에서 불연속입니다.

(2) 직감적으로 말하면, x를 0에 근접시켜가면 $\dfrac{1}{x}$은 점점 커지므로 $\sin \dfrac{1}{x}$의 값은 급격히 진동을 계속합니다. 이에 따라 $\lim\limits_{x \to 0} f(x)$는 존재하지 않고 $f(x)$는 $x = 0$에서 연속이 됩니다(그림 A-4). 이 사실을 귀류법을 이용해 엄밀하게 증명합니다. $f(x)$는 $x = 0$에서 연속이라고 가정하면 임의의 $\epsilon > 0$에 대해 어떤 $\delta > 0$이 존재해 다음이 성립합니다.

$$|x| < \delta \Rightarrow |f(x)| < \epsilon \tag{A-2}$$

한편 다음과 같이 놓고 충분히 큰 $n \in \mathbf{N}$을 취하면 $|x_0| < \delta$를 만족할 수 있습니다.

$$\frac{1}{x_0} = \frac{\pi}{2} + 2n\pi$$

구체적으로는 $n > \dfrac{1}{2\pi}\left(\dfrac{1}{\delta} - \dfrac{\pi}{2}\right)$를 만족하는 n을 취하면 됩니다. 이때 $f(x_0) = 1$이기 때문에 $0 < \epsilon < 1$이 되는 ϵ에 대해 (A-2)를 만족하는 것은 불가능합니다. 따라서 $f(x)$는 $x = 0$에서 연속이 아닙니다.

그림 A-4 $y = \sin \dfrac{1}{x}$의 그래프

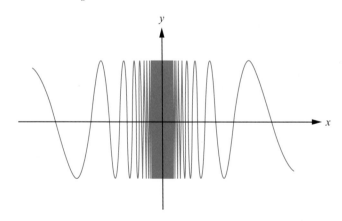

(3) 임의의 $x \neq 0$에 대해 $\left| \sin \dfrac{1}{x} \right| \leq 1$에 유의하면, 임의의 ϵ에 대해 $\delta = \epsilon$으로 취하면 $|x| < \delta$일 때 다음이 성립합니다.

$$\left| x \sin \frac{1}{x} \right| \leq |x| < \epsilon$$

따라서 $\lim_{x \to 0} f(x) = 0$이고 $x = 0$에서 연속입니다.

문제 3 직감적으로 말하면, $y = f(x)$의 그래프와 $y = x$의 그래프의 교점이 구간 $I = [0, 1]$ 가운데 존재한다고 할 수 있습니다. 이제 $g(x) = f(x) - x$로 놓으면 $g(x)$는 I에서 정의된 연속함수고 $g(0) = f(0)$, $g(1) = f(1) - 1$이 되는데, $0 \leq f(x) \leq 1$에 의해 $g(0) \in [0, 1]$, $g(1) \in [-1, 0]$이 성립합니다. 따라서 $g(1)$과 $g(0)$ 사이에 0이 존재하고, 중간값의 정리에 의해 $g(x_0) = 0$, 즉 $f(x_0) = x_0$을 만족하는 $x_0 \in I$가 존재합니다.

문제 1 도함수의 정의를 기반으로 계산합니다.

$$\frac{\sqrt{x+h}-\sqrt{x}}{h} = \frac{(\sqrt{x+h}-\sqrt{x})(\sqrt{x+h}+\sqrt{x})}{h(\sqrt{x+h}+\sqrt{x})} = \frac{x+h-x}{h(\sqrt{x+h}+\sqrt{x})} = \frac{1}{\sqrt{x+h}+\sqrt{x}}$$

위 식에 의해 다음 식을 얻을 수 있습니다.

$$(\sqrt{x})' = \lim_{h\to 0}\frac{\sqrt{x+h}-\sqrt{x}}{h} = \lim_{h\to 0}\frac{1}{\sqrt{x+h}+\sqrt{x}} = \frac{1}{2\sqrt{x}}$$

문제 2 합성함수 미분에서의 체인룰을 적용하면 다음을 얻게 됩니다.

$$\left(\frac{1}{\sqrt{1+x^2}}\right)' = \frac{-1}{1+x^2} \times \frac{1}{2\sqrt{1+x^2}} \times 2x$$

자세히 말하면 $\frac{1}{\sqrt{1+x^2}}$의 $\sqrt{1+x^2}$ 덩어리에 의한 미분이 $\frac{-1}{1+x^2}$, $\sqrt{1+x^2}$의 $1+x^2$ 덩어리에 의한 미분이 $\frac{1}{2\sqrt{1+x^2}}$, 마지막으로 $1+x^2$의 x에 의한 미분이 $2x$입니다. 이를 정리하면 다음을 얻을 수 있습니다.

$$\left(\frac{1}{\sqrt{1+x^2}}\right)' = \frac{-x}{(1+x^2)\sqrt{1+x^2}}$$

문제 3 3.3절의 정리 15 (곱의 미분)에 의해 다음과 같고

$$\left(\frac{1-x^2}{1+x^2}\right)' = (1-x^2)' \times \frac{1}{1+x^2} + (1-x^2) \times \left(\frac{1}{1+x^2}\right)'$$

여기서 다음에 의해

$$(1 - x^2)' = -2x$$

$$\left(\frac{1}{1+x^2} \right)' = \frac{-1}{(1+x^2)^2} \times 2x$$

이들을 대입해 정리하면 다음과 같이 됩니다.

$$\left(\frac{1-x^2}{1+x^2} \right)' = \frac{-2x}{1+x^2} + \frac{-2x(1-x^2)}{(1+x^2)^2} = \frac{-2x(1+x^2) - 2x(1-x^2)}{(1+x^2)^2} = \frac{-4x}{(1+x^2)^2}$$

문제 4 임의의 a, b에 대해 다음 삼각부등식에 의해

$$|a| = |(a-b) + b| \le |a-b| + |b|$$

다음이 성립합니다.

$$|a-b| \ge |a| - |b|$$

이제 $f(x)$가 $x = x_0$에서 미분가능하므로, $x = x_0$에서의 미분계수를 α로 하면 다음이 성립합니다.

$$\lim_{x \to x_0} \frac{f(x) - f(x_0)}{x - x_0} = \alpha$$

따라서 어떤 $\epsilon_0 > 0$을 선택하면 $\delta_0 > 0$이 존재해 $0 < |x - x_0| < \delta_0$의 경우 다음이 성립합니다.

$$\left| \frac{f(x) - f(x_0)}{x - x_0} - \alpha \right| < \epsilon_0$$

위 식의 좌변을 아래 식으로 변환한 후

$$\left| \frac{f(x) - f(x_0)}{x - x_0} - \alpha \right| = \left| \frac{f(x) - f(x_0) - \alpha(x - x_0)}{x - x_0} \right|$$

$$= \frac{|f(x) - f(x_0) - \alpha(x - x_0)|}{|x - x_0|}$$

양변에 $|x - x_0|$을 곱하면 다음을 얻을 수 있습니다.

$$|f(x - x_0) - f(x_0) - \alpha(x - x_0)| < \epsilon_0 |x - x_0|$$

이 좌변에 대해 마지막에 보여준 삼각부등식을 적용하면 다음과 같이 되므로

$$|f(x - x_0) - f(x_0) - \alpha(x - x_0)| \geq |f(x - x_0) - f(x_0)| - |\alpha(x - x_0)|$$

이를 정리하면 다음 관계를 얻을 수 있습니다.

$$0 < |x - x_0| < \delta_0 \Rightarrow |f(x - x_0) - f(x_0)| < (|\alpha| + \epsilon_0)|x - x_0|$$

여기서 임의의 $\epsilon > 0$에 대해 다음 식으로 정의하면

$$\delta = \min\left(\delta_0, \frac{\epsilon}{|\alpha| + \epsilon_0}\right)$$

$\delta \leq \delta_0$인 동시에 $\delta \leq \dfrac{\epsilon}{|\alpha| + \epsilon_0}$에 의해 다음이 성립합니다.

$$0 < |x - x_0| < \delta \Rightarrow |f(x - x_0) - f(x_0)| < \epsilon$$

이는 $f(x)$가 x_0에서 연속이라는 것을 보여줍니다.

문제 5 $F(x)$를 $f(x)$의 원시함수로 하고 힌트에서 살펴본 바와 같이 다음이 성립하므로

$$\{F(g(t))\}' = f(g(t))g'(t)$$

이것을 $[a, b]$의 구간에서 t에 대해 정적분하면 다음을 얻을 수 있습니다.

$$\int_a^b \{F(g(t))\}' \, dt = \int_a^b f(g(t))g'(t) \, dt$$

여기서 좌변의 피적분함수는 $F(g(t))$가 원시함수가 되므로 다음 식으로 계산됩니다.

$$\int_a^b \{F(g(t))\}' \, dt = \left[F(g(t))\right]_a^b = F(g(b)) - F(g(a))$$

한편 $F(x)$가 $f(x)$의 원시함수이기 때문에 다음과 같습니다.

$$\int_{g(a)}^{g(b)} f(x)\, dx = [F(x)]_{g(a)}^{g(b)} = F(g(b)) - F(g(a))$$

지금까지의 내용을 정리하면 다음을 얻을 수 있습니다.

$$\int_{g(a)}^{g(b)} f(x)\, dx = \int_{a}^{b} f(g(t))g'(t)\, dt$$

문제 6 피적분함수 $f(x) = x\sqrt{x+1}$에 대해 $\sqrt{x+1} = t$, 즉 $x = g(t) = t^2 - 1$로 놓고 **문제 5**의 결과(치환적분)를 적용하면 다음과 같고

$$f(g(t)) = (t^2 - 1)t,\ g'(t) = 2t$$

적분 구간의 끝점 $x = 0,\ 1$에 대응하는 t의 값은 $t = 1,\ \sqrt{2}$가 되기 때문에 다음과 같은 식을 얻게 됩니다.

$$\int_{0}^{1} f(x)\, dx = \int_{1}^{\sqrt{2}} f(g(t))g'(t)\, dt = \int_{1}^{\sqrt{2}} (t^2 - 1)t \times 2t\, dt$$
$$= \int_{1}^{\sqrt{2}} \left(2t^4 - 2t^2\right) dt = \left[\frac{2}{5}t^5 - \frac{2}{3}t^3\right]_{1}^{\sqrt{2}} = \frac{4(1+\sqrt{2})}{15}$$

문제 7 힌트에서 보여준 바와 같이 구간 I에서 $f(x)$의 최댓값 M과 최솟값 m이 존재해 임의의 $x \in I$에 대해 다음과 같이 됩니다.

$$m \le f(x) \le M$$

각 변을 구간 $I \in [a,\ b]$에서 정적분하면

$$m(b-a) \le \int_{a}^{b} f(x)\, dx \le M(b-a)$$

즉, 다음과 같이 됩니다.

$$m \leq \frac{1}{b-a} \int_a^b f(x)\,dx \leq M$$

따라서 중간값의 정리에 의해 $f(x_0) = m, f(x_1) = M, (x_0, x_1 \in I)$로 해서

$$f(c) = \frac{1}{b-a} \int_a^b f(x)\,dx$$

위와 같이 되는 c가 x_0과 x_1의 사이에 존재합니다. 이때 x_0, $x_1 \in I$이므로 $c \in I$가 됩니다.

A.4 4장

문제 1 $f(x) = \sqrt[n]{x} = x^{\frac{1}{n}}$ 로 놓고 $\log_e f(x) = \frac{1}{n} \log_e x$ 의 양변을 미분하면 다음과 같이 됩니다.

$$\frac{f'(x)}{f(x)} = \frac{1}{nx}$$

여기서 좌변에 대해서는 합성함수의 미분을 이용했습니다. 이에 의해 다음을 얻을 수 있습니다.

$$f'(x) = \frac{f(x)}{nx} = \frac{1}{n} x^{\frac{1}{n} - 1}$$

문제 2 (1) 합성함수 미분에서의 체인룰을 이용해 계산합니다.

$$f'(x) = \frac{-1}{(1 + \sin^3 2x)^2} \times 3 \sin^2 2x \cos 2x \times 2 = \frac{-6 \sin^2 2x \cos 2x}{(1 + \sin^3 2x)^2}$$

(2) 합성함수 미분에서의 체인룰을 이용해 계산합니다.

$$f'(x) = \exp\left\{ -\frac{1}{2} \left(\frac{x-3}{5} \right)^2 \right\} \times \left\{ -\left(\frac{x-3}{5} \right) \right\} \times \frac{1}{5}$$

$$= -\frac{x-3}{25} \exp\left\{ -\frac{1}{2} \left(\frac{x-3}{5} \right)^2 \right\}$$

(3) 양변에 자연로그를 취하면 $\log_e f(x) = x \log_e x$ 가 되므로 이 양변을 미분하면 다음과 같이 됩니다.

$$\frac{f'(x)}{f(x)} = \log_e x + x \times \frac{1}{x}$$

따라서 다음을 얻을 수 있습니다.

$$f'(x) = f(x) \times (\log_e x + 1) = (\log_e x + 1)x^x$$

문제 3 (1) 부분적분을 이용해 계산합니다. $\sin 2x$를 우선 적분하면 다음과 같이 계산됩니다.

$$\int_0^\pi x \sin 2x \, dx = \left[\frac{-\cos 2x}{2} \times x \right]_0^\pi + \int_0^\pi \frac{\cos 2x}{2} \, dx$$
$$= \left[\frac{-\cos 2x}{2} \times x \right]_0^\pi + \left[\frac{\sin 2x}{4} \right]_0^\pi = -\frac{\pi}{2}$$

(2) 부분적분을 이용해 계산합니다. 구하려는 값을 I로 놓고, e^x를 우선 적분하면 다음과 같이 계산됩니다.

$$I = [e^x \sin 2x]_0^\pi - \int_0^\pi e^x \times 2 \cos 2x \, dx = -2 \int_0^\pi e^x \cos 2x \, dx$$

마지막에 남겨진 정적분을 다시 부분적분으로 계산합니다. e^x를 우선 적분하면 다음과 같이 계산됩니다.

$$\int_0^\pi e^x \cos 2x \, dx = [e^x \cos 2x]_0^\pi + 2 \int_0^\pi e^x \sin 2x \, dx = (e^\pi - 1) + 2I$$

이 결과를 최초의 계산식에 대입하면 다음과 같이 되므로

$$I = -2 \left\{ (e^\pi - 1) + 2I \right\}$$

이것을 I에 대해 풀면 다음 결과를 얻을 수 있습니다.

$$I = \frac{2}{5}(1 - e^\pi)$$

(3) 부분적분을 이용해 계산합니다. x^3을 우선 적분하면 다음과 같이 계산됩니다.

$$\int_1^e x^3 \log_e x \, dx = \left[\frac{x^4}{4} \log_e x \right]_1^e - \int_1^e \frac{x^4}{4} \times \frac{1}{x} \, dx$$
$$= \frac{e^4}{4} - \frac{1}{4} \int_1^e x^3 \, dx$$
$$= \frac{e^4}{4} - \frac{1}{4} \left[\frac{x^4}{4} \right]_1^e = \frac{e^4}{4} - \frac{e^4}{16} + \frac{1}{16} = \frac{3e^4 + 1}{16}$$

문제 4 (1) 정의를 기반으로 해서 계산하면 다음에 의해

$$\cosh^2 x = \frac{e^{2x} + 2 + e^{-2x}}{4}, \; \sinh^2 x = \frac{e^{2x} - 2 + e^{-2x}}{4}$$

아래 식을 얻을 수 있습니다.

$$\cosh^2 x - \sinh^2 x = 1$$

(2) $\sinh x$와 $\cosh x$의 도함수에 대해서는 정의에 기반해 계산합니다.

$$(\sinh x)' = \frac{e^x + e^{-x}}{2} = \cosh x$$

$$(\cosh x)' = \frac{e^x - e^{-x}}{2} = \sinh x$$

$\tanh x$의 도함수에 대해서는 위의 결과를 이용해 다음 절차로 계산합니다. 합성함수의 미분에 의해 다음과 같이 됩니다.

$$\left(\frac{1}{\cosh x} \right)' = \frac{-1}{\cosh^2 x} \times \sinh x$$

따라서 곱의 적분을 이용해 다음 결과를 얻을 수 있습니다.

$$(\tanh x)' = \left(\frac{\sinh x}{\cosh x} \right)' = \left(\frac{1}{\cosh x} \right)' \sinh x + \frac{1}{\cosh x} (\sinh x)'$$
$$= -\frac{\sinh^2 x}{\cosh^2 x} + \frac{\cosh x}{\cosh x} = \frac{\cosh^2 x - \sinh^2 x}{\cosh^2 x} = \frac{1}{\cosh^2 x}$$

(A–3)

(3) 정의에 의해 다음과 같이 되고

$$\tanh x = \frac{\sinh x}{\cosh x} = \frac{e^x - e^{-x}}{e^x + e^{-x}}$$

이 분자와 분모에 e^{-x}를 곱하면 다음을 얻을 수 있습니다.

$$\tanh x = \frac{1 - e^{-2x}}{1 + e^{-2x}}$$

$x \to \infty$에서 e^{-2x}는 0에 수렴하므로 다음과 같이 됩니다.

$$\lim_{x \to \infty} \tanh x = 1$$

똑같이 분자와 부모에 e^x를 곱하면 다음과 같이 되고

$$\tanh x = \frac{e^{2x} - 1}{e^{2x} + 1}$$

$x \to -\infty$에서 e^{2x}는 0에 수렴하므로 다음과 같이 됩니다.

$$\lim_{x \to -\infty} \tanh x = -1$$

A.5 5장

문제 1 n항까지의 합을 $S_n = \sum_{k=1}^{n} a_k$로 하면 $a_n = S_n - S_{n-1}$이 성립합니다. 우변은 $n \to \infty$의 극한에서 $S - S = 0$에 수렴하므로 $\lim_{n \to \infty} a_n = 0$이 됩니다.

문제 2 힌트에 있는 바와 같이 $n_0 = 1$의 경우를 생각합니다. 이때 다음에 의해

$$\left| \frac{a_n}{a_1} \right| = \left| \frac{a_2}{a_1} \cdot \frac{a_3}{a_2} \cdots \frac{a_n}{a_{n-1}} \right| = \left| \frac{a_2}{a_1} \right| \cdot \left| \frac{a_3}{a_2} \right| \cdots \left| \frac{a_n}{a_{n-1}} \right| \leq q^{n-1}$$

아래 관계가 성립합니다.

$$|a_n| \leq |a_1| q^{n-1}$$

따라서 다음을 얻을 수 있습니다.

$$\sum_{k=1}^{n} |a_k| \leq |a_1| \sum_{k=1}^{n} q^{k-1} \leq |a_1| \sum_{k=1}^{\infty} q^{k-1} = \frac{|a_1|}{1 - q}$$

마지막의 무한급수는 무한등비급수의 공식을 이용해 계산했습니다. 이는 $\sum_{k=1}^{n} |a_k|$ $(n = 1, 2, \cdots)$는 상방으로 유계인 단조증가인 것을 보여주므로 3.3절 **정리 19** (유계인 단조수열의 수렴)에 의해 수렴합니다.

한편 $\left| \frac{a_n}{a_{n-1}} \right| \geq 1$인 경우 동일한 논의에 의해 $\left| \frac{a_n}{a_1} \right| \geq 1$, 즉 $|a_n| \geq |a_1|$이 성립합니다. 따라서 (모든 a_n이 0이라는 자명한 경우를 제외하고) $\lim_{n \to \infty} |a_n| \neq 0$이고 **문제 1**의 결과에 의해 무한급수 $\sum_{n=1}^{\infty} |a_n|$이 수렴하지 않습니다.

문제 3 다음 함수를 정의하면

$$F(x) = \{g(b) - g(a)\} f(x) - \{f(b) - f(a)\} g(x)$$

$F(a) = F(b) = g(b)f(a) - f(b)g(a)$로 되므로 3.3절 정리 22 (롤의 정리)에 의해
$F'(c) = 0$을 만족하는 $c \in (a,\ b)$가 존재합니다. 한편 앞의 정리에 의해 다음과 같이
되므로

$$F'(x) = \{g(b) - g(a)\} f'(x) - \{f(b) - f(a)\} g'(x)$$

다음이 성립합니다.

$$\{g(b) - g(a)\} f'(c) - \{f(b) - f(a)\} g'(c) = 0 \qquad \text{(A-4)}$$

이것을 정리하면 다음을 얻을 수 있습니다.

$$\frac{f(b) - f(a)}{g(b) - g(a)} = \frac{f'(c)}{g'(c)}$$

이때 $g'(c) \neq 0$을 만족해야 하지만, 만약 $g'(c) = 0$이라 하면 (A-4)에 의해 다음과 같이
됩니다.

$$\{g(b) - g(a)\} f'(c) = 0$$

그러나 $g(b) \neq g(a)$인 동시에 $f'(x)$와 $g'(x)$는 0이 되지 않는다(즉, $f'(c) \neq 0$)는 조건에
의해 불가능합니다. 따라서 $g'(c) \neq 0$이 성립합니다.

문제 4 문제 3의 결과는 b를 변수 $x(a < x < b)$로 치환해도 성립합니다.

$$\frac{f(x) - f(a)}{g(x) - g(a)} = \frac{f'(c)}{g'(c)}$$

더 나아가 $f(a) = g(a) = 0$에 의해 다음과 같이 됩니다.

$$\frac{f(x)}{g(x)} = \frac{f'(c)}{g'(c)}$$

c는 a와 x 사이의 값이므로 $x \to a + 0$의 극한을 고려하면 다음을 얻을 수 있습니다.

$$\lim_{x \to a+0} \frac{f(x)}{g(x)} = \lim_{x \to a+0} \frac{f'(x)}{g'(x)}$$

문제 5 (1) $\dfrac{(e^x - 1)'}{x'} = e^x \to 1 \ (x \to +0)$에 의해

$$\lim_{x \to +0} \frac{e^x - 1}{x} = 1$$

(2) $\dfrac{(e^x - e^{-x})'}{\sin' x} = \dfrac{e^x + e^{-x}}{\cos x} \to 2 \ (x \to +0)$에 의해

$$\lim_{x \to +0} \frac{e^x - e^{-x}}{\sin x} = 2$$

(3) $f(x) = e^x - e^{\sin x}$, $g(x) = x - \sin x$로 하고, **문제 4**의 결과(로피탈 정리)를 반복해 정리합니다. 우선 다음과 같이 되지만

$$\frac{f'(x)}{g'(x)} = \frac{e^x - \cos x e^{\sin x}}{1 - \cos x}$$

이 분자와 분모는 다시 $x \to +0$에서 0으로 수렴하고 있으므로 다시 미분하면

$$\frac{f''(x)}{g''(x)} = \frac{e^x + \sin x e^{\sin x} - \cos^2 x e^{\sin x}}{\sin x}$$

이 분자와 분모는 다시 $x \to +0$에서 0으로 수렴하므로 다시 한 번 더 미분합니다.

$$\frac{f^{(3)}(x)}{g^{(3)}(x)} = \frac{e^x + \cos x e^{\sin x} + \sin x \cos x e^{\sin x} + 2 \cos x \sin x e^{\sin x} - \cos^3 x e^{\sin x}}{\cos x} \to 1 \ (x \to +0)$$

따라서 다음과 같이 됩니다.

$$\lim_{x \to +0} \frac{f(x)}{g(x)} = \lim_{x \to +0} \frac{f'(x)}{g'(x)} = \lim_{x \to +0} \frac{f''(x)}{g''(x)} = \lim_{x \to +0} \frac{f^{(3)}(x)}{g^{(3)}(x)} = 1$$

문제 6 $\lim\limits_{n \to \infty} \left| \dfrac{a_n}{a_{n-1}} \right| = l$에 의해 다음과 같이 됩니다.

$$\lim_{n \to \infty} \left| \frac{a_n x^n}{a_{n-1} x^{n-1}} \right| = \lim_{n \to \infty} \left| \frac{a_n}{a_{n-1}} \right| \times |x| = l|x| \tag{A-5}$$

따라서 $|x| < r = \dfrac{1}{l}$, 즉 $l|x| < 1$이 되는 경우 $l|x| + \epsilon < 1$을 만족하는 충분히 작은 $\epsilon > 0$에 대해 충분히 큰 n에서 다음이 성립합니다.

$$\left| \left| \frac{a_n x^n}{a_{n-1} x^{n-1}} \right| - l|x| \right| < \epsilon$$

조금 전과 동일하게 $\left| \dfrac{a_n x^n}{a_{n-1} x^{n-1}} \right|$과 $l|x|$의 거리가 ϵ보다 작다는 것으로부터 다음과 같이 되므로

$$\left| \frac{a_n x^n}{a_{n-1} x^{n-1}} \right| < l|x| + \epsilon < 1$$

마찬가지로 **문제 2**(달랑베르의 판정법)의 결과에 의해 $\sum\limits_{n=0}^{\infty} |a_n x^n|$은 수렴합니다. $l = 0$의 경우에는 임의의 x에 대해 이 논의가 성립합니다.

한편 $|x| > r = \dfrac{1}{l}$, 즉 $l|x| > 1$로 하는 경우 $l|x| - \epsilon > 1$을 만족하는 충분히 작은 $\epsilon > 0$에 대해 충분히 큰 n에서 다음이 성립합니다.

$$\left| \left| \frac{a_n x^n}{a_{n-1} x^{n-1}} \right| - l|x| \right| < \epsilon$$

조금 전과 동일하게 $\left| \dfrac{a_n x^n}{a_{n-1} x^{n-1}} \right|$과 $l|x|$의 거리가 ϵ보다 작은 것으로부터 다음과 같이 되므로

$$\left| \frac{a_n x^n}{a_{n-1} x^{n-1}} \right| > l|x| - \epsilon > 1$$

마찬가지로 **문제 2**(달랑베르의 판정법)의 결과에 의해 $\sum_{n=0}^{\infty} |a_n x^n|$은 발산합니다. $l = +\infty$의 경우 (A-5)에 의해 임의의 x에 대해 충분히 큰 n에서 다음이 성립하므로

$$\left| \frac{a_n x^n}{a_{n-1} x^{n-1}} \right| > 1$$

역시 $\sum_{n=0}^{\infty} |a_n x^n|$이 발산합니다.

문제 7   (1) $\sinh x = \dfrac{e^x - e^{-x}}{2}$에 의해 $\sinh^{(n)} x = \dfrac{e^x - (-1)^n e^{-x}}{2}$ $(n = 1, 2, \cdots)$로 되므로 다음을 얻게 됩니다.

$$\sinh^{(n)} 0 = \begin{cases} 0 & (n = 0, 2, 4, \cdots) \\ 1 & (n = 1, 3, 5, \cdots) \end{cases}$$

따라서 매클로린의 전개는 다음 식으로 주어집니다.

$$\sinh x = \sum_{k=0}^{\infty} \frac{x^{2k+1}}{(2k+1)!}$$

이 무한급수의 계수는 다음과 같이 되므로

$$a_n = \begin{cases} 0 & (n = 0, 2, 4, \cdots) \\ \frac{1}{n!} & (n = 1, 3, 5, \cdots) \end{cases}$$

수렴반경의 역수는 다음 식으로 주어집니다.

$$l = \lim_{N \to \infty} \sup_{n \geq N} \sqrt[n]{a_n} = \lim_{N \to \infty} \sup_{n \geq N} \frac{1}{\sqrt[n]{n!}}$$

$\displaystyle\lim_{n \to \infty} \frac{1}{\sqrt[n]{n!}} = 0$에 의해 $l = 0$이 되므로 수렴반경은 $r = +\infty$가 됩니다.

(2) $\cosh x = \dfrac{e^x + e^{-x}}{2}$에 의해 $\cosh^{(n)} x = \dfrac{e^x + (-1)^n e^{-x}}{2}$ $(n = 1, 2, \cdots)$가 되므로 다음을 얻을 수 있습니다.

$$\cosh^{(n)} 0 = \begin{cases} 1 & (n = 0, 2, 4, \cdots) \\ 0 & (n = 1, 3, 5, \cdots) \end{cases}$$

따라서 매클로린 전개는 다음 식으로 주어집니다.

$$\cosh x = \sum_{k=0}^{\infty} \frac{x^{2k}}{(2k)!}$$

수렴반경에 대해서는 (1)과 동일한 계산에 의해 $r = +\infty$를 얻을 수 있습니다.

(3) $f(x) = \log_e(1 + x)$를 순차 미분해가면

$$f'(x) = \frac{1}{1 + x}$$
$$f''(x) = \frac{-1}{(1 + x)^2}$$
$$f^{(3)}(x) = \frac{2}{(1 + x)^3}$$
$$f^{(4)}(x) = \frac{-2 \times 3}{(1 + x)^4}$$
$$\vdots$$

위와 같이 되므로 일반적으로 $f^{(n)}(x) = \dfrac{(-1)^{n-1}(n-1)!}{(1+x)^n}$ $(n = 1, 2, \cdots)$이 되고, 매클로린 전개는 다음 식으로 주어집니다.

$$\log_e(1 + x) = \sum_{n=1}^{\infty} \frac{(-1)^{n-1}(n-1)!}{n!} x^n = \sum_{n=1}^{\infty} \frac{(-1)^{n-1}}{n} x^n$$

이 무한급수의 계수는 다음과 같이 되므로

$$a_n = \frac{(-1)^{n-1}}{n}$$

문제 6의 결과를 이용해 수렴반경의 역수는 다음과 같이 주어집니다.

$$l = \lim_{n \to \infty} \left| \frac{a_n}{a_{n-1}} \right| = \lim_{n \to \infty} \left| \frac{n-1}{n} \right| = 1$$

따라서 수렴반경은 $r = 1$이 됩니다.

A.6 6장

문제 1 (1) $\dfrac{\partial f}{\partial x} = 2(1+xy)y, \ \dfrac{\partial f}{\partial y} = 2(1+xy)x$

(2) $\dfrac{\partial f}{\partial x} = \dfrac{x}{\sqrt{x^2+y^2}}, \ \dfrac{\partial f}{\partial y} = \dfrac{y}{\sqrt{x^2+y^2}}$

(3) $\dfrac{\partial f}{\partial x} = x\exp\left\{\dfrac{1}{2}(x^2+y^2)\right\}, \ \dfrac{\partial f}{\partial y} = y\exp\left\{\dfrac{1}{2}(x^2+y^2)\right\}$

문제 2 일반적으로 점 (a, b)에서 접평면의 방정식은 다음 식으로 주어집니다.

$$z - f(a,b) = \frac{\partial f}{\partial x}(a,b)(x-a) + \frac{\partial f}{\partial y}(a,b)(y-b) \tag{A-6}$$

(1) $\dfrac{\partial f}{\partial x} = y, \ \dfrac{\partial f}{\partial y} = x$에 의해 이것을 (A-6)에 대입하면

$z - ab = b(x-a) + a(y-b)$가 되고, 이것을 정리하면 다음 식을 얻게 됩니다.

$$z = bx + ay - ab$$

(2) $\dfrac{\partial f}{\partial x} = \dfrac{2x}{a^2}, \ \dfrac{\partial f}{\partial y} = \dfrac{2y}{b^2}$에 의해 이것을 (A-6)에 대입하면

$z - 2 = \dfrac{2}{a}(x-a) + \dfrac{2}{b}(y-b)$가 되고, 이것을 정리하면 다음 식을 얻게 됩니다.

$$z = \frac{2}{a}x + \frac{2}{b}y - 2$$

문제 3 일반적으로 점 (x_0, y_0)의 주변에서 테일러 공식을 2차까지 전개하면 다음 식과 같습니다.

$$\begin{aligned}
f(x,y) \simeq\, & f(x_0,y_0) + \frac{\partial f}{\partial x}(x_0,y_0)(x-x_0) + \frac{\partial f}{\partial x}(x_0,y_0)(x-x_0) \\
& + \frac{1}{2}\left\{\frac{\partial^2 f}{\partial x^2}(x_0,y_0)(x-x_0)^2 + 2\frac{\partial^2 f}{\partial x\partial y}(x_0,y_0)(x-x_0)(y-y_0) + \frac{\partial^2 f}{\partial y^2}(x_0,y_0)(y-y_0)^2\right\}
\end{aligned} \tag{A-7}$$

(1) 2차까지의 편도함수를 모두 구하면 다음을 얻을 수 있습니다.

$$\frac{\partial f}{\partial x} = 2ye^{2xy}, \ \frac{\partial f}{\partial y} = 2xe^{2xy}$$

$$\frac{\partial^2 f}{\partial x^2} = 4y^2 e^{2xy}, \ \frac{\partial^2 f}{\partial y^2} = 4x^2 e^{2xy}$$

$$\frac{\partial^2 f}{\partial x \partial y} = 2e^{2xy} + 4xye^{2xy}$$

이들을 (A-7)에 대입하고 $x_0 = 0$, $y_0 = 0$이라 하면 다음을 얻을 수 있습니다.

$$f(x, y) \simeq 1 + 2xy$$

(2) 2차까지의 편도함수를 모두 구하면 다음을 얻을 수 있습니다.

$$\frac{\partial f}{\partial x} = \cos(x + y^2), \ \frac{\partial f}{\partial y} = 2y \cos(x + y^2)$$

$$\frac{\partial^2 f}{\partial x^2} = -\sin(x + y^2), \ \frac{\partial^2 f}{\partial y^2} = 2\cos(x + y^2) - 4y^2 \sin(x + y^2)$$

$$\frac{\partial^2 f}{\partial x \partial y} = -2y \sin(x + y^2)$$

이들을 (A-7)에 대입해 $x_0 = 0$, $y_0 = 0$으로 하면 다음을 얻을 수 있습니다.

$$f(x, y) \simeq x + y^2$$

문제 4 일반적으로 정류점은 $\dfrac{\partial f}{\partial x} = 0$, $\dfrac{\partial f}{\partial y} = 0$의 조건을 결정합니다. 이제 1차 편도함수를 계산하면 다음과 같이 되므로

$$\frac{\partial f}{\partial x} = 6x(x + 1) + y^2$$

$$\frac{\partial f}{\partial y} = (2x + 1)y$$

아래의 연립방정식을 풀면

$$6x(x + 1) + y^2 = 0$$
$$(2x + 1)y = 0$$

정류점은 다음과 같이 결정됩니다.

$$(x, y) = (0, 0), \ (-1, 0), \ \left(-\frac{1}{2}, \sqrt{\frac{3}{2}}\right), \ \left(-\frac{1}{2}, -\sqrt{\frac{3}{2}}\right) \qquad \text{(A-8)}$$

각각이 극대점, 극소점, 혹은 극대도 극소도 아닌 점 중에서 어느 것인지를 판정하기 위해 다음의 헤시안행렬과

$$\mathbf{H} = \begin{pmatrix} \dfrac{\partial^2 f}{\partial x^2}(x, y) & \dfrac{\partial^2 f}{\partial x \partial y}(x, y) \\[2ex] \dfrac{\partial^2 f}{\partial x \partial y}(x, y) & \dfrac{\partial^2 f}{\partial y^2}(x, y) \end{pmatrix}$$

헤시안행렬을 이용한 다음의 2차 형식을 구합니다.

$$H(\mathbf{x}) = x^2 \frac{\partial^2 f}{\partial x^2}(x_0, y_0) + 2xy \frac{\partial^2 f}{\partial x \partial y}(x_0, y_0) + y^2 \frac{\partial^2 f}{\partial y^2}(x_0, y_0)$$

이제 2차 편도함수를 계산하면 다음과 같이 되므로

$$\frac{\partial^2 f}{\partial x^2} = 12x + 6, \ \ \frac{\partial^2 f}{\partial x \partial y} = 2y, \ \ \frac{\partial^2 f}{\partial y^2} = 2x + 1$$

(A-8)의 각 점에서의 헤시안행렬은 다음 식으로 주어집니다.

$$\mathbf{H} = \begin{pmatrix} 6 & 0 \\ 0 & 1 \end{pmatrix}, \ \begin{pmatrix} -6 & 0 \\ 0 & -1 \end{pmatrix}, \ \begin{pmatrix} 0 & 2\sqrt{\frac{3}{2}} \\ 2\sqrt{\frac{3}{2}} & 0 \end{pmatrix}, \ \begin{pmatrix} 0 & -2\sqrt{\frac{3}{2}} \\ -2\sqrt{\frac{3}{2}} & 0 \end{pmatrix}$$

$(x, y) = (0, 0)$의 경우 헤시안행렬을 이용한 2차 형식은 다음과 같으며

$$H(\mathbf{x}) = 6x^2 + y^2$$

위 식의 부호는 양으로 정해지므로 이것은 극소점입니다.

$(x, y) = (-1,\ 0)$의 경우 헤시안행렬을 이용한 2차 형식은 다음과 같으며

$$H(\mathbf{x}) = -6x^2 - y^2$$

위 식의 부호는 음으로 정해지므로 이것은 극대점입니다.

$(x, y) = \left(-\frac{1}{2},\ \sqrt{\frac{3}{2}}\right)$의 경우 헤시안행렬을 이용한 2차 형식은 다음과 같으며

$$H(\mathbf{x}) = 4\sqrt{\frac{3}{2}}xy$$

양과 음 양쪽의 값을 취하므로 이것은 극대점과 극소점 중 어느 쪽도 아닙니다.

$(x, y) = \left(-\frac{1}{2},\ -\sqrt{\frac{3}{2}}\right)$의 경우 헤시안행렬을 이용한 2차 형식은 다음과 같으며

$$H(\mathbf{x}) = -4\sqrt{\frac{3}{2}}xy$$

양과 음 양쪽의 값을 취하므로 이것은 극대점과 극소점 중 어느 쪽도 아닙니다.

참고로 $z = f(x,\ y)$의 그래프는 그림 A-5와 같은 형태가 됩니다.

그림 A-5 $z = f(x, y)$의 그래프

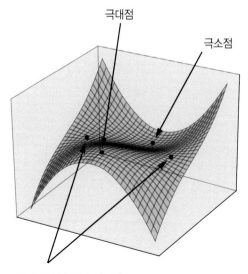

극대점

극소점

극대도 극소도 아닌 정류점